Hans Pleschinski

Der Flakon

Hans Pleschinski

Der Flakon

Roman

C.H.Beck

www.chbeck.de
Umschlaggestaltung: Kunst oder Reklame, München
Umschlagabbildung: Ausschnitt aus Francisco de Goya El cacharrero (Der Geschirrhändler), Madrid, Museo del Prado © akg-images
Satz: Fotosatz Amann, Memmingen
Druck und Bindung: Druckerei C.H.Beck, Nördlingen
Gedruckt auf säurefreiem, alterungsbeständigem Papier (hergestellt aus chlorfrei gebleichtem Zellstoff)
Printed in Germany
ISBN 978 3 406 80682 7

myclimate

klimaneutral produziert
www.chbeck.de/nachhaltig

Ich sehe mir das Grüne Gewölbe an, dann den ganzen Garten und das Haus des Grafen Brühl, seine Bildergalerie, sein türkisches Haus, seine Bibliothek, kurz alle seine Schätze. Was mir aber am bemerkenswertesten und bewunderungswürdigsten erscheint, das ist die Gräfin Brühl selbst. Mein Gott, was ist die Frau liebenswürdig! Welche Intelligenz gehört dazu, diesen ganzen herrlichen Besitz mit allen seinen Schätzen zu erhalten …

Ernst Ahasverus Heinrich Reichsgraf von Lehndorff,
Tagebücher, Dresden, 28. Februar 1756

Sein oder Nichtsein

Kanonendonner verhallte im Tal.

Es mochte nur ein Scharmützel mit wenigen Toten sein.

Hier oben befand man sich noch in Sicherheit.

Was bereitete sich da in der Tiefe vor?

Der Königstein war umzingelt. Aber die Festung selbst schien uneinnehmbar zu sein.

Von der Kirchturmuhr zwischen den Bollwerken und Bastionen schlug es elf.

Der Regen ließ nach. Die tagelangen Güsse hatten den Fels und die Gemäuer dunkelgrau gefärbt. Von den Dächern rann das Wasser und fand zwischen den Pflastersteinen hindurch seinen Weg in die Zisterne.

Am Burgtor wurde die Wache abgelöst.

Beim Wechsel der Mannschaften trat ein Garnisonsoffizier kurz neben den nachfolgenden Leutnant.

«Meldung von den Österreichern?»

Der Leutnant schüttelte den Kopf.

«Wir sind verloren.»

Wer mit geschultertem Gewehr Dienst am Tor, auf den Schanzen, hinter dem meilenlangen Kranz der Zinnen tat, der spähte oft nach Süden. Nur wenige Kuriere kamen durch. Andere wurden von den Belagerern abgefangen, die Depeschen beschlagnahmten und zu dechiffrieren versuchten. Von Süden her musste die Rettung kommen, aus Böhmen, aus den habsburgischen Erblanden. Vielleicht war das Entsatzheer, waren die Verbündeten unter dem kaiserlichen Feldmarschall Browne bereits im Anmarsch, sogar in Reichweite und würden binnen Kurzem die Umzingelung aufbrechen, den Angreifer in die Flucht schlagen und die alte Ordnung wiederherstellen.

Wald und Gebirge. Die Blicke hoch über dem Flusstal bohrten sich in den Dunst. Noch blieb es im Süden bedrückend ruhig. Keine Marschkolonnen, keine kaiserlichen Banner, die sich auf das Elbsandsteingebirge zubewegten.

Über den Ortschaften der Umgebung, Schandau, Pirna, ragte das Bergmassiv mit der Festung auf seinem Plateau auf. Der schroffe Königstein konnte von Dresdens Türmen aus erahnt werden. Allein der Bruderberg, der Lilienstein, menschenleer, nahm es an Größe und Wucht mit Sachsens Festungsbollwerk auf.

Kein fremdes Heer hatte die Steilwände je erklimmen, kein Beschuss die Artillerie auf den Bastionen treffen können, Trinkwasser und Wasser zum Löschen ließen sich reichlich im Brunnenhaus schöpfen. Nur genug Pulver, Munition und Proviant mussten in den Magazinen lagern.

Vor sechs Wochen, am 29. August, war der Feind ins Land einmarschiert. Ohne Vorwarnung, ohne Kriegserklärung, was beispiellos in der neuen Zeit war. Ein staatlicher Überfall. Und abermals ein Krieg Deutscher gegen Deutsche, eigentlich ein Bürgerkrieg. Siebzigtausend Preußen, Landeskinder und Söldner, waren in drei Kolonnen in Sachsen eingedrungen. Wie hätten nicht einmal halb so viele sächsische Soldaten ihnen an mehreren Fronten Widerstand leisten sollen? Die eigenen Regimenter waren in Richtung Dresden und Elbtal zurückgezogen worden. Sachsens Armee galt zwar als die einzige in Europa, die vollständig mit Perücken ausgestattet war, doch darüber hinaus war zugunsten anderer Prachtentfaltung und der Künste am Militär gespart worden. In der Dresdner Oper agierten und brillierten die exquisitesten und höchstbezahlten Sänger als Feldherren in den Rollen von Alexander und Caesar in Seidenstrümpfen, aber was eine übliche Gefechtsbereitschaft anging, so stand es um die Kursachsens schlecht. Das letzte Manöver, eher eine Schauveranstaltung für den Hof, hatte vor vier Jahren stattgefunden.

«So erkennt alle Welt, dass wir einzig den Frieden wollen», hatte Sachsens Premierminister Heinrich Reichsgraf von Brühl die militärische Schwäche erklärt oder zu beschönigen versucht. Und das, obwohl man mit Preußen einen eifersüchtigen, hochgerüsteten und habgierigen Nachbarn im Norden hatte.

Binnen sechs Wochen hatten die Truppen König Friedrichs II. das Land überrannt. Der gekrönte Eindringling ließ sofort die öffentlichen Kassen Sachsens beschlagnahmen. Er presste Städten Zwangsgelder ab, bevor er deren Ratsherren nach Hause schickte. In Leipzig war die preußische Soldateska sogar während des Gottesdienstes in die Nikolaikirche eingedrungen und hatte die Kollekte geraubt. Und ebenfalls in Leipzig war als Zeichen der preußischen Ordnung auf dem Marktplatz ein Galgen errichtet worden. Pleiße-Athen, die erste Messestadt Europas, nun eine Ödnis.

Die Wolken schoben sich dunkel über das Land.

Jeden Augenblick konnten sich die Regenschleusen wieder öffnen.

Im Tal waren die Äcker und Felder bereits überschwemmt.

Am späten Vormittag dieses Oktobertags 1756 wischte der Wachtmeister Johann Melchior Olbricht mit der Handkante über eine Steinbank der Festungsbrüstung. Er legte einen Lappen auf das Feuchte und setzte sich. Das Gewehr stellte er neben sich ab. Wieso das Bajonett aufgepflanzt sein musste, erschloss sich dem Wachtmeister nicht. Wen sollte er hier oben in Wind und Wetter aufspießen? Wenn man doch Feinde durch Abwarten und Ausharren besiegen könnte. Mit der Gicht in seinen Schultern konnte er den schweren Vorderlader ohnehin nur bis in Brusthöhe anheben und wäre schon vor dem Zustoßen in Atemnot geraten.

Sowohl das Sitzen wie das Abstellen der Flinte waren streng untersagt, aber es beachtete ihn im Moment wohl niemand außer dem Kameraden vom Garnisonsregiment, der ihm mit dem Dreispitz zuwinkte. Sie waren viele Friedensjahre lang eine verschworene Gemeinschaft hier oben auf dem kolossalen Burgberg gewesen, zweihundert, zweihundertfünfzig Mann. Sie waren Patrouille gegangen und hatten gekegelt, sie hatten die Geschütze instand gehalten und abends gewürfelt und gebechert. Dann und wann ein «Lang lebe unser Kurfürst!» hatte die Trinkrunden gewissermaßen staatstragend gemacht. Sie hatten die ledernen Uniformgurte abgelegt, ihre Perücken über die Stuhllehne gehängt und die Westen aufgeknöpft. Nach einer Weile hatte man im Schein der Fackeln an den Gewölbewänden und im Tabaksqualm kaum mehr die Zahnlücken und Pockennarben der Kameraden erkennen können. Alles war überm Bierschaum wohlig verschwommen. Dabei hatten sie an den langen Tischen zwischen den baumdicken Granitsäulen beileibe nicht nur ihre Kriegsanekdoten zum wiederholten Male zum Besten gegeben, sich ein Stelldichein mit den Töchtern des Kommandanten ausgemalt, über die Politik im Allgemeinen und den ausbleibenden Sold geflucht. Nein, insbesondere die Invaliden, die auf dem Königstein Dienst taten, waren mitunter belesen und hatten über das Leben gründlicher nachgedacht. Der einarmige melancholische Musketier Schröter aus Torgau hatte immer wieder kühn angesetzt: «Und ich sage euch, Gott gibt es nicht. Es hat keinen Sinn für die Schöpfung und für einen Heilsplan, dass ein guter Teil von mir im Laufgraben ausgeblutet ist.» Ein Infanterist, durch dessen Leib weiterhin die Zinksplitter eines Streugeschosses wanderten, zitierte gerne aus den Fabeln von Christian Fürchtegott Gellert, dem Lieblingspoeten der Deutschen: «Bei Gütern, die wir stets genießen, wird das Vergnügen endlich matt. Und würden sie uns nicht entrissen, wo fänd ein neu Vergnügen statt?»

Viel Vergnügliches bot das Festungsleben nicht, es sei denn, der Oberleutnant erfreute sich an einer Kirschblüte, die im Frühjahr im Burggarten ihren rosafarbenen Kelch öffnete. Viel Effekt beim abendlichen Zusammensitzen machte ein Franzose, der in sächsische Dienste geraten war. Der ehemalige Dragoner, der in der Schlacht von Kesselsdorf anno 45 mit einem glimpflichen Kopfschuss neben seinem getöteten Pferd liegen geblieben und mit viel Glück aus den Leichenhaufen gezogen worden war, kannte seinen Landsmann Voltaire, der geschrieben hatte, dass das Paradies auf Erden dort sei, wo der Mensch ist. Und zwar dann, wenn der Mensch sich benehme, wohltätig und friedlich sei. «Wenn der Mensch», sagte der Franzose, «das Leben genießt und andere Menschen ihre Leben genießen lässt, dann ist es das Paradies auf Erden. Voilà. Gott braucht es dafür nicht, wie der Kamerad sagt. Das Heil und der Frohsinn des Menschen kann nur der Mensch selbst sein.» – Das klang verführerisch, war allerdings starker Tobak: Sämtliche Religion war sinnlos, wenn man auch ohne Religion Glück empfinden und Glück verbreiten konnte. Wozu brauchte es dann die Kirche und die gottgesalbten Herrscher? Und warum waren einige Menschen durch ihre Herkunft bevorzugter als andere? Doch nur wenn alle gleichrangig waren, konnten die Menschen einander weniger bedrücken. – Irgendwann ließ der Kommandant die Bücher des Franzosen konfiszieren.

Ein paar dicke Tropfen schienen den nächsten Schauer anzukündigen.

Das Schwarzgelb Sachsens wellte sich in einem unmerklichen Windstoß am Fahnenmast über dem Zeughaus. Vielleicht war doch noch nicht alles verloren. Jederzeit konnten die Österreicher eintreffen und die preußischen Invasoren vertreiben. Ein Trommelwirbel vom Burgtor her, der zwischen den Bauten der Festung verklang, kündigte vielleicht das Eintreffen eines Kuriers von Feldmarschall Browne an, dem kriegskundigen Iren in Diensten der Kaiserin Maria Theresia.

Auf der Bank neben seiner Waffe sitzend, sog der Wachtmeister an seiner Pfeife ohne Tabak. Es gab fast nichts mehr auf dem Königstein, zumindest für die unteren Ränge. Einen halben Apfel zum Frühstück. Einen Kanten muffiges Brot zum Mittag und am Abend. Allerdings genug Wasser aus der Zisterne. Olbricht, zur Welt gekommen in Plauen und seit 1730 vereidigt auf Seine Majestät den Kurfürsten von Sachsen und König von Polen, rieb sich den Bauch. Nichts drin, aber vielleicht noch genug Fett für bange Stunden. Arme und Schultern bewegte er am besten gar nicht, um kein Stechen zu spüren. Würde er am Ende seiner Tage von preußischen Kürassieren in Stücke gehauen werden? Es ging um Leben und Tod. Er bekreuzigte sich, als Protestant womöglich in der falschen Richtung. Wachsam warten war die Devise.

«Bonjour!» Der französische Kamerad hinkte vorbei.

«Wo geht's hin, Dragoner?»

Der schmucke Invalide pfiff fröhlich und stapfte, akkurat frisiert, im Uniformrock und mit Stulpenstiefeln der Georgenburg entgegen. In dem klotzigen Bau hinter den Zinnen hatte einige geflohene Prominenz des Dresdner Hofs Unterschlupf gefunden.

Vor den Preußen war halb Elbflorenz geflohen.

Wurden in dem sicheren Gemäuer auch nur Apfelhälften serviert?

Ein Schwarm von Sperlingen schwirrte zwischen den verstreuten, aus verschiedenen Jahrhunderten stammenden Gebäuden auf, der Magdalenenburg, dem Seigerturm, der Georgenburg, dem Zeughaus. Eine unbestimmte Unruhe herrschte überall. Katzen sprangen von ihren Ruheplätzen herunter. Die vertraute Hundeschar der Garnison beschnüffelte immer neue Berittene, die vor der Kommandantur ihre dampfenden Pferde den Stallburschen übergaben. Wachtmeister Johann Melchior Olbricht erkannte seinen Altersdienstsitz nicht wieder. Schlichte und prunkvolle Kutschen standen aufgereiht. Im Burggehölz wurden Bäume gefällt und zu Brennholz zersägt. Krähen kreisten und suchten nach einem neuen Platz. Unausgeschlafene, ausgemergelte Gesichter überall. Die Belagerung ging in die zweite Woche. An Uniformen fehlten längst Knöpfe, Gamaschen waren dreckbespritzt, feuchte Stiefelschäfte schoben sich wellig zusammen, Infanteristen und Marketenderinnen rührten wässrige Suppen über spärlichen Feuern. Durch deren Glimmen und Funken auch während der Nacht schienen sich sogar die Fledermäuse auf der mit Fußvolk, Flüchtlingen und Kavallerie überfüllten Festung nicht mehr orientieren zu können. So empfand es auch Olbricht. Am schlimmsten war der nicht abreißende Tross, der sich mit hastig angefertigten Tragen aus dem Elbtal die steile Auffahrt zum Tor hinauf- und zum Verbandsplatz vor dem Lazarett emporschleppte. Schreiende, blutende, von Gewehrsalven und Kanonentreffern halb zerfetzte, nicht selten auf dem Weg sterbende Kürassiere, Grenadiere, Majore und einfache Soldaten wurden von ihren ausgehungerten Kameraden einstweilen in Sicherheit gebracht. Die preußischen Angriffe mit Gewehr- und Kanonensalven im Tal waren verheerend. Die Belagerer versuchten über Pontonbrücken über die Elbe in die sächsischen Stellungen zu gelangen. Die Belagerten ihrerseits wollten mit eilig gezimmerten Schwimmbrücken aus dem Kessel ausbrechen. Was ging in den Abertausenden vor, die wahrscheinlich in den Tod stürmten? Für wen? Für was?

Olbricht stand mit der kalten Pfeife in der Hand auf. Auf Wache zu sitzen ziemte sich nicht. Er griff nach seinem Gewehr mit Bajonett. Zumindest war das Leben so viel länger gewesen, als es das Sterben sein würde. Familie hatte er nicht, nur einen Onkel in Plauen, einen Schneidermeister, der trotz seiner Erblindung noch immer zerrissene Hosen flicken und sogar Hemden nähen konnte.

Sperlinge ließen sich neben ihm auf der Brüstung nieder. Wo kein Samen, kein Krümel zu liegen schien, fanden sie noch immer etwas zum Picken. Er hätte der hüpfenden Schar, die gleichfalls in alle Richtungen spähte, stundenlang bei ihrem Treiben zuschauen können. Und die Vögel, frei auf der Mauer und in den Lüften, behielten auch ihn flink und beinahe anteilnehmend im Blick. Sie, leichter als ein Pfennig, er schwer und in Uniform; gleichwohl gehörten sie auf seltsame Weise zusammen, wer hatte das bessere Los?

Johann Melchior Olbricht nahm seinen Sitzlappen und wischte über das Bajonett und über seine Stiefel.

Nur noch drei Stunden bis zur Ablösung. Die Wachen waren verkürzt worden. Die Aufmerksamkeit sollte geschärft bleiben.

Er selbst sah ohnehin nicht mehr gut, ohne ausgeborgtes Augenglas entzifferte er keinen Tagesbefehl.

Wie verging jetzt der Tag direkt unter ihm, Dutzende von Klaftern tiefer im Gestein, in den Kasematten und Verliesen der Festung, die zugleich sächsisches Staatsgefängnis war? Die Kerkermeister versahen in den dunklen Gängen, zwischen den Zellen wahrscheinlich unverändert ihren Dienst. Mit den Kerkermeistern und ihren Gehilfen setzten sich die Soldaten abends zum Umtrunk nur ungern an einen Tisch. Die Aufseher der Kasematten plauderten nicht freiheraus. Sie bewahrten vermutlich schreckliche Geheimnisse, die sie bisweilen nur andeuten: «Er hat sich seine Kette um den Hals geschlungen … Mit aller Kraft gezerrt … Aber er schaffte es nicht.»

Als einfacher Soldat hatte man, offiziell, keinen Zugang zu den berüchtigten Verliesen des Königsteins. Wer darin auf höchsten Befehl verschwand, sah das Tageslicht nur selten wieder. Der berühmteste Gefangene war vor Jahrzehnten der Alchimist Johann Friedrich Böttger gewesen. Sein Ruf als Goldmacher war dermaßen überzeugend gewesen, dass August der Starke den ungewöhnlichen Wissenschaftler zwischenzeitlich auf der Festung unterbringen ließ. So konnte er weder fliehen noch vom gleichfalls goldgierigen ersten König in Preußen, auch ein Friedrich, in dessen Lande entführt werden. Böttger war bevorzugt behandelt worden, wie man sich noch erzählte. Er hatte mehrere Räume bewohnt, einige Bedienstete gehabt, nur die Freiheit nicht. Die Verwandlung von Mineralien und Pulvern bei idealer Hitze zu Gold war dem getriebenen oder besessenen Forscher nicht gelungen. Aber eines Tages hatte Böttger aus seinem Ofen August dem Starken das erste europäische Porzellan präsentieren können. Ein Nebenprodukt auf der Suche nach dem Stein der Weisen, doch ein Schatz ohnegleichen. Das bald in Meißen hergestellte Porzellan hatte über die Jahre immense Summen in die Kassen gespült.

«Wärm dich auf, Johann. Wird kalt genug im Grab.» Der Kamerad vom Nebenposten war mit geschultertem Gewehr herübergekommen, schaute sich kurz um und reichte dem Wachtmeister eine Bouteille mit Branntwein.

«Wird gebraucht, Johann, danke.» Olbricht nahm einen ordentlichen Schluck. Je billiger der Fusel, desto zackiger schoss er in die

Glieder. Manchmal war es eine Krux, dass auf der Burg, unten im Land und überhaupt überall fast jeder Mann Johann hieß, Johann Friedrich, Johann Ferdinand, Johann Sebastian … Als existierte in Deutschland nur ein Taufname.

Sie tranken, wischten sich über die Lippen.

Sie traten an die Brüstung.

Unaussprechlich herrlich dehnte sich um sie unter schwerem Gewölk das Sandsteingebirge aus. Berge wie Tafelaufsätze über den Wäldern in Herbstfarben, Rot, Gelb, letztes Grün bis nach Böhmen, nach Norden bis ins ebene Land. Um den Lilienstein hielten sich die Nebelbänke. Die Affensteine meinte man zu sehen, die sich bei Schandau in die Höhe schraubten. Die Herkulessäulen wirkten noch abenteuerlicher, so, als hätte ein Riese im Vorbeigehen Felskegel ineinandergekeilt, die einen wie urzeitliche Gottheiten aus Steinfratzen anstarrten. Hinter Dunstschleiern in der Ferne die Bastei. Kaum ein Mensch wagte sich freiwillig auf das Felsgetürm, zwischen dessen Graten und Spitzen, Höhlen und Vorsprüngen es Hunderte von Klaftern in die Tiefe zu Geröllhalden und wilden Wassern hinabging.

Zwischen Geschützen, die zügig bemannt und geladen werden konnten, beugten sich Olbricht und Hallenser vorsichtig über den Rand der Bastion.

Dort unten am Fluss spielte sich die Tragödie ab. Fast so weit das Auge reichte, war die Elbe von Zelten gesäumt. Auf dem gegenüberliegenden Ufer lagerten die Preußen, unterhalb der Festung erstreckte sich das viel kleinere Heerlager der Sachsen. Unter Aststangen und Laubdächern kampierten die Truppen, gleichfalls durchnässt, schoben fröstelnd Wache, hungerten und wärmten sich um Feuerstellen. Weiterhin wurden auf beiden Ufern Palisaden in den Boden gerammt, Verteidigungsgräben im Erdmatsch ausgehoben.

Frisch geschlagene Baumstämme stapelten sich hinter den Reihen der Kanonen. Ingenieure der Pionierbataillone dirigierten die Arbeiten. Alles geschah wie in Miniatur, aber bis zur Erschöpfung an den Ufern. Für die mutmaßlichen und vielleicht schon beschlossenen Angriffe beider Seiten – wer zuerst? – wurden Pontons gezimmert und zusammengefügt. Unter gelegentlichem Beschuss schleiften längst dezimierte Mannschaften die Kampfbrücken näher an den Fluss. Auch im Visier von Scharfschützen sollten die Regimenter übersetzen und die gestaffelten Abwehrlinien der Belagerer oder, andersherum, der Belagerten durchbrechen. Ein Versuch der Sachsen, zu stürmen und den Kessel zu durchbrechen, war bereits gescheitert. Die Leichen hatte der Fluss in Richtung Dresden geschwemmt. Und nicht mehr viele unter dem Königstein konnten sich überhaupt noch auf den Beinen halten. Sie lagen fiebernd auf ihren Uniformmänteln und der blanken Erde. Gegen die Schweißausbrüche, den quälenden Husten, schließlich das Schwinden der Sinne, gegen die grassierende Influenza wirkte die Chinarinde kaum, von der die Wundärzte nicht annähernd genug Vorrat hatten.

Schon sammelte sich und lauerte in den Gehölzen und Felshöhlen rundum armes Volk und streunendes Gesindel, das in der Nacht einem schlecht bewachten Leichnam oder sterbenden Soldaten die Stiefel von den Beinen, den Brustschild vom Hals reißen, Hemd und Hose vom Leib ziehen wollte. Ringe von Offizieren, manchmal noch mit dem abgeschnittenen Finger, galten als die beglückendste Beute.

Kurz zeigte sich die Sonne zwischen den Wolken.

Preußische Truppen waren von Sachsen aus nach Böhmen in die habsburgischen Erblande vorgedrungen. Sie sollten den Nachschub und die Entsatzarmee für die bedrängten Sachsen im Elbtal abwehren und zurückschlagen.

Nach der Schlacht bei Lobositz schickte der kaiserliche Feldmarschall Maximilian Ulysses Browne, in vorherigen Kriegen mehrmals Sieger über die Franzosen in Oberitalien, seine beiden erfahrensten Kuriere ab, die den Kampf gegen die preußischen Invasoren überlebt hatten. Der steierische Dragoner bekam die Order, über die Hauptwege des Gebirges möglichst rasch das sächsische Lager zu erreichen. Sicherheitshalber brach gleichzeitig der kroatische Ulan mit einer äußerst ungefähren Karte über versteckte Waldpfade auf. Gut zwanzig Stunden würden beide Reiter allemal brauchen. Sie spähten nach preußischen Patrouillen und behielten die morastigen Wege im Auge. Der Ulan führte sein Pferd über eine abschüssige Schotterschneise hinab. Er kam langsamer, aber ungefährdeter voran. Der Dragoner hatte seinen Rappen an einem Bach getränkt. Er sah ein abgeerntetes Feld vor sich, gab die Sporen und sprengte in gestrecktem Galopp nach Norden.

In den Kuriertaschen mit dem kaiserlichen Doppeladler der beiden Kavalleristen steckte in Geheimschrift und versiegelt die Eilnachricht, die ihnen der Adjutant des Feldmarschalls anvertraut hatte: «Wichtiger denn je. Zum Königstein. So schnell es geht.»

Nach scharfem Ritt sprang der Dragoner ab und musste eine Rast einlegen. In der Nähe einer Köhlerhütte führte er sein Pferd zum Abdampfen im Kreis und wischte den Schwarzen trocken.

Sein Kamerad war trotz Stock und Stein passabel vorangekommen. Als er es in der Gottverlassenheit unter Tannen, zwischen Fels und Farn verdächtig rascheln hörte, zog der Ulan seine Pistole.

«Habe ich noch Geld, Brühl?»

«Sehr wohl, Sire. Wenn es derzeit auch ein wenig schwer zu beschaffen ist.»

Die Gesellschaft, die sich aus dem engen Tor der Georgenburg schälte, umfasste ungefähr zwölf Herren, die Adjutanten und Lakaien nicht mitgerechnet. Auch eine Dame zeigte sich, die Witwe des Geheimen Rats von Friesen. Die weltgewandte Greisin hatte oder verschaffte sich fast überall Zutritt und wusste stets Neuigkeiten. Sie hatte sich nicht davon abhalten lassen, in schwarzem Kapuzenmantel ihren Monarchen in seiner Not zu begleiten. Und insgeheim führte sie Tagebuch über die erregenden Ereignisse.

Posaunen hätten erschallen, die Leibgarde hätte Spalier bilden müssen, der Oberhofmaler Louis de Silvestre hätte den Augenblick für eine Skizze nutzen können, als Friedrich August II. Kurfürst von Sachsen und als August III. zugleich König von Polen sich in der Öffentlichkeit zeigte. Doch nichts von alledem. Die Mehrzahl seiner Leibwache tat nun Dienst auf den Wällen, und als Zuschauer näherten sich ehrfürchtig einige Invaliden und Mägde. Kinder der Garnisonsfamilien rannten herbei.

Der Herrscher selbst, der Quartier im Georgenbau bezogen hatte, wirkte verwirrt. Er schien vom Tageslicht geblendet zu sein. Er bot seine Hand nicht zum Huldigungskuss dar, vielmehr tastete er nach Halt. Der sechzigjährige Wettiner, aus einem der ältesten regierenden Häuser Europas, der Sohn Augusts des Starken, mit Thronen in Dresden und in Warschau, hielt inne und verharrte gebeugt. Die puderweiße Perücke war meisterlich gelockt worden. Unter einem Zobelumhang, der bis zu den Waden in feinster Seide reichte, zeigte sich der dunkelblau samtene Rock mit goldenen Tressen. Nur wenige von Friedrich Augusts Orden, und die auch nur in ihren kleinen Ausführungen, als sogenannte Kleinodien, waren unter seinem Umhang zu erkennen und zu erahnen, der Militär-Sankt-Heinrichs-Orden, den er 1733 selbst gestiftet hatte, der polnische Weißer-Adler-Orden und obendrein ausgerechnet der Hohe Orden vom Schwarzen Adler. Mit dieser Auszeichnung hatte ihn einst der preußische König geehrt. Sollte der halb verdeckte Ordensstern darauf verweisen, dass Friedrich II. – den manche den *Großen* nannten – einen besonders niederträchtigen Verrat an einem vordem Gewürdigten und Umschmeichelten beging? Alle glitzernden Auszeichnungen waren nachrangig gegenüber dem Goldenen Vlies, das der König und Kurfürst täglich unter dem Spitzenjabot über der bestickten Weste trug, dem vornehmsten Orden der Christenheit. Das Goldene Vlies verband die gekrönten Häupter, zumindest als Vision, zu einer ritterlichen Bruderschaft.

«Nachricht von der Königin, von meinen Kindern?» Betrübt wandte sich der Monarch an den Kavalier dicht hinter ihm.

«Wir warten auf Post, Sire. Familiäre Mitteilungen wollen die Preußen passieren lassen.»

«Nachdem sie sie gelesen haben», der König ließ den Kopf sinken. – «Und deine Frau, Brühl?»

«Auch sie harrt in Dresden aus.»

«Wie tapfer.» Friedrich August seufzte. «Sind die Frauen couragierter als du und ich? Sie weichen dem Feind nicht, sie behaupten ihren Platz. Ach, die Königin. Sie kränkelte ohnehin.»

«Meine Frau wird ihr beistehen, Sire. Ihr Wille war stets unbeugsam.»

«Ja, sie ist eine stolze Frau, deine Frau, Brühl.»

«Und auch umsichtig und klug, Sire. Die Stütze meines Lebens.»

«Das hast du schön gesagt, Brühl. Was tun die beiden jetzt? Weinen? Wo? Im Schloss? Sollte ich nicht bei ihnen sein?»

«Sire, Euer Majestät müssen frei sein.»

«Frei?», der König lachte auf.

«Sie müssen als Staatsoberhaupt handlungsfähig bleiben. Entscheiden können.»

Mit seinem Gehstock bohrte der Herrscher im Erdstreif zwischen den Pflastersteinen des Festungswegs. Schreie von Verwundeten, die entfernt zum Verbandsplatz getragen wurden, erreichten sein Ohr.

«So kracht es zusammen, dein famoses Bündnissystem, Brühl.»

«Sire», Reichsgraf von Brühl, der Premierminister Sachsens und einflussreichster Mann des Landes seit Jahr und Tag, näherte sich der Schulter, dem Ohr seines Souveräns: «Nichts ist verloren. Das Bündnis entfaltet seine Kraft. Die Österreicher marschieren. Die Armeen Frankreichs werden bald den Rhein erreichen. Ich habe der Zarin geschrieben, dass sie schnell in Ostpreußen einrücken muss. Verloren ist Friedrich. Vor anderthalb Jahrzehnten hat er Schlesien geraubt. Nun versucht er es mit Sachsen. Diesem Nimmersatt und Brandstifter im empfindlichen Herzen Europas werden wir das Handwerk legen. Wir werden ihn wieder zum Markgrafen von Brandenburg degradieren. Dann mag er in seinem Sanssouci philosophieren, die Flöte spielen und Gott lästern.»

Der König zuckte zurück. «Ich glaube, Brühl, er lästert Gott nicht. Er erwähnt ihn nicht einmal.»

«Warum regiert er nicht ruhig, Sire? Tut seinen Untertanen Gutes? Im nun dritten Krieg um Schlesien führt er wieder seine eigenen Landeskinder auf die Schlachtbank. Mein Bündnissystem wird wirken. Wir domestizieren ihn.»

«Aber deine Pläne sind verraten worden.»

Heinrich von Brühl war unter seinem Puder bleich, wirkte erschöpft, die Wangenknochen traten nach Nächten ohne Schlaf hervor: «Wie das geschehen konnte?»

«Ja, wie, Brühl? Verrat in deinem Geheimen Kabinett.»

«Meine Sekretäre werden stets überprüft. Menzel muss ein besonders abgefeimter Schurke gewesen sein. Immer fleißig, immer still, ein Einzelgänger. Aber hat sich aus Berlin letztlich bestechen lassen. Mit Nachschlüsseln wird er nachts im Geheimarchiv gewesen sein. Und unsere Korrespondenzen mit Petersburg, Versailles und Wien abgeschrieben haben.»

«So ein ...», Seine Majestät konnte sich in einen Spion nicht hineinversetzen, «nichtswürdig. Armer Brühl, wurdest betrogen. Du, der Gescheiteste.»

Der Minister verbeugte sich unmerklich.

«Der gehört ins Loch ... gehängt.»

«Wir werden Menzel finden, Majestät. Und ihn seiner Strafe zuführen. Er mag sich mit seinem Judaslohn verstecken, wo er will.»

«Eine der übelsten Verrätereien in der Geschichte», der sächsische Herrscher wiegte den Kopf. «Der Schuft öffnete mit seinen verbotenen Schlüsseln dem blutigsten Durcheinander auf dem Kontinent Tür und Tor. Und wer ahnt schon alle Folgen? Wird Preußens Marschtritt in Deutschland nun den Ton angeben? Oder ein Dresdner Menuett?»

«Menuett, Sire, unser Menuett.»

«Wie schön. Aber zuerst müssen wir noch siegen.»

«Eine kleine Frage der Zeit, Sire. Und des Durchhaltens.» Der Minister lächelte und war erstaunt. So gesprächig, so politisch hatte er seinen Herrn selten erlebt.

«Ist Friedrich der bessere König? Oder bin ich es?»

«Sire, was für eine Frage.»

«Nun, die kann ein Untertan schlecht beantworten.»

Brühl zuckte zusammen.

«Darüber müsste ich mich mit Friedrich allein unterhalten. Was zählt? Sein Drill, seine Schlauheit? Oder meine Nachsicht?»

«Euer Majestät haben nach unendlichen Mühen, unter größten Kosten die Sixtinische Madonna erworben. Ganz im Sinne Eures seligen Vaters August des Starken ist Dresden zu einer der glanzvollsten Metropolen geworden.»

«Dafür hast du auch manches getan, Brühl. Meine Canalettos hast du dir für deine Galerie ein zweites Mal malen lassen.»

«Sire, was Euch und Eurem Kunstverstand gefällt, das sollte man selbst vor Augen haben.»

«Um sich darin zu vertiefen, ja, zu versenken. Man muss lange vor einem Rembrandt sitzen, um seine Schattierungen als eine Botschaft zu erkennen.»

«Sehr wohl, Sire. Auch das ist mehr als wahr.»

«Wahr? Wir wissen fast nichts, Brühl.»

«Solch höchste Erkenntnis, Sire, darf ich mir als Euer leitender Minister nicht leisten.»

Herr und Ratgeber lächelten.

Von Festungsbäumen troff Regenwasser.

«Es tut wohl, mit dir zu plaudern, Brühl. In diesem schrecklichen Idyll.»

«Kann ein Idyll schrecklich sein, Sire?»

«Will Er mich belehren?»

«August der Nachsichtige ist auch August der Weise.»

Nach jahrzehntelanger Gewöhnung glitt manche Schmeichelei am König wie unbemerkt ab.

«Ich kann nicht ohne Orchester leben!» Friedrich August ging ein paar Schritte. «Es ist ein Hundeleben ohne Musik. Kein Pillnitz, kein Moritzburg. Mein Tizian, Veroneses Venus nicht da. Statt auf die Jagd zu gehen, nun selbst gejagt. Unerhört.» Friedrich August wankte fast vor Empörung. «Keine Bordoni in der Nähe, die mir einen Hasse oder meinetwegen einen Händel singt … Hasse ist galant und hat Schmelz. Händel mag kühnere Einfälle haben, aber klingt oft spröder. Der eine gleicht einem Italiener. Der andere ist deutscher, wilder … Nichts zu lauschen. Was soll das alles noch? Wann schlagen deine Russen und Franzosen oder sonst wer zu?»

«Eilen herbei, Sire. Und für Musik ist gesorgt. Zumindest ein kleines Amüsement zu schwerer Stunde. Für alle.» Graf Brühl wies auffordernd geradeaus.

Nun doch ein wenig neugierig setzte der Monarch seinen Weg über das Festungsplateau fort.

Das Gefolge hinter ihm und seinem Minister hatte sich längst formiert. Adjutanten und die Leibwachen mit ziselierten Hellebarden hatten sich als Eskorte in Bewegung gesetzt. Kammerherren und Kammerjunker fröstelten. Vom polnisch-litauischen Hochadel harrte vornehmlich Karol Stanisław Radziwiłł auf dem Königstein aus und bekundete seinem König die Treue. Als Schwertträger von Litauen und als Patriot verpönte der junge Mann westliche Kleidung. Über seinem reich bestickten Żupan trug Radziwiłł zu roten Stiefeln aus Saffianleder den purpurfarbenen, bodenlangen Kontusz mit Silbergurt. Der Pole wusste, dass am augusteischen Hof die Tracht der östlichen Magnaten beeindruckte. Radziwiłł interessierte sich jetzt aber weitaus mehr für das Militärische, für den preußischen Aufmarsch, die sächsische Verteidigung und was die nächsten Stunden und Tage brächten. Einen siegreichen oder einen von den Preußen gefangen genommenen König von Polen? Den sie dann als Geisel nach Warschau verkauften. Unausdenkbar, aber was war in diesen Zeiten nicht vorstellbar? Würde der polnische Kronrat für Friedrich August ein Lösegeld zahlen? Gold aus Polen? Das bekam selten jemand in die Hand. Andersherum war es üblicher. Durch keinerlei Erbrecht, sondern überwiegend durch Bestechung – wie von alters her – war der Deutsche zum König von Polen gekürt worden. Dort besaß er über die Großen mit ihren eigenen unverbrüchlichen Rechten und über das riesige Land, das sich fast bis zum Schwarzmeer ausdehnte, wenig Macht. In Polen taten die Fürsten, Senatoren und Bischöfe nebst ihrem Anhang weitgehend das, was sie wollten. Allerdings zeichnete ein Amt am Warschauer Hof aus, machte nobler. Und in Dresden, der anderen Residenz Friedrich Augusts, erwarb sich der Nachwuchs der Czetwertyńskis, Potockis, Sapiehas und Radziwiłłs den letzten gesellschaftlichen Schliff. Die Gesetze der polnischen Adelsrepublik, die zugleich eine Monarchie war, erlaubten es nicht, jenseits ihrer Grenzen dem bedrängten Halbherrscher Hilfstruppen zu schicken. Das war für den König jetzt misslich.

Karol Radziwiłł wollte für ihn kämpfen.

Friedrich August bürgte immerhin für eine gewisse Ruhe und Ordnung in Polen. Seine Herrschaft war eine Friedensherrschaft gewesen. Und hatte durch viele Bauten Warschau verschönert.

Friedrich August stand für das vor Jahren aufgekommene Sprichwort: Unter den Sachsen iss und trink und schnall den Gürtel locker. So hatten sich Deutsche im Ausland, hatten sich Fremde in fremden Landen nicht durchwegs verewigt. Die Devise galt zumindest für die Wohlhabenden.

Zum Teufel mit den ruppigen Preußen.

Der höfische Zug passierte das Brunnenhaus. Die Garde du Corps hatte die Hellebarden geschultert. Barfüßige Kinder liefen voraus und hinterdrein. «Vivat!», rief ein Kanonier. Andere noch korrekt uniformierte oder schon zerlumpte Kämpfer zogen den Dreispitz und verbeugten sich. Rossknechte führten Pferde zur Schmiede. Jenseits des Obstgartens, der zum Gutteil schon zu Brennholz geworden war, erhob sich das Turmdach der Friedrichsburg. Dieses Gebäude, das direkt an der Schanze errichtet worden und wie über dem Elbtal schwebte, hatte August der Starke für seine Visiten auf der Festung zum Lustpavillon umgestalten lassen.

«Was hast du denn vor, Brühl?»

«Die Leute haben sich wahrscheinlich schon alle versammelt. Sie wollen bei Laune bleiben.»

«Aha. Es sei.»

Trotz einer angedeuteten kleinen Zerstreuung im schrecklichen Idyll bewegte sich der beleibte Monarch nicht schneller. Vielmehr verharrte er alle paar Schritte und schüttelte den Kopf.

Ein Offizier im Brustharnisch hinter Seiner Majestät stach besonders ins Auge. Seine hohen Stiefel glänzten blank. Trotz der Erschöpfung, die ihm ins Gesicht geschrieben stand, konnte er noch immer den Blick auf sich ziehen. Sein Teint war dunkel, geradezu exotisch. Generalfeldmarschall Friedrich August Graf von Rutowski war ein Halbbruder des Königs. Er entstammte der langlebigen Leidenschaft des gemeinsamen Vaters, des starken Augustus Rex, für Fatima, eine Türkin, die nach den Balkankriegen in Dresden gestrandet war und in Elbflorenz Karriere gemacht hatte. Parallel und zwischenzeitlich hatte Fatima neben den Favoritinnen, der Gräfin Esterle, dann der Gräfin Cosel, die Freuden und Pflichten einer Mätresse durchlebt. Ein Kind aus dieser Beziehung hatte der König als rechtmäßigen Sohn anerkannt und zum Grafen erhoben. Durch eine spätere Ehe seiner Mutter war er ein Rutowski geworden und hatte die militärische Laufbahn eingeschlagen. Der Generalfeldmarschall galt als der fähigste Mann im sächsischen Heer.

Rutowski vernahm den fernen vereinzelten Kanonendonner aus dem Tal und wusste ihn einer feindlichen oder einer eigenen Batterie zuzuordnen.

Entgegen allen Usancen hielt der Offizier den Minister Brühl kurz am Umhang fest. «Sie müssen ihm reinen Wein einschenken. Unsere Soldaten beginnen zu desertieren.»

«Aus der preußischen Knechtschaft laufen doch viel mehr Männer davon.»

«Brühl!», insistierte der Oberbefehlshaber: «Sie haben meine

Armee zu Tode gespart. Sie haben uns wehrlos gemacht. Nun droht das Resultat, die Katastrophe.»

«Wir haben, Rutoswki, unsere Friedfertigkeit bewiesen.»

«Nein, Dummheit und Bankrott.» Den erregten Halbbruder des Monarchen durfte der Premierminister nicht scharf rügen, schon gar nicht jetzt dessen Entlassung betreiben. Man brauchte jeden und musste zusammenstehen.

«Ausbruch, Brühl, heute Nacht. Oder es ist aus.»

«Nachher, Rutowski, im Kriegsrat. Sie legen es ihm dar.»

«Bei guten Nachrichten Sie. Aber jetzt ich?» Der Befehlshaber schäumte vor Wut, bezwang sich jedoch.

Immer mehr Volk, Militär und Fuhrknechte, elend oder noch passabel bei Kräften, das getreue Ehepaar von Vitzthum, einige sorbische, elsässische Söldner, Hunde, Feldschere, Bader, Verwundete, die gestützt wurden, strömten in Richtung des Lustpavillons.

Das letzte Fest Sachsens?

«Ballett wird es wohl nicht geben?», fragte der König. «Ich mag solche Ausflüge ins Ungewisse eigentlich nicht.»

Abermals musste die Eskorte neben ihm verharren.

«Brühl, ich habe heute Nacht nachgedacht.»

«Sire.» Der Lenker des Staats stand wieder neben ihm und lächelte aufmunternd. So, wie es immer sinnvoll war und wie es sich über Jahrzehnte bewährt hatte. Heinrich von Brühl hatte es stets vermocht, verbindlich zu werden. Seine Miene bewies auch jetzt jedermann Leutseligkeit und die größte, wohlwollende Aufmerksamkeit. Zur Kunst des Diplomaten und Politikers, der in Europa bisweilen maßgeblich war, Bündnisse schmiedete, Gegner in eine Falle lockte, der Sachsen und Polen zu einer Großmacht vereinigen wollte und der in seinem Palais die Welt empfing, zu eben dieser Kunst des kultivierten Staatsmanns gehörte es auch, trotz des Lächelns sämtliche

Unwägbarkeiten des Schicksals in Rechnung zu stellen. Einmal war der Herrscher nicht geneigt, sich auf Politik zu konzentrieren. Dann wieder zeigte das Kaiserhaus in Wien sich störrisch, Zollfreiheit für sächsische Waren in Böhmen und Mähren zu bewilligen. Plötzlich machte sich wiederum in Versailles Madame de Pompadour dafür stark, den französischen Dauphin mit einer sächsischen Prinzessin zu vermählen. Sachsen spielte, auch durch ihn, Brühl, eine erhebliche Rolle in der Gemengelage Europas. Und zwischen den endlosen Herausforderungen, Frieden mit Macht und Wohlstand zu verbinden, war es das Beste, sich zu vergnügen. Bis wieder mehr Licht am Horizont erschien. Ja, dies durfte man die Brühlsche Methode nennen: Sondieren, abwarten, gelegentlich handeln, zu einem Maskenball raten und auch noch jetzt nicht vollends zu verzagen.

«Ich habe doch heute Nacht, Brühl, tatsächlich ganz und gar nicht zusammenbekommen, mit welchen Titeln und Ämtern, mitsamt ihren Einkünften, ich dich über die Jahre bedacht habe. Du hattest immer einige Vorschläge dafür.»

Was war das nun für ein nächtlicher Einfall gewesen? Gewiss, auch der König schlief in diesem Notquartier schlecht. Aber konnte er nicht an die Jagd in Moritzburg denken, eine Melodie von Johann Adolf Hasse summen? Das Gesicht des Reichsgrafen verschattete sich jetzt doch.

«Nun, Brühl?»

«Premierminister Eurer Majestät.»

«Das weiß jeder. Aber sind doch noch viel mehr Posten, die dir andere ankreiden. Friedrich soll dich für deine schönen Titel geradezu hassen. Nennt er nicht sein Reitpferd *Brühl*?»

«Der König von Preußen hat nur gute Rösser.»

«Ich will's mal hören!»

«Geheimer Kabinett- und Konferenzminister Eurer Majestät.»

«Schön. Dann?»

«Obersteuer-Kammerdirektor der Stifte Naumburg und Merseburg.»

«Damit bist du fast schon geistlich.»

Mit zwei Fingern winkte der König auffordernd.

«Kapitular des Hochstifts Meißen und Propst zu Budissin, Euer Majestät.» Der vielfach Geehrte musste selbst nachsinnen, und das im Zustand der Belagerung. «Obersteuereinnehmer von Zeitz, glaube ich. Direktor der Meißner Manufaktur.»

«Du bekommst die Kostbarkeiten gewiss etwas preiswerter. Es sei. Da war doch noch etwas besonders Klangvolles, hatte mit der Weichselmündung bei Danzig zu tun.»

«Majestät, ein Verhör?»

«Aber nein. Interesse.»

«Generalkommissarius der Baltischen Meerpforten.»

«Hui. Ich bin nur König und Kurfürst. Insgesamt?»

«Ich weiß es zur Stunde und hier nicht exakt, Sire. Es sind ungefähr dreißig Ämter, mit denen Euer Majestät mich huldvoll betraut haben. Die Einnahmen sind jederzeit einzusehen.»

«So soll es sein, Brühl. Ich will keinen Hungerleider als meinen wichtigsten Mann. Und bis jetzt sind wir doch gut zurechtgekommen, nicht wahr, Brühl?»

«Mein Leben für Euch.»

Die Hutfedern Seiner Majestät hingen feucht. Nun summte Friedrich August doch. Aber welche Melodie? Sie schien ihm zu gefallen. Mit dem Stock gab sich der Herrscher immer präziser den Takt vor. Brühl lächelte zustimmend, aber ratlos. So wandte sich der Monarch um. Der Tross der Belagerten hinter ihm war beachtlich und wuchs noch an. Hofmeister, Geheime Räte, Heiducken, Pagen. Ja, der Leibkoch mit dem Leibkonditor. Summend prüfte der König seine Begleitung zu einem Amüsement. Der prangende Premier dicht hinter ihm, auch nicht mehr so schlank wie früher, kannte sich besser mit Rittergütern aus, die er günstig erwerben konnte, als mit Kompositionen in D-Dur. Auch der geliebte Halbbruder, Generalfeldmarschall Rutowski, kam für musikalische Fragen nicht in Betracht. Der König summte lauter, fand den Fortgang des jubelnden Chores. Wie war es mit der alten Friesen, die sich an jeden und alles erinnerte? Er winkte die Witwe heran. Beglückt beeilte sich die bewährte Hofdame und machte ihren Knicks. «Friesen … Damals in Leipzig. Zu meinem Geburtstag. Auf dem Markt, da wurde doch eine Kantate aufgeführt.»

Frau von Friesen musste sich nicht lange besinnen. «1734. Einem Trompeter, Sire, ging die Luft für die klingende Pracht aus. Er sank mit dem Schlagfluss tot um.»

«Was war denn das noch? Jetzt will mir die Melodie nicht mehr aus dem Kopf.»

«Wohl ein Werk des Thomaskantors, Sire. Johann …», sie sann nach, «… Bach. Er hat dieselbe Musik dann noch einmal für einen Weihnachtschor benutzt.»

«Jauchzet, frohlocket», wusste an Rutowksis Harnisch vorbei der Hofkämmerer von Dieskau zu ergänzen.

«Aber damals wurde ich mit anderen Worten besungen.»

Dieskau und Friesen sahen sich an, grübelten. Die nächtliche Festmusik lag gut zwanzig Jahre zurück. «Prr… Preise.» «Dein Glücke …» Die Anwesenden trieben die Zeugen von damals mit Blicken geradezu an.

«Ja», die Witwe unter ihrer Umhangkapuze und der Kämmerer nickten. Gemeinsam schöpften sie die Leipziger Kantatenverse aus ihrem doch fabelhaften Gedächtnis und sprachen, ja intonierten ungeschult, doch geradezu im Duett:

«Preise dein Glücke, gesegnetes Sachsen,
Weil Gott den Thron deines Königs erhält.
Fröhliches Land,
Danke dem Himmel und küsse die Hand,
Die deine Wohlfahrt noch täglich lässt wachsen
Und deine Bürger in Sicherheit stellt.»

Heinrich von Brühl räusperte sich, er applaudierte.

Die Polen, der Koch und einige Höflinge taten es ihm gleich.

Von einem Läufer wurde Oberbefehlshaber Rutowski zum Generalstab gebeten. Mit einem Schwenken seines Huts entschuldigte er sich. Hoffentlich war ein Kurier der Österreicher eingetroffen. Ein gemeinsames Angriffssignal hatte mit ihnen immerhin vereinbart werden können: Ein Kanonenschuss von der Festung. Wenn nur nicht wieder Regen, Gewitter, vor allem Donnergrollen die Mitteilung an Browne übertönten.

Das behelfsmäßige Amüsement, das unter Federführung Brühls und einiger Hofbeamter arrangiert worden war, verblüffte den Monarchen und jedermann. Vor dem Pavillon mit seinen beiden geschwungenen Freitreppen hatte sich das Gros der Garnison versammelt. In einem Halbrund vor dem Lusthaus standen und hockten Kompagnien, stützten Unversehrte leicht Verwundete, zwischen ausgemergelten Offizieren suchten Marketenderinnen und Tagelöhner einen Platz, Hunde strolchten durch die Menge und schnüffelten an Beinen und schmutzigen Stiefeln.

«Nach langen Tagen der Not soll sich jeder ein wenig erfreuen», erklärte der Minister.

Der König nickte, straffte sich und schritt durch seine Kämpfer und Getreuen voran. Wer es vermochte, erhob sich. Friedrich

August II. grüßte nach links und rechts. Es war nicht die Stunde, die Lage und der Ort, um in lauten Jubel auszubrechen. So nah waren sich der Herrscher und die Seinen noch nie gekommen. Mit Blicken ermunterten der König und die Königsteiner Besatzung einander, versicherten sie sich ihres Zusammenhalts. Gehöriger Abstand war jedoch vonnöten. Überall in der Menge wurde gehustet und waren Gesichter fiebrig von der Influenza, die unter den Belagerten grassierte. Eine Waschfrau ergriff den Umhangsaum des Monarchen, küsste ihn und fiel in Ohnmacht. Ein Hauptmann fing sie auf.

Vor dem gemeinen Volk und zu Füßen der Treppen waren Bänke aufgestellt, welche einer Prinzessin von Sachsen-Gotha-Altenburg, den von Vitzthums und weiterem Adel vorbehalten waren. In der Mitte der Sitzgelegenheiten nahm der König auf dem großen Lehnstuhl aus dem Festungsgewölbe Platz. Die Hellebardiere postierten sich zu beiden Seiten des Baldachins.

Der Hausmarschall klatschte in die Hände.

Aus den Fenstertüren des Pavillons trat eine merkwürdige Schar und nahm Aufstellung auf der Empore. Seite an Seite postierten sich Militärmusikanten mit Schellenbaum und Pauke, andere Gestalten, Spielleute mit Dudelsack, Fidel, Tamburin und Drehleier.

«Brühl?», fragte der König.

«Sie haben tüchtig geprobt.»

Der Schellenbaum gab den Einsatz. Eines der erstaunlichsten Konzerte begann. Zuerst ein Bläsersignal, die Drehleier setzte mit durchdringendem Ton ein, Schalmei, Tamburin, Dudelsack und Fidel erklangen, der Tambourmajor gab den Takt vor. Was zuerst als infernalisches Getöse den Burggarten erfüllte, in den Ohren schmerzte wie eine aus den Fugen geratene Jahrmarktsmusik, verband sich – in unvergleichlicher Besetzung – zu einem lebhaften, alsbald forschen Tanz. Zuhörer lachten und applaudierten in den

Rabatz hinein. Die Altenburger Prinzessin wischte sich eine Träne von der Wange: «Nein, wie viel echter und beaucoup plus charmant als die Bauernmaskeraden bei Hof.» Einige rundum hakten sich unter, johlten und wünschten sich einen Freitrunk oder wenigstens ein Stück Brot.

Eine getragene Melodie, doch mit kräftigen Schüben begann.

Bewegt umarmte Karol Stanisław Radziwiłł einen Landsmann.

Die Polen weinten.

«Ah», rief der König, «eine Polonaise.»

Alle wirkten bezaubert.

«Als mein Vater König von Polen wurde», Friedrich August wandte sich um zur Freifrau von Friesen, «hörte er in Warschau erstmals eine Polonaise. Der Tanz gefiel ihm so gut, dass er ihn auf dem Dresdner Fasching wiederholen ließ. Seither hat die Polonaise die Welt erobert. Vielleicht einer der schönsten sächsischen Triumphe.»

Der Himmel bewölkte sich regenschwer.

Musik und Donner vermischten sich.

Böses Erwachen

Es war nicht der übliche Frühnebel, der zwischen der Hofkirche, der Kuppel der Frauenkirche und der Kreuzkirche am Altmarkt über Dresden hing. Der Morgendunst lichtete sich ganz allmählich über einer Stadt im Krieg. Der filigrane Turm der Hofkirche wirkte bedroht, die Glocken der ebenso neuen Frauenkirche schienen Alarm oder zu einem Begräbnis läuten zu wollen. Dunkel und alt ragte die Kreuzkirche stets wie eine Mahnung auf. Gleichsam als Verbindung zwischen dem katholischen Gotteshaus am Schloss und dem Kuppelbau der Protestanten erstreckten sich entlang der Elbe die *Brühlschen Herrlichkeiten*, die über die Jahre sich immer weiter ausdehnende Palaisanlage des Ersten Ministers. Dreizehn Grundstücke waren für das Palais Brühl aufgekauft worden. Nun reihten sich auf der weltberühmten Flussterrasse die Privatgemächer des ämterreichen Mannes, die Salons und Konferenzkabinette. Der Festsaal galt als ein Meisterwerk der Eleganz. Die Gemäldegalerie, länger als der Spiegelsaal in Versailles, war hinzugekommen, die Kupferstichsammlung, die Sammlung von Gobelins, die umfangreiche Bibliothek. Das Belvedere, eine Art von Tempel zum angenehmen Verweilen, schloss die Bauten und Gärten nach Süden ab. – Im Gemäuer des Belvederes klafften Löcher, behauener Sandstein, Säulen lagen in Trümmern. Ein Kanonenschuss vom anderen Flussufer hatte vielleicht nicht zufällig das Wappen am Gesims getroffen.

War dies die Rache des Königs von Preußen am glanzvollen und regen Minister, der sich mit seinen Bündnissen gegen Preußen in Sicherheit gewiegt hatte?

Auf der Brühlschen Terrasse, an den Wallanlagen hinter dem Zwinger, auf den Alleen des Großen Gartens vor den Mauern der Stadt häufte sich das bunte Laub. Kein Reiter beim morgendlichen Spazierritt zeigte sich im herbstlichen Park, keine Kutsche mit Damen und Herren nach einem langen Fest hinterließ Spuren in den Sandwegen.

Die Stadt erwachte, doch wie gelähmt.

Im Zwingerhof reihten sich preußische Armeezelte.

Vor dem Königsschloss patrouillierten preußische Grenadiere. Ein paar von ihnen traten auf eine sächsische Schildwache zu, die sich nicht zu rühren, auch nicht Reißaus zu nehmen wagte. Höhnische und ängstliche Blicke der Sieger und Besiegten trafen sich.

Tiefer in der Stadt regte sich ein wenig Leben.

Wie gewohnt harrten vor dem Rathaus die Sänftenträger mit ihren Portechaisen. Sie warteten vergebens auf Kundschaft und rieben sich warm. Einige der Träger erschraken und wussten nicht wohin. Eskortiert von fremden Soldaten verließen die Dresdner Ratsherren durch einen Nebeneingang das Rathaus. Offenbar hatten sie die ganze Nacht lang debattiert. Und augenscheinlich hatte sich das Kollegium geweigert, den verlangten Treueeid auf den König von Preußen zu schwören. Der gesamte Rat war verhaftet worden. Die übernächtigten Herren mit und ohne Talar und Perücke sollten sich dem Befehl der Besatzer beugen.

Die Bäckereien öffneten nicht. Die Furcht vor Plünderung ging um. Die Vorräte wurden gehortet. Die Bäcker wussten nicht, wann und ob wieder Mehl geliefert würde. Und zu welchem Preis und wie teuer das Brot würde. Schon waren kaum mehr Kaffee, Tee und Zucker aufzutreiben. Französische Modisten, italienische Sänger, polnischer Adel hatten fluchtartig die Residenz verlassen. Der Exodus hatte Hals über Kopf stattgefunden. Mietkutschen und Mietpferde waren nicht mehr zu bekommen. Nunmehr irrten die Flüchtigen zu Fuß aus der Stadt und über die Landstraßen. Erstmals seit Langem war die Gassenbeleuchtung dunkel geblieben. Nebelfeucht hingen die Laternen an den Hausfassaden.

Einige Fensterläden öffneten sich.

In den Höfen wurde aus Eimern die Notdurft in Sickergruben entleert.

Der Bursche in Pluderhosen und Holzpantinen, der gebügelte Wäsche austrug, achtete auch an diesem Tag nicht auf die Regel: Erst schauen, dann gehen. Mitsamt seinem Korb geriet er fast unter die Räder einer Kalesche.

Die Schüler des Kreuzgymnasiums hatten das gemeinsame Morgengebet verrichtet. Sie rutschten unruhig auf ihren Bänken hin und her und schielten nach draußen. Zu aufregend war es, was sich in Dresden zutrug. Ihr Lehrer und Chorleiter strafte einige der Alumnen mit einem Schlag des Rohrstocks auf die Rücken und Finger.

In einer behaglichen Wohnung am Altmarkt servierte die Haushälterin einem älteren Herrn noch die gewohnte Schale Kaffee und ein Stück Hefezopf. Der Bürger und Privatier schlug die Wiener Zeitung auf. Sie war das zuverlässigste Nachrichtenblatt im Reich. Und die vorzügliche Reichspost brachte es sogar in diesen beängstigenden Zeitläuften zuwege, ihre Fracht auszuliefern. Der Herr im Morgenrock entfaltete die Zeitung. Die Haushälterin wagte es, sich mit an das polierte Tischrund zu setzen, und reichte ihm die Brille.

«Dresden, 17. Oktober», las er vor. *«In der Nacht vom 12. bis zum 13., als der Übergang über die Elbe geschehen sollte, hat es ungemein stark geregnet. Dadurch sind die Wege dermaßen überschwemmt worden,*

dass der Marsch gegen die Preußen und ihren Belagerungsring sehr verzögert wurde. Zudem hat der Sturmwind verhindert, dass man die Signalschüsse zu einem Angriff auf der österreichischen Seite hat hören können. So haben sie nichts zum Vorteil der verbündeten Sachsen unternehmen können.»

Er senkte die Zeitung. Die Haushälterin Annette vergrub ihr Gesicht in den Händen.

Er fuhr fort: «*Den 18. Oktober. Am Sonnabend zu Mittag hat die sächsische Armee das Gewehr gestreckt. Kurz nach der Kapitulation ist sie, zumeist mit Zwang, auf den König von Preußen vereidigt worden. Die Offiziere sind auf Ehrenwort, sich während des Krieges neutral zu verhalten, auf freien Fuß gesetzt worden. Auf Bitten eines polnischen Großen erhielt Seine Majestät der Kurfürst von Sachsen und König von Polen für sich und seine engste Begleitung einen Passierschein, um nach Polen abreisen zu können.*»

Die Haushälterin schluchzte und wischte sich Tränen von den Wangen.

«Graf von Brühl durfte den König auf einem Pferd begleiten.»

«Er kann doch gar nicht reiten!», rief Annette aus.

«Eben», belehrte sie ihr Dienstherr seit ungezählten Jahren. «Unsicher auf einem Ross. Damit hat Fritz unseren Brühl vor aller Augen kräftig erniedrigt.»

«Tut man das?»

«*Innerhalb von drei Tagen*», Herr Johann Kasper Zwiersy erreichte die nächste Seitenspalte – vor Nachrichten aus Lissabon und Paris – der Wiener Zeitung, «*wurden auf zweihundert Wägen 3000 leicht und schwer verwundete Preußen nach Dresden gebracht. Die meisten sind an Armen und Händen stark blessiert.*»

«Ja, nun liegen sie überall. Sogar in der Oper.»

«*Von wenigen Übergriffen ist die Rede*», vermeldete die Zeitung.

«*Die Autorität über Dresden hat der preußische General von Wylich übernommen.* – Bald wirst du Preußin, Annette.»

«Niemals.»

«Du bekommst eine schlagkräftige Verwaltung und einen geistreichen König.»

«Ich will in Ruhe gelassen werden.»

Herr Zwiersy tunkte ein Stück Zopf ins Getränk. Es könnte das letzte genüssliche Frühstück sein. «Ei, wie schmeckt der Kaffee süße. Süßer noch als tausend Küsse.»

«Na, ich weiß nicht», erklärte Annette, «das kommt wohl aufs Alter an. Früher war ich nach beidem süchtig.» Mit einem Stöhnen stand die wohlgenährte Hauskraft auf und entschwand wieder in die Küche.

Vermutlich hatte sie recht.

In einer Mansardenkammer nur eine Straßenecke weiter schlüpfte die Tänzerin Mariella Fiorini aus dem Bett der Blumenhändlerin Gabriele vom Neumarkt. Die italienische Künstlerin ließ das Untergewand über ihren vollendeten Körper fallen. Vor der Waschschüssel wandte Mariella Fiorini sich um und setzte sich noch einmal auf den Bettkasten. Die beiden Frauen umarmten, küssten sich, streichelten einander über das kastanienfarbene und das dunkle Haar.

«E a presto, cara.»

«Denn machs ma guud, Mari.»

Die Tänzerin schob leise die Tür auf, und die junge Sächsin wischte sich den Schlaf aus den Augen. Sie reckte sich und musste sich gleichfalls sputen.

Doch wer wollte heute Blumen kaufen?

In den Salons und Sälen herrschte die größte Unordnung.

Einige Gemälde, kostbare Vasen, vergoldetes Silber in Besteckkästen, Teile des Schwanenservice waren in Sicherheit gebracht worden. Für sonstige Preziosen, venezianische Spiegel und Kristalllüster war keine Zeit zum Abhängen, Verstauen und Abtransportieren geblieben. Schränke und Kommoden standen offen. Ein Teil der Dienerschaft war auf und davon. Andere, kräftigere Lakaien hatten gleich nach dem Einmarsch ihre Livree ablegen müssen und waren umstandslos in preußische Uniformen gesteckt worden. Nun exerzierte das Personal des Hauses Brühl, das zuvor Türen geöffnet, Pasteten serviert hatte, irgendwo im Matsch. Hätte sie doch abreisen, mit fliehen sollen? Heinrich hätte es sicherlich gewünscht. Aber sie hatte nicht gewollt. Sie hatte sich geweigert, Haus und Hof, vielmehr Palais und Park im Stich zu lassen und herren- und herrinnenlos den Räubern auszuliefern.

Es war schlimm genug gekommen.

Die beiden Statuen am Hauptportal, Die Wachsamkeit und Die Weisheit, hatten versagt.

Der Brandgeruch waberte noch durch die Räume. Offenbar bestens instruiert, hatte es die Soldateska erstaunlicherweise zuerst auf die Garderobensäle des Ministers abgesehen gehabt. Die Infanteristen hatten die umsichtig geordneten Perücken für die unterschiedlichen Anlässe – für Empfänge, Visiten beim König, für Galadiners oder Gottesdienste – von ihren Ständern gerissen, die Haarpracht im Garten auf einen Haufen geworfen. Und dann angezündet. Dazu die Rufe: «So viele Locken für einen Mann ohne Kopf!»

Dabei hatte Brühl nicht die viel beraunten anderthalbtausend Perücken besessen, sondern höchstens fünfhundert.

Dann hatten sich die Eindringlinge den Festsaal vorgenommen. «Ausräumen», hatte der Befehl gelautet, «ausräumen!» Stühle, Konsoltische und Leuchter waren aus dem Palais geschleppt worden. Und befanden sich nun womöglich auf dem Weg nach Berlin. Sogar Tür- und Fensterschlösser mitsamt Klinken, feinstes Kunsthandwerk, waren abmontiert worden. Sodann hatten die Soldaten mit ihren Bajonetten die Tapisserien aufgeschlitzt, mit Gewehrkolben die Porzellanöfen zertrümmert, in die Lüster geschossen. Das Parkett mit Spießen aufgebrochen. Schließlich hatten sie sich das Belvedere vorgenommen. Das halbe Palais war durchwühlt. Und nun wurde Einquartierung angedroht.

Die Musselinvorhänge hingen zerrissen.

Zwischen Reisetruhen und offenen Schubladen saß Maria Anna Franziska Reichsgräfin von Brühl, privat oft Marianne genannt, am Frisiertisch und verlor die Contenance. Wutentbrannt, verzweifelt, erniedrigt hämmerte sie mit den Fäusten auf das Möbel. Der Spiegel vor ihr erzitterte.

Die Tränen rannen.

In solchem Zustand hatte sie noch nie jemand gesehen. Sie sich selbst nicht. Im Negligé, unfrisiert, verquollen. Die Zofe hatte sie weggeschickt. Das Mädchen aus dem Spreewald war ihr verdächtig vorgekommen, es hatte mehrmals nach Mitteilungen vom Grafen gefragt. Sie konnte eine Spionin sein.

Frau von Brühl fauchte beinahe, um sich Luft zu verschaffen. Sie fühlte sich fähig, nach einem Pistolet zu suchen und es in einen Haufen Plünderer abzufeuern.

Wichtige Post behielt sie nun immer bei sich, griffbereit. Der Stapel lag neben den Flakons. Manchen Briefinhalt kannte sie auswendig. Wie zum Hohn hatte ihr Friedrich II. von Preußen mitteilen lassen: «Bitte verscheuchen Sie, Frau Gräfin, allen ungerechten Argwohn gegen mich. Und seien Sie überzeugt, dass ich niemals Unternehmungen zustimmen würde, die unverträglich mit meinem Ruhme sind.»

Perfide.

Weshalb verfolgte er ihren Gemahl und seine Familie? Empörte es ihn vielleicht, dass sich ein ehemaliger Page, Heinrich von Brühl, durch Fleiß und Geschick zu einem Staatslenker emporgedient hatte und dieses Staatswesen auch entsprechend repräsentierte, auf der Brühlschen Terrasse? Ein ungekrönter König, der in den Augen eines Gekrönten kein Herrscher sein durfte. Vielleicht jedoch lagen die Gründe für die Feindseligkeit und Zerstörungslust noch tiefer.

Sie griff nach dem Stapel.

Es waren Mitteilungen des Bedauerns, die ihr Lord Stourton, der Comte de Broglie und die anderen Gesandten vor ihrer hastigen Abreise aus Dresden noch zugeleitet hatten.

Sie atmete ruhiger. Ein Schimmer Hoffnung.

Von Madame de Pompadour höchstselbst.

Chère Madame Rieksgrafin … Nun ja, in Versailles, in einer Weltmacht kümmerte man sich wenig um die Sprache sonstiger Völker und selbstverständlich auf Französisch ging es weiter. *König Ludwig und ich sind zutiefst betrübt über das Leid, das über Sie und Ihr Land hereingebrochen ist. Seien Sie versichert, dass Frankreich alles unternehmen wird, um Ihnen aus Ihrer Not zu helfen. Vive la Saxe!*

La Marquise de Pompadour

Auch Zarin Elisabeth Petrowna hatte knapp diktiert:

Meine Armee unter Feldmarschall Apraxin wird in Marsch gesetzt. Halten Sie durch. In Ostpreußen wird kein Stein auf dem anderen bleiben. E. P.

Das Bündniskonglomerat des Gemahls begann zu wirken. Aber ob sich Friedrich von Preußen einschüchtern ließe und beruhigen würde? Er war schuld, dieser sogenannte Deutsche, dass durch seine

Machtgier und Ruhmessucht – wahrlich kein Einzelfall, bedachte sie – fremde Völkerschaften die deutschen Grenzen überschreiten würden. Deutschland würde abermals zum Schlachtfeld Europas. Drohte ein neuer Dreißigjähriger Krieg? Der die Heimat entvölkerte?

Die vierzigjährige Reichsgräfin besah sich mutig im Spiegel.

Ihr Haar war noch dunkel. Falten zeigten sich kaum. Trotz ihrer Schwangerschaften war ihre Figur auch ohne Schnürleib noch gefällig. Aus ihrem aparten Gesichtsoval vermochte sie weiterhin zu lächeln. Als Gattin des Chefdiplomaten hatte sie seit der Eheschließung mit dem siebzehn Jahre älteren Mann stets lächeln, heiter und interessiert parlieren müssen und können, gleichgültig, wen sie bei den Empfängen begrüßt hatte, den stotternden Gesandten Schwedens, eine hochnäsige Delegation aus Spanien, den scheinbar devoten preußischen Geschäftsträger nebst Nichte, eine Abordnung von Amsterdamer Bankiers – der vielleicht heikelste Besuch –, die nicht länger auf die Rückzahlung von Krediten an Sachsen warten wollten: «Seien Sie willkommen, meine Herrn, gewiss wird bald Geld fließen. Mein Gemahl verkleinert gerade die Armee.» Was für ein Fehler. Aber bequeme Straßen mit prächtigen Meilensäulen hatte Brühl bauen lassen. Auch ein Fehler? Auf diesen neuen Wegen hatten die preußischen Truppen umso schneller vorrücken können. Wenn die Gäste an der Tafel Platz genommen hatten und das Schwanenservice, das herrlichste, das je modelliert worden war, vor sich erstrahlen sahen, dann beschlich sie alle das Gefühl, inmitten von Reichtum und unerschöpflichen Ressourcen Straßburger Pasteten zu speisen. Glanz war Politik. Darin war Brühl ein Meister. Und ihrer beider Charme hatte die Gäste entzückt. Auch der Ausdruck des Erstaunens musste beherrscht werden, die zweifelnde Miene: «Wie? Die amerikanischen Kolonisten streben ihre Unabhängigkeit an? Unmöglich gegen die englische Kavallerie.» Dresden war in der Ära Brühl zu einer Drehscheibe Europas geworden.

Es klopfte.

«Madame, Ihre Schokolade.»

Ihre Gesellschafterin Frau von Clam-Gallas, ein Erbe ihrer Mutter, der Gräfin Kolowrat-Krakowsky und gleichfalls Böhmin, trat ein.

«Konnten Sie schlafen, ma chère?»

«Wie denn, Madame, hier im Untergang?»

«Treue Seele.»

«Ein Koch ist noch da und der alte Zimmerheizer», berichtete Frau von Clam-Gallas. «Wohin die Kammerjungfern sind, weiß ich nicht.»

«Und Fräulein von Barnhelm?»

Die alte Gesellschafterin zuckte die Achseln. Vielleicht gegen die große Konfusion und angesichts der Katastrophe hatte Tereza von Clam-Gallas ein Kleid gewählt, das sich fast bis unter das Kinn schließen ließ. Eine Rüstung voller Ösen aus schwarzer Seide. Die Warze auf ihrer linken Wange war vertraut. Das Schönheitspflästerchen auf der rechten sollte von der Unebenheit ablenken.

Die Hausdame platzierte das Gedeck mit der Schokolade und etwas Weißbrot neben den Utensilien der Morgentoilette. Tereza von Clam-Gallas räusperte sich und warf einen Blick auf einige Bücher, die sich auf dem Frisiertisch stapelten. «Recht so, Madame. Nun steht auch noch der lange dunkle Winter vor der Tür. Oper, Komödie, es wird wohl nichts mehr geben. Da muss das Lesen trösten. Das geht in jeder Ecke. – Es wird alles wieder gut», fügte die Siebzigjährige noch an. «Das Leben wird zurückkehren.»

«Seitdem ich weiß», Marianne von Brühl ging darauf nicht ein, «dass er und wie sehr er –»

«Wer, Madame?»

«Da der Zerstörer nur französische Autoren liest und preist, Racine, Crébillon, Marivaux und vor allem Voltaire, habe ich mir deutsche Dichter kommen lassen. Heineken hat sie in der Bibliothek herausgesucht. Wenn ich schlafen könnte, hätte ich meine Nase nicht schon hineingesteckt. Interessant.»

«Deutsche Dichter? Gibt es die?» Frau von Clam-Gallas schaute verblüfft. «Außer den Hofpoeten.»

«Aber, ma chère, hier liegen sie doch. Martin Opitz. Andreas Gryphius, Geh aus mein Herz und suche Freud stammt von Paul Gerhardt.»

«Oh, natürlich, das singt man.»

«Und nun ganz moderne, sehr freie Dichter.» Die Reichsgräfin tippte auf den Haufen. «Matthias Claudius, Der Mond ist aufgegangen. Und die meisten in Leipzig.»

«Sieh an. In Leipzig waren sie schon immer rührig.»

«Herr und Frau Gottsched.»

«Eine Frau, die dichtet?»

«Allerdings, meine Liebe, die Lustspiele der Frau Gottsched werden allerorten gespielt, Die ungleiche Heirat, Das Testament, Die Pietisterei im Fischbein-Rocke. Man könnte auch sagen: Die Frömmlerinnen im Korsett. Ein Hieb gegen die Scheinheiligkeit.»

«Verwegen, Madame.»

«Von Luise Gottsched. Und ihr Mann hat Zoten und wirre Albernheiten von der Bühne verbannt. Zudem hat Professor Gottsched die deutsche Grammatik vereinheitlicht. Der Baier versteht allmählich den Sachsen und der Friese den Salzburger.»

«Das habe ich gar nicht gemerkt.»

«Ja, wenn in den Palästen nur Französisch gesprochen und geschrieben wird, liebe Clam-Gallas.»

«Mais pas toujours, Madame. Il y a des moments … Ou dans la cuisine, les domestiques entre eux. Toujours l'allemand. Bei Gottesdiensten.»

«Dazu in Leipzig obendrein Christian Fürchtegott Gellert, dichtet Fabeln, ein deutscher Jean de la Fontaine. Mein Sohn hat den philosophischen Unterricht bei ihm sehr genossen. Hans Moritz und Gellert schätzen einander sehr. Dann gibt es noch einen Lessing, ganz jung.»

«Ah, das ist ja allerlei. Es freut mich, dass Sie beschäftigt sind. Und auf andere Gedanken kommen, Madame. – Darf heute ich Ihnen beim Ankleiden helfen?»

Ein schlichtes Samtkleid wurde aus den Truhen ausgewählt. Für den häuslichen Bereich genügten ein nicht allzu umfangreicher Reifrock und Unterröcke, über die der blaue Stoff glitt. Madame von Brühl schlüpfte in die Schuhe. Nach einer halben Stunde war das Mieder gut geschnürt, waren die Spitzen angesteckt, und die Reichsgräfin zupfte vor dem Spiegel selbst einige Seitenlocken der Perücke zurecht.

«Irdisches Vergnügen in Gott», las sie von einem noch recht neuen Einband aus ihrer Bibliothek ab, nachdem die Clam-Gallas gegangen war.

Die Brühl wechselte mit Lektüre in den Salon neben dem Ankleidezimmer über, setzte sich in einen Sessel und zog mit dem Fuß einen Schemel heran. Ja, sie musste auf andere Gedanken kommen. Verse hatten dabei zu allen Zeiten vielen Menschen in Bedrängnis geholfen. Das *Irdische Vergnügen in Gott* stammte von Barthold Hinrich Brockes, einem der Hamburger Musensöhne. Im Salon, der von den Preußen verschont worden war, las sie:

«Ermuntre dich, mein Herze!
Die schreckensreiche Schwärze
Der kalten Schatten weicht.
Die Licht- und Lebensquelle
Macht alles wieder helle,
Die Sonne scheint, die Nacht verstreicht.

Es schmückt der Berge Gipfel,
Es färbt der Bäume Wipfel
Ihr güldner Rosenstrahl.
Das Wasser scheint ein Spiegel,
Es funkeln Feld und Hügel,
Es glänzt das frisch betaute Tal.»

Wie schön, wie zart. Kriegsgedanken wichen ein wenig. Die Reichsgräfin hielt inne.

«Da alles, was man siehet,
In Licht und Wärme glühet,
Da Welt und Himmel lacht,
So treibt auch ihr, ihr Sinnen
Von Andacht heiß, von hinnen
Des kalten Undanks schwarze Nacht.»

Allen Undank zu verscheuchen, das war nun eine schwierige Vision. Eher ein Auftrag. Marianne von Brühl bemühte sich, Dank für ihr Leben zu empfinden, und sie tat es auch. Wie unaffektiert der Hamburger dichtete. Kurze Verse, natürliche Bilder, geradezu ein Lied. Hier sprach offenkundig ein Bürger seine Mitbürger an und nicht sosehr die Mächtigen, die Schlachtenlenker und die Steuereintreiber. Des Volkes neue, warmherzige, geradezu selbstgewisse Stimme. Auch gefährlich. Irgendjemand musste doch auch manchmal mit Härte regieren und konnte nicht wegen eines Sonnenstrahls die Schöpfung preisen. Oder doch? Es kam ihr plötzlich merkwürdig vor, im Reifrock zwischen vergoldetem Rankenwerk und nicht in einem schlichten Kleid im Garten auf vollendete Natur hingewiesen zu werden. Nun, solche deutschen Strophen kannte Friedrich wohl nicht.

Aus einem eigentümlichen Instinkt heraus lag ihr die Frau aus Leipzig, lag ihr die Luise Adelgunde Victorie Gottsched am Herzen. Sie war der Schriftstellerin einmal begegnet. Als im Komödienhaus deren Lustspiel gegen die Frömmler und Scheinheiligen aufgeführt worden war. Ein großer Erfolg in der Stadt. Auch Frau Gottsched selbst war eindrucksvoll gewesen. Wache Augen in einem schmalen Gesicht, höflich, aber nicht unterwürfig, ein weiblicher Genius im hübschen, doch nicht aufwendigen Atlasgewand. Sie beherrschte mehrere Sprachen, dichtete, übersetzte, verfasste philosophische Schriften. Sie hatte sich für den Besuch der Ministergattin im Schauspiel herzlich bedankt. Die Gottschedin machte Furore und war in Wien von Kaiserin Maria Theresia mit größter Aufmerksamkeit empfangen worden. Sie arbeitete wohl bis zur Erschöpfung ihrem Mann zu, dem berühmten Professor für Dichtkunst und Metaphysik, der durch solche Hilfe seiner Gattin noch mehr Lorbeer auf sich häufen konnte. Mit der Gottschedin hätte sie sich gerne, empfand Marianne von Brühl in ihrem halb zertrümmerten Palais, länger unterhalten. Was sie über den Krieg dachte? Wie man mit machtbewussten Männern umging? Welche Zukunft ihr für die Frauen vorschwebte? Die Schulter der Gottschedin hätte Marianne von Brühl damals beinahe küssen mögen. Sie nahm das gedruckte Lustspiel über die Frömmlerinnen zur Hand. Eine Stelle, an der die verzückten, im Grunde idiotischen Damen mit modischen Begriffen über die Wiedergeburt der Seele stritten – wer wusste schon etwas darüber? –, hatte es ihr bereits bei der Aufführung, als auch das Publikum mitlachte, besonders angetan: «Nun hören Sie! Nach meiner Meinung ist die Wiedergeburt, die Urständung des wahren Bildnisses der edlen Perle, die aus dem Magischen Seelenfeuer gebohren und in den ewigen Sabbat eingeführet wird. Oder wenn ich's noch deutlicher sagen soll: Sie ist eine himmlische Tinktur, wodurch die neue Seele das pflanzliche Leben der vier Elemente wegwirft und die Magische Seele als eine Gottheit in seiner Gleichheit nach dem Modell der Weisheit in alle Dinge einprägt. Das ist die Wiedergeburt und eine klare Erklärung.»

Die Reichsgräfin lachte auch jetzt.

Solcher Nonsens, wie es Botschafter Lord Stourton genannt hätte, wurde doch zuhauf von den Theologen zusammengerührt, um sich wichtigzumachen und die Menschen einzuschüchtern.

Schade, dass der Gemahl nicht mit in die Vorstellung gekommen war.

Was tat er jetzt in Warschau?

Sachsen befreien?

Die Reichsgräfin ließ von der Lektüre ab. Sie weinte über den tiefen Sturz ihres Hauses, des Landes. Wo mochten ihre Kinder, die vier Söhne, sein? Irgendwo außerhalb der Reichweite des Eroberers. Die Tochter befand sich in Sicherheit. Maria Amalie war in Polen. Alle wussten wahrscheinlich, dass ihre Mutter nicht geflohen war.

Not

Allerorten spähten Mütter, Väter, Geschwister in die Ferne, ob sie eine Gestalt erkennen konnten, den Sohn, den Bruder, der zur Armee gegangen war, der sich von den Soldatenwerbern hatte beschwatzen lassen, um ein Handgeld zu nehmen und die Uniform zu tragen. Nach einigen Runden Branntwein hatten die jungen Männer unterschrieben, ihre drei Kreuze gemacht. Wann kehrte er heim? War die humpelnde Gestalt hinter dem Feld, am Ende der Gasse der Sohn mit zwei Aststöcken unter den Achseln und nur noch einem Unterschenkel? Hauptsache er lebte und wäre wieder zu Hause. Sie wollten ihn schon pflegen und aufpäppeln. Er würde irgendeine Arbeit verrichten können. Man wäre wieder beisammen, in der kleinen Geborgenheit. Wieso hatte er sich von den Werbern mit ihren Trommeln vor dem Wirtshaus umgarnen lassen? Um Abenteuer zu erleben? Um mit Kameraden am Lagerfeuer zu sitzen und sich ihre Erlebnisse zu erzählen? «Sie lagen alle tot auf der Schanze. Und wir stürmten voran.» – «Die Schwarzhaarige bei Pirna ließ jeden in ihre Kammer …» Manchmal brachte ein heimkehrender Krüppel eine Nachricht mit. Niedergeschossenes, zerhacktes Menschenfleisch, die Jugend des Landes, in blutigen Haufen. Warum rannten vor den Gewehrsalven des Feindes, der in geschlossenen Linien vorrückte, nicht alle davon? Auch das Schlachtvieh des Feindes hätte sich ergeben, davonmachen können. Aber die Offiziere schossen auf jeden der eigenen Soldaten, der sich aus den Gemetzeln retten wollte. Trotzdem sammelten sich in den Wäldern die

Fahnenflüchtigen, wurden von Patrouillen aufgestöbert und in Ketten gelegt. Oder sie liefen zum Feind über. Dann marschierten sie in die entgegengesetzte Richtung, immer willenloser, immer abgestumpfter. Es gab keine Richtschnur außer dem Gehorsam. Und ein Aufbegehren dagegen. Deserteure, die die Fronten gewechselt hatten, machten bald einen Gutteil der Mannschaften aus, oft zu mehreren fanden sich Sachsen auf der Flucht vor dem preußischen Drill bei den Österreichern ein, wo es ihnen kaum besser erging. Der Feldherr, der weniger Tote, nur sechstausend als der Gegner seinem Oberbefehlshaber meldete und das Schlachtfeld behauptete, galt als der Sieger. Die Totenglocken läuteten in Sachsen, in Preußen, in Österreich, bald würden sie auch in Frankreich, in England, in Schweden läuten. Für Russen war jeder Weg in die Heimat zu weit, und in den Dörfern der Leibeigenen käme ihre Todesnachricht womöglich nie an.

Wir setzten uns mit Tränen nieder.

Und wenn in den Kapellen und Kirchen die Gemeinden ein Lied mit besonderer Erschütterung sangen, dann war es das alte

Wenn wir in höchsten Nöten sein
und wissen nicht, wo aus noch ein,
und finden weder Hilf noch Rat,
ob wir gleich sorgen früh und spat,
so ist dies unser Trost allein,
dass wir zusammen insgemein
dich anrufen, o treuer Gott,
um Rettung aus der Angst und Not.

Wenzel

Über die Scheiben des unversehrten Salons rann der Regen.

Die Nässe erinnerte nur zu sehr an das Debakel am Königstein, wo Ross und Reiter mit ihren Waffen im Schlamm stecken geblieben waren und die Armee kapituliert hatte. Vor den Fenstertüren verschwamm die Feuerstelle, wo die Eroberer die Perückenpracht des Premierministers in Funken und Rauch hatten aufgehen lassen. Vor den gestutzten Eiben und Hecken der Brühlschen Terrasse strömte die Elbe nach Norden. Das Japanische Palais auf dem Ufer gegenüber löste sich im Himmelsgrau auf. Der Goldene Reiter hinter der Brücke, das Standbild Augusts des Starken, der in römischer Rüstung und mit Zepter ins Firmament hinaufzugaloppieren schien, um dort zum Fixstern zu werden, glänzte feucht. Neben der Brücke erhob sich das wuchtige Blockhaus, das als Wache und Depot für allerlei diente. Sein Pendant auf der anderen Brückenseite war nie gebaut worden. Stets war in Dresden vieles und Großes geplant worden. Doch oft ging das Geld aus. Der Zwinger war nur als Vorhof für ein neues Königsschloss gedacht gewesen. Ein Vorhof ohnegleichen mit Glockenspiel, Nymphenbad und Herkules auf dem Dach.

Heineken hatte sich ankündigen lassen.

Vor jeder Begegnung mit dem mächtigen Mann war sie ein wenig nervös. Sie stützte sich betont leger auf die Sessellehne. Eine Locke der dunklen Perücke fiel apart bis fast auf die Schulter.

Frau von Brühl hatte Portwein bringen lassen, falls Heineken einen Schluck wollte. Den Weinkeller hatten die Preußen weitgehend verschont. Trunkenheit im Dienst und sogar beim Verwüsten verbot wahrscheinlich ihr Reglement.

Carl Heinrich von Heineken war ihr nie völlig geheuer gewesen. Schon vor der Katastrophe war er die linke und die rechte Hand ihres Mannes gewesen. Nun fungierte er im Haus als schriftlich bevollmächtigter Stellvertreter des Premierministers. Er stand der reichsgräflichen Verwaltung vor. Heineken hatte die Oberaufsicht über sämtliche Manufakturen Sachsens anvertraut bekommen. Überdies war der geborene Lübecker einer der versiertesten Kunstkenner. Durch seine Ankäufe, nicht zuletzt etliches von Dürer, hatte der geschäftstüchtige Schöngeist die Brühlsche Kupferstichsammlung grandios erweitert. Offenbar als Erster weltweit hatte Heineken die Kunstwerke nach ihren Themen geordnet, Stadtansichten, Seestücke, Landschaften … Den Besitz an Gemälden hatte der Privatsekretär vervielfacht. Heinekens Vater war Architekt gewesen. Durch den Sohn waren der König und Brühl im internationalen Kunsthandel mit von der Partie. Durch seine Verbindungen, seine Zähigkeit und genug Bestechungsgelder waren Tizian, Holbein, Veronese und Raffaels Sixtinische Madonna nach Dresden gelangt. Allein der Transport der immensen Leinwand, die natürlich nicht gerollt werden durfte, von Modena über die Alpen bis in den Stallhof in Dresden war ein Meisterwerk der Planung gewesen. Und die Fuhrleute und Träger in Italien und in Deutschland hatten eine bewundernswerte Arbeit geleistet. Das Herbeischaffen der Madonna – ein Roman für sich. Und der König und Brühl hatten, beraten von Heineken, ihre Sammlungen der Öffentlichkeit zugänglich gemacht. Kunst auch für das Volk, für alle. Das gab es andernorts kaum. «Was wir haben, hat ganz Sachsen und jeder, der Schönes bewundern will. So möge man uns rühmen», hatte die Devise gelautet. Hinter allem steckte und agierte Heineken. Natürlich war auch für ihn selbst durch seine Posten und Transaktionen Erkleckliches herausgesprungen. Er logierte herrschaftlich im Palais am Taschenberg. Auch mit der soliden Mitgift seiner Frau, der Tochter eines Hofküchenmeisters, wäre der Kauf niemals zu bewerkstelligen gewesen. Doch ohne besondere Zuwendungen beflügelte man selten jemanden. Und wo war dem nicht so? Es gab die offiziellen Bilanzen und das Geben und Nehmen im Stillen, geradezu den süßeren Lohn. Und Brühl war großzügig gewesen.

Ein Mann wie Heineken flößte Respekt, wenn nicht gar Furcht ein. Ein Mann mit einem Schattenreich.

Hatte man dem Großbevollmächtigen manchmal zu sehr vertraut?

Und wie zuverlässig war er jetzt?

Aus zweierlei Gründen konnte nun auch Friedrich von Preußen am Stellvertreter ihres Mannes interessiert sein. Entweder um dessen Kassen zu prüfen und vor einer vermeintlich tugendhaften Öffentlichkeit eine Misswirtschaft, Korruption und Verschwendung anzuprangern: «Seht her, ich räume in Sachsen auf.» Oder um ihn in seine eigenen Dienste zu ziehen. Damit vielleicht auch einmal in Potsdam ein Raffael prangen würde.

Es war nun alles, alles ungewiss und dunkel geworden.

Die Alchimie. Die Geheimwissenschaft um die Elemente, um Feuer und Luft, um Formeln des Heils oder der Verwünschungen beunruhigte sie am meisten. Heineken war wohl kein Goldmacher, er kam anders zu Geld. Seine Mutter hatte einen Kunsthandel betrieben und – man mochte es kaum glauben – der Alchimie gefrönt. In Lübeck. Was hatte sich ihr Sohn in ihrer Hexenküche abgeschaut? Welches gefährliche Wissen, welche Mixturen hatte sie ihm mit auf den Lebensweg gegeben?

Die Reichsgräfin ordnete ihre Ärmelmanschette. Die Pendüle auf dem Kamin schlug leise die Stunde. Es klopfte.

Pünktlicher als er war niemand.

«Ich hoffe, Madame haben wohl geruht? Leidlich geruht.»

Sie erhob sich kurz, grüßte und winkte mit dem geschlossenen Fächer ab.

«Nachrichten aus Meißen, Madame. Unsere neuen Brennöfen sind zerstört.»

Sie saß starr und bleich.

Er trat einen Schritt näher. «Höroldt und seine Arbeiter haben die Öfen zerschlagen und sind geflohen. Nun wird er die Goldgrube nicht weiter für sich ausschöpfen können. Da hat er sich verrechnet. – Allerdings …»

«Alors? Ja?»

«… hat er die Magazine der Manufaktur leer räumen und mit ungefähr siebenhundert Wagenladungen weggeschaffen lassen. Alles nach Preußen.»

Ihr schwanden fast die Sinne, und sie konnte ihr Zittern nicht bezwingen.

Das Parkett glänzte ins Unglück.

Heineken räusperte sich. «Darf ich zudem – ?»

Sie richtete sich auf. «Bitte», verlangte sie wie im Namen ihres Mannes.

«Andere Nachrichten sind nicht besser.»

«Wie?»

«Sie sind noch schlechter.»

Carl Heinrich von Heineken, durch Brühls Demarchen gleichfalls zum Reichsgrafen avanciert, beugte sich leicht vor. Der Mann war groß, sein Gesicht unter dem gepuderten Haar kantig. Bis auf die weißen Seidenstrümpfe trug er schwarzen Wollstoff. Der Schnallenschuh war schmucklos. Er hätte als Pastor, vielmehr als Superintendent durchgehen können, wenn zwischen seinen Rockaufschlägen die Nadel in seinem Spitzenjabot nicht rubinrot gefunkelt hätte.

«Er hat unsere Münze beschlagnahmt.»

«Nun? Was heißt das, Heineken?» In Fragen des Münzwesens kannte sie sich nicht aus.

«Jetzt, Frau Gräfin, kann er in Leipzig schlechtes Geld prägen lassen. Mit unserem Prägestempel. Er zahlt den Sold in minderwertiger Münze aus. Dieses Falschgeld fließt in den Handel, und die Preise können in ungeahnte Höhen schießen. Jeder durchschaut das Manöver, und jeder ist machtlos dagegen. Er bleibt solvent, die Bürger und alle verarmen. Das Ausland wird keine sächsische Münze, unseren bisher guten August d'or mehr gelten lassen. Das ist schlimm. Sein Bankier Ephraim wickelt diesen Eingriff ab. Deutschland war das Land mit den stabilsten Währungen, und jede Münzverschlechterung ist seit den Machenschaften im Dreißigjährigen Krieg vom Reichstag strikt verboten. Er sündigt gegen das alte Gesetz.»

«Aber», stotterte sie, «dann wird auch er irgendwann bankrott sein. Er muss doch auch kaufen, mit schlechtem Geld, Pulver, Kanonen, Soldaten.»

Heineken zuckte die Achseln. «Erst einmal ist er flüssig. Ob Preußen nach dem Krieg bankrott sein wird, ist ihm offenbar gleichgültig. Oder er hat seine Pläne, sich dann abermals auf Kosten anderer schadlos zu halten.»

«Unsere?»

Der Oberaufseher über die Unzahl von Besitztümern blickte bedauernd: «Aus seinem Feldlager wird seine Bemerkung kolportiert: Sachsen ist wie ein Mehlsack. Man kann immer wieder draufschlagen, und es kommt immer noch was heraus. – Am Ende schluckt er uns vollständig, macht uns zum südlichen Brandenburg.»

«Mein Gemahl», die Gräfin war aufgesprungen, «die Kaiserin, Madame de Pompadour, die Zarin werden das nicht dulden.»

«Das Schicksal möge unserem Bündnis günstig sein. Am besten rasch. Denn sonst?»

«Kann ihn denn niemand vom Pferd schießen?»

Heineken kräuselte die Lippen und nahm vor dem Schreibsekretär Platz. «Eine heikle Frage, Madame, ganz heikel. Es wäre günstiger, er fiele in der Schlacht.»

Erregt setzte sie sich wieder und wies auf die Karaffe mit Portwein, die Gläser auf dem Tablett.

Heineken winkte ab. «Dann wäre es kein Mord. Wer würde einen Königsmord gutheißen, zumindest offiziell? Der Herr Premierminister in Warschau? Unser König? Das tut Friedrich August II. nicht. Er ist selbst ein gottgesalbter Monarch. Königsmorde erschüttern die gesamte Weltordnung.»

«Gewiss», bekannte die Reichsgräfin und schlug mit dem Fächer auf die Sessellehne.

Wortlos verharrten beide unweit des Kaminfeuers. Vor geraumer Zeit waren sie sich noch auf den Korridoren begegnet und hatten einander eher flüchtig begrüßt. Sie waren beim Frühstück des Ministers zusammengetroffen und hatten über den Ausbau des Brühlschen Palais in Warschau, die spanische Thronfolge und über die Gründung eines Waisenhauses in Pförten gesprochen. Nun über den Staatsbankrott und einen gezielten Schuss aus dem Hinterhalt. Die Gräfin Brühl war ans Fenster getreten. Sie begann auf und ab zu gehen und atmete vernehmlich in die zusammengelegten Hände. «Bin ich nun Zuschauerin im Fiasko?» Sie war in ihren Räumen unangetastet geblieben. Sie konnte die Preußen um einen Passierschein nach Polen und zu ihrem Mann bitten. Doch durfte sie ihr Zuhause preisgeben und die unglückliche Königin im Schloss zurücklassen? Maria Josepha von Sachsen und Polen lag beinahe im Sterben. Die Herrscherin, die Wohltäterin, die hilflose Frau verraten?

Frau von Brühl stützte sich am Kaminsims ab.

Heineken beobachtete sie.

Erstmals bemerkte sie in seinen Augen ein Gefallen an ihr. Belebten und verjüngten sie Zorn und Erregung? Sie spiegelte sich im Fensterglas. Ja, sie schien lebhafter zu wirken, womöglich geradezu jugendlicher. Fast kämpferisch.

Sie ließ sich wieder in den Sessel sinken. Das dunkelblaue Kleid floss bis aufs Parkett.

«Ich sollte Sie verschonen, Frau Gräfin.»

«Was denn noch, Herr Graf?» Sie setzte sich aufrecht hin, in Falten die Stirn.

Heineken öffnete die Schließe seiner Mappe und seufzte. Auch das beherrschte der Alchimistensohn und Geschäftsmann mustergültig. Sie würde ihr Misstrauen gegen ihn nie völlig ablegen können.

«In der Selbstdarstellung sind sie, ist er –»

«Immer er, er, er, Heineken!», brauste sie auf. «Wann geht es einmal wieder um uns?»

«Das tut es, doch leider auf die unerwünschteste Weise … In der Darbietung seiner Taten, seines philosophischen Wesens –»

«Paah. Sehen Sie sich die Spuren seiner Philosophie an. Ein Land am Abgrund.»

«Oder bereits darin, Madame.» Heineken räusperte sich. «Nun, in der Präsentation seiner Person, des Ersten Dieners seines Staates, wie er gerne behauptet, in seiner Beeinflussung der öffentlichen Meinung ist er uns haushoch überlegen.» Der Bevollmächtigte der geflohenen Regierung zog ein Blatt aus seiner Mappe. «Wir haben nur uns, dazu viele stumme und flüchtige Kostbarkeiten. Gemälde, die Schätze des Grünen Gewölbes, die Primadonnen der Oper, deren Gesang fast im selben Augenblick verweht.»

«Und?»

«Er aber hat die Schrift. Er kennt die Kunst und die Finessen des Formulierens. Was Friedrich schreibt oder diktiert, das geht, wenn er es will, um die Welt. Das Geschriebene redet und bleibt bestehen, Madame. Mit seinen Pamphleten und Traktaten, Madame, prägt Friedrich sich den Menschen ein. Auch den weit entfernten, vielleicht sogar den Nachgeborenen. Gegen seine Verlautbarungen und die seiner Helfershelfer sind wir machtlos.»

«Heineken!»

«Jedenfalls fürs Erste.»

Die Brühl wirkte erleichtert.

«Soll ich es Ihnen wirklich zeigen? Doch es ist überall im Umlauf. Im Rufmord ist er unübertroffen, und er unterhält damit die Menschen.»

Mit undurchdringlicher Miene über seiner Rubinnadel schien Heineken das Blatt doch wieder einstecken zu wollen.

«Geben Sie her.»

«Comme vous voulez, Madame.»

Sie las:

> Armsel'ger Sklave Brühl, im hohen Amt,
> Zu leiten trägen König stets verdammt.
> Du unterliegst der Sorgenarbeit fast!

Sie blickte auf. Das Blatt sank. Heineken trank nun doch einen Schluck Port. «Das liest Europa, Madame.» Sie hob das Blatt.

Wirf ab der Hoheit hemmenden Ballast.
Denn Teufel Langeweil peinigt Deine Pracht
Und sanfter Schlaf, Brühl, flieht längst schon Deine Nacht.

Über beiden wölbte sich ein Fresko von Louis de Silvestre. Diana und ihre Jagdgefährtinnen in wehender Gaze verfolgten Hirsche und Eber in arkadischen Gefilden. Der ursprünglich vorgesehene Maler, Tiepolo, war seinerzeit durch die Ausgestaltung der Decke im Treppenhaus der Würzburger Residenz, ein venezianisch-mainfränkisches Jahrhundertwerk, unabkömmlich gewesen.

«Konfiszieren, verbrennen, Heineken.»

«Wie denn? Wo denn?»

«Wie soll mein Mann sich von diesem Unflat je wieder reinwaschen. Ich bin mit verhöhnt. Der König ist lächerlich gemacht.»

«Wir werden sehen.»

«Sehen?»

«Die Zeit wird's weisen.»

Maria Anna von Brühl zerriss das Poem in immer kleinere Fetzen und warf das Konfetti in den Kamin. Einige Schnipsel blieben vor dem Rost liegen.

Heineken nippte abermals am Glas. Ein Mann, der sichtlich viele Stürme hinter sich hatte.

«Und Sie wollten mir das Machwerk keineswegs vorenthalten. Soll ich Ihnen danken, Graf?»

«Sie sind eine mutige Frau, Madame. Sie sind nicht mit auf den Königstein geflohen. So durfte ich Sie nicht im Ungewissen lassen. Mit nichts.»

«Was denn noch?»

«Andere leiden vielleicht viel furchtbarer, Madame.»

Sie zerknüllte ihr Schnupftuch. Tränen wollten ihr in die Augen schießen. Kurz schien sich im Gesicht des Favoriten ihres Mannes Mitgefühl zu regen. Sie sah den Hiobsboten tapfer an. «Ich bin nur eine Frau. Was soll ich tun?»

«Gegen vieles können Sie jetzt gar nichts tun, Madame. Er verlangt siebentausend Bücher aus unserer Bibliothek. Die minutiöse Liste wird mir vom preußischen Stadtkommandanten zugestellt werden.»

Sie blickte nur noch starr.

«Und –», jetzt machte Heineken Anstalten, aufzustehen und mit ausgestreckten Armen auf sie zuzugehen. Er setzte sich wieder. «Er wird nach seinem Eintreffen in Dresden das Palais beziehen, als sein Hauptquartier … Sie, Madame … ich habe nachgedacht … könnten im Schloss bei der Königin, notfalls in einer angemieteten Wohnung oder bei mir unterkommen. Falls ich nicht verhaftet werde.»

Ihre Hände verkrampften sich ums Taschentuch. Sie schüttelte sich.

Heineken schaute sich unwohl um. «Es ist noch nicht so weit, Madame», wollte er trösten.

Die Pendüle schlug.

«Aber ich bin auch mit einer guten Nachricht gekommen.»

«Das lügen Sie. Welche sollte das denn sein? Land weg, Haus weg, die Ehre dahin.» Sie versuchte, wieder Fassung zu gewinnen. Sie tupfte über die Wangen und das sich auflösende Rouge.

«Eine halbwegs gute Nachricht.»

«Aha.» Sie schniefte.

«Die Zarin, Sie wissen Elisabeth Petrowna, ist alt, krank und, Pardon, fett.»

Die Reichsgräfin blickte irritiert, aber abgelenkt.

«Sie wird es nicht mehr lange machen», fuhr Heineken fort. «Im Grunde ist Elisabeth Petrowna eine Sieche in Brokat, die sich von

Palast zu Palast, in Anfällen der Gottergebenheit von Kirche zu Kirche kutschieren lässt, um sich vor den Ikonen niederzuwerfen.»

«Je nun, Russland», hörte er gedämpft.

«Zwischendurch regieren manchmal auch ihre Minister.» Die Bemerkung erschien Heineken verfehlt, aber sie wurde nicht bemerkt.

«Die Zarin wird bald das Zeitliche segnen, und sie hat keine Kinder. Und ob ihr Neffe Peter regierungsfähig sein wird, ist fraglich. Peter ist verrückt. Er lässt für Ratten eine Art von Uniform schneidern, gibt Befehl, sie laufen zu lassen, und schießt sie dann ab.»

«Was erzählen Sie denn da? Grässlich.»

«Nun hat mir aber Peters Gattin, die Zarina, also Katharina, schreiben lassen, die vormalige Prinzessin aus Anhalt-Zerbst, die in Russland bisher überlebt hat. Katharina hat einen eisernen Willen. Und was sie will, ist die Macht. Stellen Sie sich vor, was sie auf einem Ball in Petersburg bekannt haben soll: Jedem Widerstand habe ich immer meinen Widerstand entgegengesetzt.»

«Recht hat sie. – Und weiter?»

«Ich sehe sie schon bald auf dem Thron. Und sie will in Russland Bildung verbreiten, die Künste fördern.»

«Wir wären ein Beispiel.»

«Das scheint Katharina zu wissen.» Gräfin Brühl schaute interessiert. Zum ersten Mal während des Gesprächs wirkte der erste Diener des Ersten Ministers verlegen, zumindest schien er nach den richtigen Worten zu suchen. «Ich kenne mich im Kunsthandel aus, wie Sie wissen, Madame.»

«Allerdings.»

«Wir müssen uns finanziell absichern. Auch für alle Eventualitäten.»

«Und die wären?», fragte sie vom Kamin her.

«Wie für uns ein Friedenschluss aussehen wird, steht in den Sternen. Katharina ließ mir mitteilen: Für den Fall, dass Sachsen großen Schaden nimmt und dass das hochwohlgeborene Haus Brühl etlicher seiner Mittel beraubt sein, ja zahlungsunfähig würde, bin ich bereit und willens –»

«Was denn?»

«Unsere gut achthundert Brühlschen Bildwerke zu kaufen und sie zum Grundstock einer Gemälde-Eremitage in Sankt Petersburg zu machen.»

Mit der Sprachlosigkeit der Reichsgräfin hatte Heineken rechnen müssen.

«Das würde sozusagen eine Galerie Brühl an der Newa, in russischem Besitz. Vor allem aber flössen Rubel. Der Ruhm der Eremitage bliebe unser Ruhm.»

«So verlieren wir alles.»

Es klopfte an der Tür. Und nun heftig.

Kein Lakai war vorhanden, jemanden zu melden und die Flügel zu öffnen.

«Pardon mille fois.» Atemlos schob sich Frau von Clam-Gallas herein. «Madame, Monsieur, Wenzel wurde vergiftet.»

Die Reichsgräfin und der Reichsgraf sahen sich an. Erschraken. Welcher Wenzel? So eng, wenn überhaupt, war die Hausdame nicht mit dem Hause Kaunitz und dem österreichischen Staatskanzler Wenzel Anton Fürst von Kaunitz verwandt, um ihn beim halben Vornamen zu nennen. Und Kaunitz' Tod hätte einem Erdbeben, der möglichen Veränderung sämtlicher europäischer Verwerfungen geglichen. Gar ein Verglimmen oder eine noch wütendere Fortführung des Kriegs bedeutet.

«Alle im Schloss sind verzweifelt.» Die betagte Dame kam nicht zu Atem. «Gift. Warum denn nur? Der Arme.»

«Wenzel?»

«Und welches Gift?», fragte Heineken.

«Das weiß ich nicht. Vielleicht war er nur alt. Oder hat etwas Verdorbenes genascht.»

Tereza von Clam-Gallas stieß auf kein Begreifen ihres Berichts. «Wenzel, der Mops der Königin. Und nun glaubt die Königin, dass sie selbst beseitigt werden soll.»

«Von wem?», rief Frau von Brühl.

«Von wem wohl?», die Hausdame senkte den Blick.

Kommen und Gehen

Erste Schneeflocken kündigten den Winter an.

Straßen und Wege wurden unwegsamer. Fluren lagen feucht und weiß.

Wie von alters her kamen mit der kalten Jahreszeit größere Truppenbewegungen zum Erliegen, Kämpfe an den Fronten flammten nur noch vereinzelt auf. Feldlager unter freiem Himmel wurden verkleinert oder aufgelöst. Die Wochen und Monate der Einquartierungen hatten begonnen.

Dachkammern wurden freigeräumt, Böden gefegt, zusätzliches Bettzeug für fremde Soldaten, für Offiziere mit ihren Burschen zusammengesucht. Nicht selten wollten Einheimische für die zwangsweise Beherbergung des Feindes nur einen zugigen Bretterverschlag hinterm Haus zur Verfügung stellen. Sollten die Besatzer doch dort aufs Stroh sinken und neben ihrer Flinte ihren Rausch ausschlafen.

Türglocken schellten. Bürgersleute öffneten, ein Preuße grüßte und zeigte seinen Quartierzettel. Der Hausherr oder eine Magd stiegen die Treppen unters Dach voraus und wiesen in die Kammer: «Da.» Oder: «Das alte Bett knarrt. Aber Sie haben bestimmt einen guten Schlaf.» Die Katze strich um die Beine von Magd und Soldaten. Manchmal wurde auch noch gefragt: «Woher kommen Sie?» «Aus Jüterbog.» Die Antworten aus den Söldnerheeren lauteten auch: «Aus Kassel.» «Bin aus der Pfalz.» «Na so was, von so weit her?» – «Je suis Suisse.» – «Dann hilft wohl nur die Zeichensprache.»

Die Burschen der Leutnants und Majore waren es gewohnt, auf Decken in einer Ecke zu schlafen. Meistens stand ein Kerzenlicht bereit. Wer von den Einquartierten zu einem Stall geführt wurde, der konnte gefährlich unwirsch werden: «Das werde ich melden. Das nächste Mal bekommen Sie eine halbe Kompanie ins Haus.» «Wir haben nichts anderes. Beim Schwein ist's warm.»

Hausfrauen und ihre Töchter nahmen die schnauzbärtigen, vierschrötigen Fußsoldaten, die über die Stiegen polterten und nun mitversorgt werden mussten, hin. Doch bisweilen hellten sich die Mienen auch auf. Missmut schwand, ja das Herz pochte ungehörig, wenn ein junger, ansehnlicher Fremder den Hut zog: «Sie gestatten, meine Damen, Leutnant von der Marwitz.»

«Seien Sie willkommen.»

«Das Ungemach, das ich Ihnen bereite, ist mir selbst nicht recht.»

«Aber, aber.»

«Im Grunde liebe ich Sachsen, es ist ein allzu schönes Land. Ganz anders als unsere dürre Mark.»

«Merci, Herr Leutnant.»

«Doch die Großen entscheiden.»

«Wie wahr», Tochter und Mutter nickten gemeinsam. «Haben wir denn nicht noch ein Kissen für Herrn von der Marwitz? Und einen Spiegel?»

Und der Hausgast für längere Zeit entschwand in blanken Stiefeln, doch geschmeidig über die Stufen zu seinem frisch bezogenen Nachtlager. Schlief er auf der Seite oder auf dem Rücken? Fast schon bei seiner Ankunft tat das Scheiden weh.

Und konnte ein Gefühl denn Landesverrat sein?

Andernorts leerte sich die Stadt.

Tuchhändler aus Krakau, Gesandtschaftspersonal verließen mit Sack und Pack Dresden, um in die Heimat zu entkommen. Sachsen brauchte keine Botschafter und Dolmetscher mehr. Kaum noch ein Sänftenträger trottete oder trabte durch die Gassen. Viele der besonders kräftigen Männer wurden in die preußische Armee gepresst und konnten zur Not sogar Geschütze ziehen. Ihre Frauen und Kinder fragten sich weinend, wovon sie Essen kaufen sollten. Die privaten und städtischen Portechaisen standen verlassen im Dunkel. Die Gerüchte über Marodeure und die Brandschatzung von Landgütern rissen nicht ab. Zwei Knaben stahlen sich nachts aus ihren Elternhäusern fort. Sie hatten es vereinbart. Regimentstrommler wollten sie werden. Wenn in der Schlacht der Fahnenjunker neben ihnen fiele, konnten sie die Fahne retten. Danach würden sie vor dem Spalier der Überlebenden mit einem Eichenzweig am Revers ausgezeichnet. Auf einem ungefähren Weg zum großen König hatten sie es schon bis Radebeul geschafft. In einem Waldstück schliefen beide Jungen ein.

Wer an der Lunge krank war, hustete rasselnd in der feuchten Kühle und spuckte erstmals Blut ins Taschentuch.

Hufeisen klapperten über das Pflaster der Rampischen Straße.

Ein wenig Sonne brach sich Bahn.

Louvre

Der Weg von den Brühlschen Herrlichkeiten bis zum Schloss war nicht weit. Aber sie mussten die Umhänge und die Röcke raffen, damit kein Saum durchs Feuchte schleifte.

«Mich wird gewiss niemand bemitleiden», erklärte die Brühl im Gehen über die Schulter. «Man wird sagen: Sie war reich. Sie hat gut gelebt. Nun kommt die Rechnung. Die jeder einmal zahlen muss.»

«Ich glaube, Madame, im Moment hat niemand die Zeit, an das Unglück anderer zu denken.»

«Sie könnte fliehen, wird man sagen. Zu ihrem Gemahl nach Warschau. Dort wäre sie in Sicherheit. Aber ich bleibe. Dem Kriegstreiber zum Trotz. Soll er sich doch seine Gedanken machen: Wie werde ich die Brühl los? Die sächsische Megäre. Sie wird Gott und die Welt gegen mich aufhetzen. Ihre bloße Anwesenheit ist Belästigung. Er wird mich nicht loswerden.»

«Ich bleibe bei Ihnen.» Halb hinter der Reichsgräfin bemühte sich Fräulein von Barnhelm Schritt zu halten. Sie war erst im Sommer als Kammerfrau in die Dienste des Ministerehepaars getreten. Die Besitzungen der Barnhelms im Thüringischen lagen nicht allzu entfernt von Gangloffsömmern, dem – eher bescheidenen – Gut, wo Heinrich von Brühl selbst das Licht der Welt erblickt hatte. Solch alte Nachbarschaft hatte als Empfehlung gegolten.

«Das Blatt wird sich wenden.»

«Gewiss, Madame.»

«Fritz wird noch Abbitte leisten für seine Verbrechen.»

«Er wird vor unserem König und Seiner Exzellenz dem Herrn Minister niederknien und gestehen: Ich habe den Frieden gebrochen. Ich habe zerstört. Die Zukunft soll besser werden.»

«Das klingt sehr nach Roman, Mademoiselle. Es reicht, wenn Preußen für alles zahlt. Ich gönne ihm stille Abende in Sanssouci und einen nicht zu späten Tod.»

Die beiden Frauen eilten die Schlossgasse weiter. Sie wichen einem Armeewagen aus. In den Fässern unter Planen waren Proviant oder Munition zu vermuten. Ein Bürger mit Garten oder Acker vor der Stadt verharrte mit seiner Schubkarre, starrte die Reichsgräfin, zu Fuß auf offener Straße, an, riss seine Kappe vom Kopf und verbeugte sich. Er kratzte sich am Hals und fragte sich, ob es mit dem Buckeln vor dem Hause Brühl und den Großen nun vorbei wäre?

«Wie soll ich ohne Träger die Treppen hinauf?»

Der jungen von Barnhelm schien das auch ohne Sänfte gut möglich zu sein. Natürlich war sie weniger aufwendig gekleidet als ihre Herrin. Doch die Etikette bei Hofe und im Umkreis der Königin verlangte immer große Robe aus Seide, Taft, Atlas, Samt oder Brokat. Anders bewegte man sich im Schloss nicht. Auch jetzt nicht. Niemand hatte am Reglement gerüttelt. Wer auch? Die Hälfte der Hofhaltung war auf und davon, die andere kopflos und ohne jede Orientierung. Vielleicht war es genau deswegen sinnvoll, dass zumindest noch die Kleiderordnung gültig war. Im ausladenden Reifrock, mit Schleppe und Rüschen von der Brust, Volants von der Taille bis zum Boden wirkten die Hofdamen gewappneter gegen das Schicksal, als jammernd im Nachthemd in einer Ecke. Am strikt eingehaltenen Zeremoniell mochten die Geister wieder Halt finden. Im Nebel der Ungewissheit konnte der Gedanke trösten und am Ende vielleicht sogar aufrichten: Die Königin hat pünktlich die Morgenmesse besucht. Sie speist weiterhin um zwölf. Sie beschließt den Tag mit der Fürbitte für Volk und Land. Die Königin wacht.

Ach, täte sie das doch.

Eine Abteilung preußischer Grenadiere beachtete im Vorbeimarschieren die beiden Damen kaum. Ein Soldat am Ende des Trupps zwinkerte dem Fräulein zu.

«Es kam Nachricht von Ihrer Schwester?», fragte die Brühl und zog sich die Kapuze tiefer in die Stirn.

«Die Preußen waren da.»

«Natürlich.»

«Sie wollten Geld.»

Frau von Brühl erachtete eine Antwort für überflüssig.

«Die Grundbesitzer konnten die Summe nicht aufbringen.»

«Und sie wurden in den Kerker nach Magdeburg verfrachtet.»

«Es war ganz anders, Madame.» Luise von Barnhelm blieb stehen.

«Ein preußischer Major zeigte Mitgefühl.»

«Wie?»

«Aus eigener Tasche schoss er das Geld vor, das die Landleute nicht zahlen konnten.»

Marianne von Brühl schaute ungläubig. «Dieser Feind gibt dem Besiegten?»

«So schrieb sie. Nun stehen wir in seiner Schuld. Und er scheint sich rechtfertigen zu müssen, weshalb er von den Unsrigen einen Schuldschein angenommen hat. Vielleicht halten seine Vorgesetzten den Major für bestechlich.»

«Eine merkwürdige Geschichte», die Gräfin schüttelte den Kopf, «der gute Mann von Barnhelm und Gangloffsömmern.»

«Ich glaube, so klang es jedenfalls heraus –»

«Was klang?»

«Minna hat sich in den Major von Tellheim verliebt. Hals über Kopf. Unsterblich.»

«Sie sind ja ein munteres Völkchen da in Thüringen.»

«Und er sich in sie.»

«Kriegslast und Kriegsüberraschungen.» Frau von Brühl waren verblüffende und weitaus schockierendere Geschichten über Gefühle und Liebe geläufig.

«Vielleicht», sann das Fräulein von Barnhelm nach, «werden sich in Minna und dem Major Sachsen und Preußen dermaleinst friedlich vereinen.»

«Meinetwegen, mein Kind, müssen Sie über Lust, die praktische, nicht so geschwollen reden.»

«Gut, Madame», sagte sie erleichtert: «Sie wollen heiraten. Und das will ich wohl auch einmal.»

«Sollen Sie. – Halten Sie mich auf dem Laufenden.»

Worüber? Über sich oder über Minna?

Vor der Hofkirche bogen sie zum Georgentor der Residenz.

Hier waren bis vor Kurzem Damen und Kavaliere flaniert, Equipagen vorgefahren, Persönlichkeiten und weniger bedeutende Leute in den Portechaisen vorbeigetragen worden, zur Messe, von der Messe fort, in den Schlosshof oder in Richtung Altstadt. Frauen hatten mit Fächern in der Hand aus den Straßengondeln einer Freundin zugenickt, Gesandte hatten auf dem Schoß ihre Unterlagen geordnet. Nun lag der Vorplatz leer, mit Pferdeäpfeln bestückt.

Die Wachen vor dem Tor waren sächsische in üppiger Uniform mit breiten Rockaufschlägen, Schärpe, goldglänzenden Knöpfen und Piken in der Hand. Von der Lausitz bis zum Vogtland war das Schloss das einzige unbesetzte Terrain im Land geblieben. Vielmehr das letzte Stück souveräner Staat. Offenbar solange Königin Maria Josepha darin wohnte, wagten die Besatzer es nicht, das immense

Bauwerk vor der Weltöffentlichkeit in Beschlag zu nehmen. Ein raffinierter Schachzug, der preußische Rücksichtnahme beweisen sollte. Und eine Königin von Polen, Kurfürstin von Sachsen und Tochter eines Kaisers auszuquartieren, irgendwo in Gewahrsam zu nehmen, das hätte an der Würde sämtlicher Monarchen gerührt, auch der Friedrichs, und hätte dem Verlust von Respekt vor den Herrschenden allgemein Vorschub geleistet. Gottgesalbte hatten unantastbar zu bleiben. Sonst käme eine Revolution.

Die Gräfin Brühl und die Baronesse Barnhelm passierten die vertrauten Wachen. Männer in Haltung, die stumm und starr Posten bezogen hatten, strahlten etwas Anziehendes aus. Man hätte sie kurz streicheln wollen, zumal sie sich mit ihren Waffen nicht rühren durften.

Abermals eine Wache vor dem Zugang zur Englischen Treppe. Die Residenz war über die Jahrhunderte gewachsen, glich einer Chronik ihrer Bewohner. Noch im Innenhof drehte sich die Reichsgräfin um. «Ich liebe das Schloss. Es ist dunkel, prächtig, verwinkelt und voller Überraschungen. Es ist der Beginn des Staats. Bis vor Kurzem war es sein Bienenkorb. Mein ehrwürdiger Louvre.»

Den Vergleich konnte die Kammerfrau jetzt nicht beherzigen.

Nur ein Heiduck verbeugte sich und öffnete die Tür zum Treppenhaus. Doch auch hier war die Leere beklemmend. Kein Mensch, nicht einer eilte herab oder hinauf.

«Eine Englische Treppe?», das Fräulein von Barnhelm sah sich um.

«Ein Vorfahr unseres Königs, ich weiß nicht, welcher, hatte aus England den Hosenbandorden verliehen bekommen. Daraufhin ließ er die Stiege bauen.»

«Ja, wenn man genug Platz hat.»

Sie mussten nur in den ersten Stock. Die Brühl seufzte. Die große

Robe mit ihren Stickereien wog schwer, die Stufen zählte man besser nicht. Im Mezzanin zogen sie die Kapuzen vom Kopf und verschnauften. «Da!», rief Luise von Barnhelm zwischen zwei endlos langen Korridoren aus, «eine blaue Uniform», sie wies in einen der Gänge: «Ein Preuße!»

Die Reichsgräfin meinte noch, etwas Helles zu erkennen, eine weiße Uniformhose, sie konnte sich aber auch getäuscht haben. «Die dürfen nicht herein.»

«Da war aber einer.»

Sie setzten ihren Aufstieg fort und gelangten in die Beletage. Nun waren nicht nur Stimmen zu vernehmen, sondern auch einige Gestalten zu gewahren. Im Vorraum des Appartements der Königin nahm ihnen ein Lakai die Umhänge ab. Beide richteten ihre Frisuren.

«Frau Reichsgräfin, endlich.»

«Liebe Polenz», die Damen küssten einander die Wangen, «ich würde Tag und Nacht hier sein. Aber das Leben steht kopf. Und ich weiß sie in guten Händen. Wie geht es ihr?»

Die Hofdame wirkte betrübt: «Sie nimmt kaum etwas zu sich. Aber sie wird sich freuen, Sie zu sehen.»

Aus den Vorzimmern näherte sich Frau von Eulenburg. Sie lächelte, sie lächelte immer. Die Reichsgräfin konnte die Dritte Kammerfrau Ihrer Majestät kaum ertragen. Die Eulenburg schien unausgesetzt in Wohlgefallen an sich selbst zu schwimmen. Doch selig weswegen? «Bonjour, Madame la comtesse imperiale. La reine va mal.»

«Ich weiß», antwortete die Reichsgräfin knapp. Sie war hier, durch ihren Mann, die Frau mit dem größten Einfluss gewesen. Mit Fräulein von Barnhelm bahnte sie sich den Weg zwischen mehr Damen des Haushalts der Königin hindurch. Im Halblicht reihten sich die Roben, wedelten die Fächer und schwankten die Haarfedern.

Madame de Brühl und Madame de Bünau verneigten sich knapp voreinander. Elisabeth von Bünau nötigte jeglichen Respekt ab. Die schlanke Gattin des Landkammerrats beherrschte sechs Sprachen fließend, einschließlich Hebräisch. Sie korrespondierte mit den wissenschaftlichen Größen der Zeit, insbesondere mit Herrn von Linné an der Universität von Uppsala. Sie schickte dem Naturforscher auch Versteinerungen aus dem Erzgebirge, die der Schwede für die erstmalige Ordnung der Tierwelt und der Pflanzen gebrauchen konnte.

Frau von Ammendorf machte einen Knicks. Sie war erkennbar pockennarbig wie manche der Damen und ein Gutteil der Menschheit. Makellose Porträts an der Wand verrieten es: Irgendwann mussten die Maler übereingekommen sein, die Spuren dieser Geißel nicht zu verewigen.

«Ein Preuße spaziert durchs Schloss», vernahm die Reichsgräfin.

«Das Grüne Gewölbe wird doch bewacht sein.»

«Kein Wort zur Königin. Sie darf ihn nicht erblicken.»

Natürlich waren auch für gewöhnlich Herren in den Vorzimmern der Königin in der Unterzahl. Doch ihr Oberstallmeister von Beust war zugegen. Man erkannte den kräftigen Mann von fern an seiner Augenklappe. Ein Sehorgan hatte er in der Schlacht von Kesselsdorf eingebüßt. Um das verbliebene stand es auch schlecht. Denn wie hieß es über Beust? Der Krieg hatte ihn einäugig und die Liebe hatte ihn blind gemacht. Die Kutsche des Witwers wurde offenbar allnächtlich an der Gartenpforte des Landhauses der Hrabina Potocka gesichtet. Doch die polnische Gräfin blieb unerbittlich.

«Heineken hat die Verwüstung in Ihrem Palais geschildert. Die Russen werden sich im Gegenzug Charlottenburg vornehmen, Madame», versuchte der Oberstallmeister zu trösten.

Die Reichsgräfin dankte für das Mitgefühl. Dabei entstammte Beust selbst altmärkischem Adel. In den alten Familien band man sich selten an nur einen der deutschen Landesherren. Oft zahlreicher Nachwuchs hatte überall im Reich anständig untergebracht zu werden. Kaiser, Reichstag und Adel bildeten ein Netz, das von Basel bis zum Baltikum, von Friesland bis zur Hofburg das diffuse Imperium deutscher Nation bisher zusammengehalten hatte.

Unter einem Konsoltisch kauerten Pascha und Puschen und hielten sich an der Hand.

Der Albaner Pascha fingerte mit der freien Hand an der Kette seines Fantasieordens. Der Flame Puschen, der gleichfalls nicht größer war als eine der Bodenvasen, fixierte betrübt die Spitzen seiner Schnabelschuhe. Beide Hofnarren in geschlitzten Wämsern und Pumphosen schienen derzeit am Ende ihrer Einfälle zu sein, um die Gesellschaft aufzuheitern. Dabei war es meistens eine Wohltat gewesen, wenn sie einen urplötzlich am Rock festhielten und auch einer Fürstin sagten: «Wenn du bis heute Abend nicht lachst, wirst du eine böse alte Tante.» Sogar dem König hatten sie unter die Nase reiben dürfen: «Noch ein Raffael und wir gehen alle betteln.» Nur vor dem Minister Brühl schreckten Pascha und Puschen zurück. Ein unbeschwertes Lachen war nicht seine Stärke. Das wusste zuallererst seine Frau. Fräulein von Barnhelm näherte sich dem Freundespaar unter dem Tisch, offenbar nur, um das keineswegs einflusslose Duo zu begrüßen. Durch ihre Bemerkungen und Einflüsterungen hatten der Albaner und der Flame Lügen enthüllen, Wahrheiten einprägen, Karrieren befördern oder beenden können. Pascha und Puschen grüßen das Fräulein artig zurück: «Du bist aber schön.»

«Und zart wie eine Magnolie, wenn die Sonne aufgeht über Spanien.» Die beiden gehörten zu den Letzten ihrer Zunft. Narren und ihre Unberechenbarkeit waren aus der Mode gekommen. Die kleinwüchsigen Messieurs bewohnten die Dachetage im Haus des Hofjuweliers und assistierten ihm nachts beim Schliff der Edelsteine.

Ein Vorhang wellte sich vor offenem Fenster. Es wurde rasch geschlossen. Wieder glänzten das Parkett und die Seide der Gewänder ruhig in mattem Licht. Gleich Kleiderpuppen, perfekten Automaten schwebten manche über den Boden.

Aus dem Schlafgemach der Königin trat der Vorkoster. Er war bleich. Seit dem Verenden des Hundes und seitdem die Furcht um sich gegriffen hatte, Maria Josepha selbst solle das Ziel eines Anschlags sein, versah er sein Amt mit Bangen. Wie gewohnt roch er an den Ragouts. Aber eine Messerspitze davon schien ihm sein eigenes Todesurteil zu sein. Er drehte das Wasser fachmännisch im Licht. Den winzigen Schluck davon versuchte er, ins Taschentuch zu hüsteln. Im Antichambre ließ der junge Mann sich in einen Sessel sinken.

Unvermittelt hatte die Reichsgräfin Frau von Bünau neben sich am Ohr. «Wir tun und wir warten. Wir warten und wir tun. So war es immer. Es ist unabänderlich. Und es muss auch nicht schlimm sein», flüsterte die gescheite Frau. Die Reichsgräfin stutzte, nickte dann: «Ja.» Weniger geheimnisvoll fuhr Eleonore von Bünau fort und bezog auch Fräulein von Barnhelm mit ein: «Uns fehlen Memoirenschreiber. Die Höfe sind die Zentrifugen der Zivilisation, der Schmelztiegel der Charaktere, der Ort, an dem die Fäden der Macht zusammenlaufen.» Auch Luise von Barnhelm horchte interessiert. «In Frankreich haben sie eine große Tradition der Memoirenschreiber, Chronisten, welche die Geschehnisse und ihre Akteure festhalten, deren tiefste Beweggründe offenlegen, die ein Panorama der Menschheit zu einer gewissen Zeit festhalten.»

«Madame de La Fayette», wusste Luise von Barnhelm, «die wundervollen Briefe der Madame de Sévigny.»

«Michel de Montaigne», flocht die Reichsgräfin ein, die vor ihrer Ehe als Gouvernante der königlich-kurfürstlichen Kinder in langen

Nächten des Wachens einiges gelesen hatte. «Ich halte Monsieur de Montaigne für unerreicht in der Betrachtung der Seele.» Es war angenehm, unversehens auf neue Gedanken gebracht zu werden. Und angesichts der Gesellschaft um sie herum fuhr Frau von Bünau leise fort: «Der Hof von Versailles lebt und wird immer leben. Wie ich aus sicherer Quelle erfuhr, sollen der Duc de Saint-Simon, der Duc de Croÿ und Monsieur de Luynes Memoiren hinterlassen. So wird Frankreich, vielleicht die ganze Welt, auf alle Zeit das Schauspiel von Macht, Glanz, Elend und der menschlichen Eigentümlichkeiten lesen und genießen können. Daraus lernen, was Ehrgeiz und Dummheit bewirken.»

Dem ließ sich nur zustimmen.

«Wir haben das nicht.» Frau von Bünau klappte den Fächer zu. «Deutschland bleibt stumm.»

«Der Baron von Pöllnitz hat sein Erinnerungswerk *La Saxe galante* geschrieben, und das Buch wird viel gelesen», warf Frau von Brühl ein.

«Ja, auf Französisch. Und das reicht nicht. Die Höfe von Braunschweig, Mannheim, Dresden, ja selbst das eigentümliche Treiben in Berlin und Potsdam sind fesselnd genug, um festgehalten, durchdrungen und überliefert zu werden. Was lesen wir Kluges darüber? Nichts. Am kaiserlichen Hof in Wien mischen sich mehr Nationalitäten als in Versailles, er ist eine Brücke zwischen Ost und West, Italien und dem Norden. Ungeschrieben, stumm wird ein Hauptort unserer Geschichte der Vergangenheit anheimfallen.» Man lauschte gebannt dieser Frau. «Deutsche werden nie erfahren – nur aus ein paar Zeitungsnotizen und spröden Mitteilungen –, welche Gespräche in Wien geführt werden, wer welche privaten oder öffentlichen Ziele verfolgt, wie sich Menschen verstellen oder aufopfern, wie auch in Hinterzimmern unsere Geschichte und Kultur verhandelt werden. Ich möchte die Gespräche lesen können, die Staatskanzler Kaunitz führt, zuerst mit seiner Nichte, dann mit dem Botschafter Frankreichs. Prinz Eugen, Mesdames», sie horchten, «war vielleicht der bedeutendste Feldherr des Jahrhunderts und einer der eifrigsten Förderer der Künste. Doch kein wissbegieriger Kopf hat Prinz Eugens Austausch mit Besuchern, sein Tagwerk, das Auftreten des buckligen Genius verewigt. So schiebt sich mangels Autoren und feinem, wendigem Deutsch eine Grabplatte über die Vergangenheit, in der stets die Zukunft schlummert, und über uns.»

Pascha zupfte an Frau von Bünaus Schleppe: «Warum schwätzt du immer nur mit den Großen? Kannst uns auch mal was erzählen.»

«Verzeihen Sie meinen Exkurs», wandte sich die Landkammerrätin an Gräfin und Baronesse. «Aber ich notiere mir selbst viel.»

«Darin kommen wir dann alle vor?», fragte Frau von Brühl.

Die Bünau lächelte.

«Das Belvedere des Prinzen Eugen soll ganz wunderherrlich sein», erklärte Luise von Barnhelm, «mit großem Park.»

Bei der Erwähnung des Bauwerks in Wien, vor dem keine Trümmer lagen, verfinsterte sich das Gesicht der Gräfin schlagartig.

Frau von Bünau machte sich tatsächlich mit Pascha zu Puschen auf. Sie ließ sich einen Schemel zum Konsoltisch bringen und plauderte mit beiden.

Die Wände waren mit rotem Damast ausgeschlagen. Die schweren Vorhänge waren geschlossen. Statt Tageslicht erfüllte milderer Kerzenschein den Raum.

Wer sich im Gemach aufhielt, meinte Weihrauch zu riechen. Das mochte am Beichtvater liegen, der mit Gebetsbrevier und geneigtem Haupt neben einem Kandelaber stand. Der Jesuit seufzte bisweilen. Pater Guarini musste sich nicht mehr in die Kreuzigung vertiefen, die in opulentem Goldrahmen den Raum beherrschte. Die Farben, die Veronese gewählt hatte, waren dunkel, doch noch immer duftig. Vor dem aufgewühlten Himmel blickte der Gekreuzigte mit dem Glorienschein um die Dornenkrone auf die jungfräuliche Mutter hinab. Maria schwanden die Sinne, sie sank zusammen. Der Apostel Johannes und Maria Magdalena fingen die Schmerzerfüllte auf.

Wie die lebendige Vergegenwärtigung der Qual lag Maria Josepha, Königin von Polen und Kurfürstin von Sachsen, unter Brokat auf ihrem Bett. Ihr Gesicht war schmal. Sie hatte die Augen geschlossen. Ihr langes, fast ergrautes Haar fiel offen über die Schultern und das Nachtgewand. Der schwache Atem ging unregelmäßig. Der Pomp um sie herum, die goldenen Fransen des Baldachins, die Stuckgirlanden der Decke minderten die Bedrohlichkeit nicht, sondern hoben die kreatürliche Not eher hervor.

Bei heftigeren Atemzügen wollte der Pater näher ans Bett treten, die Erste Kammerfrau, die eine Hand der Siechen hielt, winkte ab. «Nicht weiter beunruhigen.»

«Ich tröste», sagte der Italiener.

«Später», wurde ihm beschieden.

Von den Ragouts hatte die Königin nichts angerührt, die Wasserkaraffe auf dem Beistelltisch funkelte.

«Die Reichsgräfin Brühl ist da», flüsterte die Kammerfrau der Königin ins Ohr. «Sie wird Euer Majestät beistehen.»

Die Kranke nickte.

Maria Anna Franziska von Brühl machte den Knicks und trat näher an das Bettlager. «Sie werden bald zu Kräften kommen, Euer Majestät. Bei der ersten Frühjahrssonne werden Sie wieder in Pillnitz promenieren.»

Das Lächeln der Herrscherin war matt.

Die Geschehnisse beim Einmarsch waren zu viel für die stille Frau gewesen. Das plötzliche, hastige Packen bei Nacht, panisches Rennen durch Gänge und Salons, das Anschirren der Pferde und Gerassel der abfahrenden Kutschen und Wagen, die Flucht des Gemahls aus der Residenz hatten ihre Nerven angegriffen. Maria Josepha, Tochter Kaiser Joseph I. und somit Kusine der Kaiserin Maria Theresia, hatte sich nie in die Politik eingemischt. Die Habsburgerin hatte pflichttreu alle Zeremonien absolviert und das waren bei ungefähr achtzig wichtigen Geburtstagen, Jubiläen, Empfängen und Ordensfesten bei Hofe nicht wenige. Doch die private Ruhe, einträchtige Stunden mit Friedrich August hatten für sie den Vorrang behalten. Bei fünfzehn Geburten und vier Kindern, die früh gestorben waren, waren Andacht und Gebet ihre Zuflucht geblieben. Wegen ihres katholischen Glaubens war man ihr in Sachsen kühl, wenn nicht feindlich begegnet. Angeleitet von Pater Guarini hatte sie weitgehend erfolglos missioniert und es schließlich aufgegeben, Schäfchen für Rom zu sammeln. Erst der Bau der katholischen Hofkirche, den sie beförderte, hatte die protestantischen Kunstliebhaber ein wenig mit ihr versöhnt. Sie hatte klaglos im Schatten ihres Mannes und seines Ministers gelebt. Erst in der Nacht der Flucht vor dem Feind war es wie ein Gebot in sie gefahren – als verlangten es Gott und die Würde einer Königin. «Ich fliehe nicht. Rette dich, Friedrich August. Ich behüte, was unser ist und unser Land.» Niemand hatte sie überzeugen können, sich ebenfalls auf dem Königstein zu verschanzen.

Maria Josepha hatte es teuer bezahlt. Die Preußen stürmten das Schloss. Das Gepolter der Schritte, das Krachen von Türen, die aufgebrochen wurden, hallten überall. Was sie suchten, war schnell klar. Das Geheimarchiv. Und im Archiv die Dokumente, die den geplanten Überfall eines Bündnisses auf Preußen beweisen sollten. Dessen Invasion wäre damit gerechtfertigt gewesen. Maria Josepha und ihre Hofdamen hatten die Situation nicht richtig einschätzen können. Aber die Königin war, erstmals in ihrem Leben, aufgesprungen, war im Hauskleid, unfrisiert die Korridore entlanggelaufen, eine Begleiterin hinter ihr her, hatte sich vor die Eisentüren des Haus- und Staatsarchivs gestellt und die Arme davor ausgebreitet. Die Preußen hatten sich ihr nicht weiter zu nähern gewagt. Keuchend hielt sie vor den Soldaten stand. Deren Oberbefehlshaber General von Wylich wurde herbeigerufen. Wylich ging auf die Königin zu, fixierte sie. «Treten Sie beiseite, Majestät. Geben Sie den Weg frei», forderte er sie auf. «Sie werden es nicht wagen», brachte sie noch hervor. «Genug damit», befahl der General seinen Soldaten. «Zwei Grenadiere sollen die Königin packen.»

Das war das Ende gewesen. Seither war sie nie wieder richtig zu Bewusstsein gekommen. Es hatte den Anschein, als ob die stille, stolze, fromme Frau sterben wollte.

«Wasser», murmelte sie.

Die Reichsgräfin führte ihr ein Glas an die spröden Lippen.

Sie wagte den Bruch der Etikette und Vorschrift und berührte die Monarchin. Sie strich ihr über das Haar und dann über die Hand.

Diese billigte die Geste.

Wie grausam für sie, ohne ihren Mann den letzten Weg zu gehen.

Zumindest war ein Sohn, der älteste, zugegen.

«Bleiben Sie sitzen», beschied er der Brühl und entband sie einer weiteren Verbeugung. Von einem Vorhang, aus dem Zimmerschatten, schoben zwei Heiducken den Rollstuhl des Kurprinzen nach vorn.

Aus den Vorzimmern drangen gedämpfte Stimmen herein. Entweder störten sie die Kranke, verwundet wohl zuforderst an der Seele, oder die Laute wirkten als Aufmunterung zum Weiterleben.

Kurprinz Friedrich Christian harrte die meiste Zeit bei seiner

Mutter aus. Denn wann würde er sie wiedersehen? Der junge Mann versuchte, sich aus seinem Rollstuhl zu stemmen. Mit Hilfe der Heiducken gelang es. Wer im Raum anwesend war, dem griff der Vorgang immer wieder ans Herz. Die Füße Friedrich Christians waren von Geburt an gelähmt. Er vermochte sich nur gestützt auf die Arme seiner Helfer fortzubewegen. «Es heißt Abschied nehmen, Frau von Brühl. Meine Mutter wünschte, dass ich nach München reise. Dort würde ich in Sicherheit sein.»

«Das werden Sie, Königliche Hoheit», bekräftigte die Gräfin über das Bett hinweg, «Ihre Majestät weiß das Beste für Sie.»

«Aber wenn ich zurückkehre», Friedrich Christian wurde von beiden Seiten aufrecht gehalten, «dann werde ich hier alles ändern. Ich werde der erste Diener meines Staates sein. Denn die Fürsten sind für ihre Untertanen da und nicht die Untertanen für die Fürsten.» Der Kurprinz wirkte erregt. «Das Wohlergehen der Untertanen, der öffentliche Kredit und eine gut aufgestellte Armee machen das Glück eines Monarchen und seiner Völker aus. Keine Intrigen, keine Begünstigungen, keine geheimen Kassen mehr.»

«Gewiss, Königliche Hoheit.» Auch der Pater und die Kammerfrau horchten gespannt.

«Noch bin ich machtlos, aber ich werde diese neuen Prinzipien durchsetzen. Mein gnädiger Herr Vater hat die Zügel schleifen lassen oder wurde dazu verleitet, sich nicht um den Staat zu kümmern. Auch Sie und Ihr Herr Gemahl, Frau Gräfin, erleben das Resultat.»

«Bei allem spielen stets viele Umstände eine Rolle.»

«Tugend ist der Leitstern, Madame. Und Vernunft. Die Philosophen fordern das schon lange ein. Ohne Vorurteile muss sich der Monarch, ja der Mensch, seiner Vernunft bedienen. Dann wird das Zeitalter hell, aufgeklärt und gerecht. Der Weg ins Glück ist bereitet. Man muss ohne Furcht denken und handeln können. Und ohne dem Nächsten zu schaden. So wird es sein. Wenn ich erst aus dem Exil zurück bin.»

«Wann reisen Sie?»

«Sobald erforderlich», antwortete er reserviert.

«Eure Königliche Hoheit verfolgen ein gefährliches Programm», gab leise der Beichtvater zu verstehen.

Man maß den Thronerben mit gemischten Gefühlen, zustimmend und in jeder Weise besorgt.

Der Dämmerzustand, in dem Maria Josepha lag, war unruhiger geworden.

«Königliche Hoheit», bat die Kammerfrau eindringlich, «Ihre Majestät muss zu Kräften kommen.»

Der Sohn richtete sich neben der Bettstatt so gut auf, wie er es vermochte. «Mich schläfert niemand ein. Nach Friedrich August dem Prächtigen wird Friedrich Christian der Sorgfältige, der Fürsorgliche kommen. Wenn wir nur erst diesen Preußen los sind.» Ungeduldig vermittelte der Kurprinz seinen Begleitern, dass sie ihn anders stützen sollten. Sie verstanden sofort und fassten ihn unter den Achseln. Er beugte sich zu seiner Mutter hinab. «Mama. Ich werde dich rächen. Schlafe wohl.» Er küsste ihr die Stirn.

Bekanntschaft

Gräfin und Baronesse eilten durch die Vorzimmer.

«Was war das?», fragte Luise von Barnhelm.

«Eine Revolution.»

Die Damen Bünau und Eulenburg schauten ihnen nach.

«Der arme Prinz», bemerkte Barnhelm.

«Er hat einen eisernen Willen. Halb Europa hat er in seinem Zustand bereist. Sogar den Vesuv erstiegen. Wird er meinen Mann für die Katastrophe verantwortlich machen? Es braucht Sündenböcke. Die Sieger schreiben die Geschichte. Zumindest will auch er den Preußen loswerden.»

An der letzten Tür der Zimmerflucht wurde der Gräfin schwindelig. Sie lehnte sich kurz an den Türstock. «Seit Wochen ein Füllhorn des Grauens. Ich habe auch nur meine Kraft. Ich bin nicht darauf vorbereitet, alles zu verlieren. Meine Gewohnheiten, meinen Alltag, die Sicherheit. Meine Ehre und Würde.»

Reden erleichterte immer. Die zwanzigjährige Barnhelm nahm vom Diener die Umhänge in Empfang und legte der Gräfin den ihren behutsam um die Schultern. «Was nun?», fragte die Baronesse.

«Ich weiß nicht. Ausharren, bis ich aus meinem Haus vertrieben werde? Friedrich um einen Passierschein bitten, dass ich außer Landes komme?»

«Er würde die Reichsgräfin Brühl warten lassen, um sie zu quälen. Und dann die Frau seines Feindes genussvoll entschwinden sehen.»

Marianne von Brühl zog den Umhangkragen zusammen. «Und genau das wird dieser Tyrann nicht erleben.»

«Madame, gehen wir. Ruhen Sie sich ein wenig aus. Wenn Friedrich sich im Palais Brühl einquartiert haben wird, werden Sie vielleicht im Schloss ein angenehmes Zimmer finden.»

Sie stöhnte auf. Es glich einem Schrei. «Andere wussten, was zu tun war.»

Nun zerrte die Barnhelm die zweite Dame Sachsens beinahe zu den Stufen der Englischen Treppe. Nur nicht in der Erregung auf den Saum treten.

Im langen Gang waren wieder Schritte zu hören. Einmal schnell, dann langsamer. Barnhelm hatte die jüngeren Augen: «Wieder eine blaue Uniform. Wieder der Preuße.»

«Ist denn hier niemand mehr, der noch etwas bewacht?» Beide Frauen wagten sich zum Gang. Die Gestalt im Dämmer öffnete Türen und spähte in Gemächer. Manches war verriegelt. In ein anderes Zimmer ging er hinein und kam nach einer Weile wieder heraus. Der Preuße pfiff. Er marschierte nicht. Er schlenderte, und das offenbar recht sorglos. «Das ist der Weg zum Thronsaal», wusste die Gräfin. Die Frauen folgten dem Soldaten eng an die Wand gedrückt. «Falls er nicht verschlossen ist, wird er sich auf dem Thron breitmachen.»

Fräulein von Barnhelm war entrüstet.

Im Dresdner Louvre fiel Licht durch ein Fenster, das zum Zwinger ging. Die Seide der Gewänder raschelte, aber die Stiefelschritte des Feindes hallten lauter. Sie sahen es nun: Die Flügeltüren zu den verwaisten Audienzgemächern und dem Thronsaal waren abgesperrt. Der Eindringling stemmte die Hände in die Hüften und pfiff, wahrscheinlich enttäuscht, Takte aus dem Hohenfriedberger Marsch.

«Der spaziert», bemerkte die Kammerfrau der Gräfin.

«Der stiehlt.»

«Wer kennt sich in diesem Gängegewirr aus?»

«Ich», beschied die Reichsgräfin und sah, wie der Mann eine Wendeltreppe erreichte. «Das Grüne Gewölbe. Um Himmels willen. Unten ist ein Eingang.»

«Aber die Schatzkammer wird bewacht sein.»

Die Gattin des Ministers blickte skeptisch. «Das ist ein hinterer Zugang, den nur der König benutzte.» Sie schoben sich weiter an der Wand entlang. Eher schon ausgemusterte Porträts von Würdenträgern mit Halskrause und aus der Reformationszeit belebten das Gemäuer. War es nicht Zeit, um Hilfe zu rufen? Doch wer tat noch Dienst und wo im verlorenen Schloss? Sie verbargen sich so gut es ging hinter einer baumdicken Säule, die das Gewölbe vor der Schatzkammer stützte. Der Militär staunte und stieg über Kisten und Koffer, die Frauen hielten den Atem an. Der weite gotische Saal war übersät und voll von Behältnissen, Gepäckstücken. Eisenbeschlagene Truhen, rundliche Futterale, wie Hutkoffer, kleinere und riesige Etuis, teils offen und samtgefüttert, in der Form zylindrisch, mehreckig, mit Ausbuchtungen, wie zum Verstauen von Weihnachtspyramiden, Krokodilen oder Kindern, die alle viere von sich streckten. Kein Zweifel, vor der Flucht des Hofes war versucht worden, die Tafelaufsätze, die Figurengruppen, Elfenbeinschnitzereien, die Preziosen des Grünen Gewölbes zu verstauen und auf den Königstein zu retten. Die knappe Zeit hatte den Versuch vereitelt. Nicht einmal ein Schmirgeln der Türangeln war zu hören, als der Fremde die Eisenpforte aufzog und in die Juwelenkammer eintrat.

Entschlossen stieg die Reichsgräfin voran über die Hindernisse und schob sich zwischen ihnen hindurch. Die Kammerfrau folgte ihr zögernd.

«Das darf nicht geschehen.»

«Was?»

«Er steckt sich goldene Elefanten in die Tasche, eine Schmuckgarnitur mitsamt Smaragdring.»

Langsam schoben sie sich durch die Pforte in die heiligen Räume. Was nützten Gitter vor den Fenstern und Wachen am Georgentor?

Zwischen den Vitrinen schaute sich der Preuße um. Er umrundete eine Vase und streichelte den Jaspis. Er bewegte sich weiter, die Brillanten lockten ihn. Ein Schlag mit seinem Degenknauf aufs Glas und er hatte sie. Vorgebeugt musterte er die Diamantrosen.

«Zurück!», rief die Gräfin.

«Sie Ungetüm», schloss sich leiser die Kammerfrau an.

«Das ist Staatseigentum. Finger weg.»

Schwebten beide in Lebensgefahr, wenn der Preuße doch noch zugriffe und sich dann mit Waffengewalt den Weg ins Freie bahnte?

Er zog den Dreispitz, machte eine Reverenz.

Die Damen nickten unwillkürlich.

Er trat näher.

Sie konnten vor einer Vitrine stehend nicht zurückweichen.

«Wir und das Land sind wehrlos. Sie sollten das nicht ausnutzen.»

«Oh», entschlüpfte es dem Fräulein von Barnhelm. Es war kein einfacher Soldat. Tressen am Revers, die Schärpe mit silberner Kordel wiesen ihn als Offizier aus.

«Gestatten, Leutnant Georg Wilhelm von der Marwitz. Adjutant Seiner Majestät des Königs Friedrich.»

Die Reichsgräfin suchte nach Halt.

«Die Reichsgräfin von Brühl», stellte die Baronesse völlig gegen die Usancen ihre Dienstherrin vor, «und von Barnhelm.»

«Die Reichsgräfin selbst?», rief der Adjutant überrascht zwischen dem Glitzern der Juwelen aus. «Welche Ehre. Ich hätte nie gedacht … Und Sie wollten sich auch in schwerer Zeit an diesen Herrlichkeiten erfreuen», er wies auf Diademe, Colliers und chinesisches Porzellan auf vergoldetem Berg. «Ich kann mich nicht sattsehen. Ich musste die Gelegenheit nutzen.»

«Adjutant? Friedrichs?», die Gräfin fächelte sich Luft zu, Barnhelm suchte nach einem Riechsalz.

«Einer seiner Adjutanten.» Herr von der Marwitz wollte Frau von Brühl helfen, aber die wehrte mit einer Hand ab.

«Und manchmal sein Quartiermeister. Einen solchen Schatz haben wir in Berlin nicht.»

«Aber vielleicht bald», brachte Frau von Brühl hervor, «wenn Ihr Gebieter sich entschließt, unsere Kronjuwelen mitzunehmen. Die Koffer liegen ja noch da.»

«Ich ahne, ich weiß, dass Sie Schlimmes durchmachen.»

«Ach ja?»

«Der Gemahl fort. Das Belvedere in Trümmern und überhaupt alles dahin.»

«Wie zartfühlend, Herr Preuße», die Gräfin richtete sich auf.

«Ja, das bin ich.» Der Besatzer strahlte, «das wird mir immer wieder bescheinigt.» Schön war der Unter- oder Oberleutnant. «Auch mir», er wechselte Stand- und Spielbein, «ist dieser Krieg peinlich.»

Die Damen sahen sich perplex an.

«Ich hätte ihn nie begonnen. Die Märsche, die Nächte im Kalten, all die Männer, die fallen. Verstimmung, Grimm, ja Hass auf allen Seiten. Jeder könnte die Zeit viel angenehmer verbringen, malen, dichten, spazieren. Und warum das alles? Weil er es wollte. Weil er sich beweisen muss: Ich kann die Welt in Angst und Schrecken versetzen. Ich, Friedrich, bringe all die Schlafmützen, Trägen und Heuchler auf Trab. Was verkrustet ist, das breche ich auf. Und dann machen wir Deutschland neu. Ich habe meinen Willen, lebe wie für mich, habe keine Kinder. Also wird der Ruhm mein Kind sein. Siegen, Ruhm, dann sehen wir weiter. Ja, so ist er.»

Herr von der Marwitz lächelte charmant.

Die Damen fanden keine Gelegenheit, wieder zu Fassung zu gelangen.

«Dürfen Sie denn so reden? Vom wichtigen Friedrich?», fragte Luise von Barnhelm verblüfft.

«Auch Friedrich liebt das freie Wort. Wenn es ihm passt. Darin sind wir viel weiter als Leute woanders. Manchmal können wir mit ihm über alles lachen. Und ich plaudere keine Militärgeheimnisse aus.»

«Nein, das tun Sie nicht», stellten die Sächsinnen fest.

«Sehen Sie. Es wäre viel besser, Sachsen ohne Krieg zu annektieren. Dann hätte Preußen südlich von seinem Sand eine Art von Andalusien, eine Toskana, etwas Hübsches, Behagliches und Beschwipstes.»

«Beschwipst?»

«Aber, Frau Reichsgräfin, wenn man von Ihren Festen hörte, dem Prassen überall, Feentanz und Wohlleben.»

«Hier wurde auch hart gearbeitet, von nichts kommt nichts», wusste das Fräulein von Barnhelm, «allerdings konzentrierten wir unsere Kräfte nicht darauf, die Welt in Angst und Schrecken zu versetzen.»

«Genug», befahl die Reichsgräfin aufs Geratewohl und suchte nach einem Platz. Sie entdeckte die Prunkschemel, die gleichfalls im Grünen Gewölbe ausgestellt waren. Verwirrt ließ sie sich nieder. Ihre Kammerfrau, doch auch Herr von der Marwitz folgten ihr. «Wollen Sie sich hier noch länger umsehen?», fragte sie recht barsch.

«Wann kommt die Gelegenheit wieder?»

«Haben Sie keinen Dienst?»

«Der König ist noch nicht in Dresden. Man weiß kaum, wann er wo ist. Vorletzte Woche war er in Schlesien. Dann plötzlich Leipzig, Küstrin und wieder Leipzig. Er ist sehr geschwind. Der Feind trödelt, und er ist schon da. Activité, vitesse.»

«Ja, wenn Sie hier noch bleiben wollen, wäre das doch schön», bemerkte Fräulein von Barnhelm, obwohl der Wunsch an Landesverrat grenzte.

«Verlieben Sie sich nicht in mich, mein Fräulein.»

Es war gut, dass beide Frauen saßen. Und der Alkibiades der preußischen Armee nahm auch Platz. «Das geschieht immer wieder. Und viel zu schnell. Es hat mir schon viel Kummer beschert.»

«Ach, Sie Armer!», entfuhr es der Reichsgräfin.

«Wunde Seelen säumen meinen Weg. Und dann heißt es enttäuscht: Ach, der Marwitz, der ist herzlos. Bin ich nicht. Ich bin eine Augenweide, besonders in Uniform, aber eben auch, ich sagte es schon, empfindsam.»

«Junger Mann, Sie schießen über das Ziel hinaus.»

«Ich schieße gut.»

«Lassen Sie ihn doch, Frau Gräfin. Schade, dass im Grünen Gewölbe keine Erfrischungen gereicht werden.»

Die Reichsgräfin bedachte sich. Was für ein Laffe, Beau, Schütze und ehrlicher Prahler Herr von der Marwitz auch sein mochte, er war Adjutant des Königs von Preußen. Angesichts dieser Auskunft hieß es, umsichtig sein. Die Augenweide hatte Zutritt zum Tyrannen, sah das gekrönte Raubtier oft, parlierte offenbar entspannt mit ihm, kannte dessen Tagesablauf. Marwitz erfuhr oder erhaschte gewiss, was der Oberbefehlshaber mit seinen Generälen besprach. Eine Quelle sondergleichen. War ihm zu Ohren gekommen, wie Friedrich den Aufmarsch der Franzosen und Russen einschätzte? Ob er weiterhin seine Giftpillen bei sich trug, um sich, wie gemunkelt wurde, im Falle einer militärischen Katastrophe umzubringen und mit seinem Staat unterzugehen? Ein schlimmes Vorbild. Von alldem, Friedrichs Plänen für Sachsen, der Stimmung in seiner Armee, den Ressourcen Preußens, mochte Marwitz eine Ahnung haben, falls die Schmeichelkatze nicht ohnehin Genaues wusste. Dies Wissen könnte sie dann, die scheinbar ohnmächtige Ministergattin, den Verbündeten in Wien, Versailles und Petersburg zuleiten. Dresden wäre wieder ein Zentrum der Geschehnisse. Es durchfuhr sie mit Schrecken. Hatte Friedrich nicht recht, ihr Palais zu zertrümmern, in dem so viel Hinterhältiges gegen ihn ausgebrütet wurde?

Nein. Sie war Patriotin.

«Sie sagten Leipzig? Warum denn dauernd dorthin?»

Marwitz zuckte die Achseln, die Fransen seiner Epauletten gerieten mit in Bewegung. «In Leipzig kreuzen sich alle Wege. Er mag keinen Pomp. Die Bürgerstadt ist ihm gerade recht. Er wird wohl im Apelschen Haus Quartier nehmen. Am Markt.»

«Eine gute Adresse, dort logierten bei Messebesuchen unser König, mein Mann und ich.»

Am Wechsel der Gäste konnte der Adjutant nichts ändern. «Er liest zwar nichts Deutsches», schwenkte er anscheinend auf anderes ein, «kann Deutsch kaum schreiben und berlinert sehr, falls er Deutsch spricht.»

«Ein seltsamer deutscher König», fand Fräulein von Barnhelm und sah, dass die Fransen wieder ruhig an den Uniformschultern glänzten.

«Aber er ist geistig interessiert. Über die Maßen.»

«Ja, ja», kommentierte die Gräfin auf ihrem Schemel, «nichts als Vorzüge. Bis auf seine Gewalttätigkeit.»

Eigentlich durfte der Offizier solche Verunglimpfung nicht hören, hätte sie womöglich melden müssen. Der schöne Georg blieb jedoch zahm. «Er will sich in der deutschen Literatur kundiger machen. Ob es sie gibt und ob sie vom Fleck kommt. Er will in Leipzig Gottsched und Gellert empfangen.»

«Gottsched? Den berühmten Professor?», rief Fräulein von Barnhelm aus.

Die Gräfin horchte gespannt. «Die beiden werden zu ihm vorgelassen? In Privataudienz, im Apelschen Haus?»

«Die Bedauernswerten. Professor Gottsched und der Herr Gellert, der gebrechlich ist, wie man hört, werden Blut und Wasser schwitzen. Friedrich wird sie mit Fragen beuteln und das Letzte aus ihnen herausquetschen.»

«Das ist so seine Art», erklärte Marwitz.

«Und zwei unserer wichtigsten Dichter werden sich auf Französisch mit ihm unterhalten müssen. Eigentlich eine Schande.»

«Bizarr. Das finde ich auch», nahm Luise von Barnhelm regen Anteil am Gespräch. «So wird es mit dem Schöngeistigen bei uns nichts, auf Latein und auf Französisch.»

«Also Leipzig. – Also die Dichter. – Unter vier Augen», murmelte Frau von Brühl. Sie räusperte sich. Sie schien sich zu bedenken. Schüttelte den Kopf. Dann sagte sie: «Bester Marwitz, Gäste werden doch sicherlich bewirtet?»

«Eher mager», wunderte sich der Besucher zwischen den Edelsteinen. «Kaffee. Gerne Schokolade. Auch seine Windspiele schlürfen davon.»

«Wie ungezwungen. Aber Schokolade stärkt.» Trotz ihres Lächelns klang die Reichsgräfin kaum wohlwollend.

«Wer da?», dröhnte es ins Grüne Gewölbe. Endlich Aufseher. Endlich sächsische Wachen. An der Pforte postierten sie sich breitbeinig und mit Pike in der Hand. Sie erkannten die Gattin des Premierministers, einen Preußen und noch ein Frauenzimmer auf drei Schmuckhockern unweit vom Hofstaat des Großmoguls zu Delhi, en miniature.

«Die Schatzkammer ist geschlossen», rief der eine.

«War sie leider nicht», antwortete die Gräfin.

«Wir müssen es der Königin melden.»

«Nur das nicht, Herr Hauptmann», ordnete Frau von Brühl an, und dann freundlicher: «Der ungeladene Gast aus Preußen hat sich umgeschaut. Wir brechen gleich auf. Und dann verriegeln Sie um Himmels willen die Pforte. Es könnte sonst etwas gestohlen werden.»

«Sehr wohl, Frau Reichsgräfin.» Links und rechts des Zugangs blieben die Schlosswachen aufmerksam. Herr von der Marwitz machte Anstalten, sich zu erheben. War er geschminkt? Die Haut war von makelloser Blässe, die Lippen natürlich rot. Er seufzte. Man hätte aufstehen und ihn tröstend umarmen wollen. Er setzte sich wieder. «Zwei Damen von Format. Nach all dem Kriegsvolk, zwischen dem man lebt. Zwei Damen, die in der großen Welt zu Hause sind.»

Das mochte für die junge Barnhelm noch nicht sosehr zutreffen, aber die Reichsgräfin senkte ihren Fächer und blickte unter ihrer dunklen Frisur forschend.

Der Adjutant seufzte abermals. Was hatten sie denn da in Preußen neuerdings für ein Offizierskorps? Marwitz wurde immer verlegener. Er schaute auf seinen Degenknauf und stöhnte. Fräulein von Barnhelm hatte sich bereits rettungslos verliebt. Wie ihm helfen?

«Es ist kein militärisches Geheimnis», brachte der Spross namhafter märkischer Junker hervor, «doch gerade in einer Epoche des zarten Gefühls darf, soll, muss man sein Herz erleichtern.»

«Aber ja doch», ermunterte Barnhelm, «nur heraus mit dem, was bedrückt. Oft weiß man Rat.»

Der Reichsgräfin wurde die Stimmung fast zu intim.

«Ich werde geschubst», erklärte der junge Mann. «Ich werde hin und her geschubst. Von dem einen zu dem anderen. Sie zerstreiten sich meinetwegen. Ich werde bei Beförderungen übergangen, vom Dienst suspendiert. Dann wieder in den Himmel gelobt. Sie zermalmen mich. Und manchmal hasse ich sie beide bis aufs Blut.»

Fräulein von Barnhelm war ratlos.

«Wer schubst Sie denn?» Die in vielen menschlichen Belangen erfahrene Reichsgräfin fügte an: «Oder wie man das heute auch nennen mag.»

«Militärisch geheim ist es nicht.»

«Nein, nein», beruhigte sie.

«Der König und sein Bruder Prinz Heinrich schubsen mich.»

«Beide?» Luise von Barnhelms Einwürfe halfen nicht weiter.

Nun wagte es der junge Held, seiner Not vor den Damen Luft zu machen. «Ich begann als Leibpage König Friedrichs. Dort sah mich auch Prinz Heinrich. Beide vergafften sich und verliebten sich in mich.»

«Das ist doch nur zu begreiflich», Fräulein von Barnhelm erfasste die Tragweite der Offenbarung möglicherweise nicht im Geringsten.

Die Reichsgräfin spitzte die Lippen.

«Und es begann mein Martyrium.»

«Ach.»

«Ich wurde von Friedrich mit Gunst und sagen wir … Zuneigung überhäuft. Prinz Heinrich tat es ihm nach, und ich wurde in seinem Schloss Rheinsberg empfangen. Wir hatten Spaß, spielten zusammen Blindekuh und was man auf dem Lande eben so treibt.»

Fräulein von Barnhelm schien im Moment die Ahnungslosigkeit in Person zu sein. So wandte sich Marwitz an die weltgewandte

Frau. «Ich war der Favorit beider und wurde das Spielzeug von König und Prinz. Aufreibende Zeiten», er strich sich selbst über seine Hand auf dem Oberschenkel. «Einer gönnte mich dem anderen nicht. Sie stritten sich um mich. Wie die Kesselflicker. Um mich bei seinem Bruder Heinrich anzuschwärzen, schrieb Friedrich ihm, ich hätte Pickel und dicke Beine. Heinrich war außer sich und antwortete: Was meine Beine anginge, so hätte Friedrich mich vermutlich mit jemand anderem verwechselt. Meine Beine und der Rest seien das Gelungenste unter der Sonne.»

Madame von Brühl wollte eine Hand heben, verzichtete jedoch auf die Geste übertriebener Prüderie. – Wenn sie bedachte, dass oben die Königin im Sterben lag. Und der Kurprinz die Tugend an seine Fahnen heftete.

Das Dämmerlicht im Grünen Gewölbe war vorteilhaft. Die Schätze blinkten und blitzten besonders fein.

«Es hat natürlich alles seine Reize. Manches auch sehr innige Vergnügen wurde mir zuteil, in Sanssouci und in Rheinsberg. Aber ich weiß nicht ein noch aus. Ich kann doch nicht vor Friedrich den Großen treten und sagen: Pardon, Majestät, Ihr Bruder liebt mich offenherziger. Und Prinz Heinrich darf ich nicht in die Verzweiflung treiben und ihm gestehen: Pardon, Ihr Bruder ist zu mächtig, um ihm einen Korb zu geben. So verlustiert man sich mit mir, ich werde – natürlich gegen etliche Gunstbeweise der Rivalen – ausgenutzt, bin Spielball in höheren Sphären, und Sie merken, weshalb ich empfindsam geworden bin. Eigentlich geht es bei Heinrich ungezwungener zu, aber bei Friedrich bin ich Voltaire begegnet und konnte bei der Ausstattung der Oper in Berlin ein Wörtchen mitreden. Auch nicht schlecht. Nun bin ich abermals Adjutant, aber werde auch wieder nach Rheinsberg zitiert werden, um mit dem Prinzen auszureiten.»

«Quelle famille», warf die Reichsgräfin ein. «Man weiß es ja, auch ohne die Details.» Was für eine Konstellation insgesamt. In diesem Krieg kämpften drei fähige Feldherren, die Männer liebten – der König, sein Bruder und der verbündete Herzog Ferdinand von Braunschweig –, gegen drei Frauen: gegen Madame de Pompadour, gegen Maria Theresia in Wien und Elisabeth Petrowna im Osten. Es war auch ein Gemetzel der Geschlechter.

Fräulein von Barnhelm schien alle Auskünfte ordnen zu wollen, wirkte aber vor allem verwirrt.

«Und wie können wir Ihnen helfen, Herr von der Marwitz?», erkundigte sich die Gräfin im Gewölbe.

«Ich muss eine Lösung finden, sonst werde ich zwischen zwei Mühlsteinen zerrieben. Und müsste irgendwann nach Amerika fliehen und ginge dort im Urwald zugrunde.»

«Das wollen wir nicht!», rief Luise. Die Wachen an der Pforte konnten ohnehin nichts verstehen.

«Wir werden Wege bedenken, was aus Ihnen wird. Bei meinem Gemahl in Warschau sind auch schöne Posten frei. König August würde Sie nicht bedrängen. Und manche polnischen Prinzen sollen auch höchst unterhaltsam sein.»

«Warschau?», sehr begeistert schien der Märtyrer der Liebe nicht zu sein, «dort ist der Winter noch länger.»

«Bleiben wir in Verbindung», schlug die Reichsgräfin vor. «Ich habe immer einen Plan. Das lehrt mich das Leben.»

Der Adjutant wirkte erleichtert und richtete sich wieder auf.

Die Wachen mit Pike näherten sich. «Madame», meldeten sie, «die Pforte wird verriegelt.»

Georg Wilhelm von der Marwitz ließ den Blick noch einmal langsam durch die Wunderkammern der kostbaren Spielereien und des Luxus schweifen.

Die Verschwörung

Während Frankreich an der Seite Österreichs, Russlands, anderer Verbündeter und des geschlagenen Sachsens stand, hatte sich England für Preußen erklärt. Auf diese Weise hoffte Großbritannien, mit seinem Festlandbesitz Hannover, seinen Erzrivalen um die Weltmachtgeltung, Frankreich, zu schwächen. Ein anfangs begrenzter Krieg breitete sich über die Länder, Kontinente und Meere aus.

Wer im Winter 1756 die Wiener Zeitung aufschlug, der konnte aus den Mitteilungen erfahren:

Leipzig. Dem Leipziger Kreis ist von dem König in Preußen auferlegt worden, ihm 1500 Mann zu stellen. Und anstatt der von der dortigen Kaufmannschaft verlangten 500 000 Taler sollen ihm nun 600 000 Taler geliefert werden.

Das ist mehr, als Friedrich jetzt von England bekommt, staunten einige Eingeweihte.

Wer weiterblätterte, erschrak über das Ausmaß des beginnenden Weltkriegs.

London. Aus Barcelona wird gemeldet, dass die Franzosen die karibischen Inseln Saint Vincent, Santa Lucia und Santo Domingo besetzt haben. Die Insel Tobago ist noch in Frieden. Vom britischen Admiral Holburne, der mit fünf Schiffen vor der Bretagne kreuzt, wird täglich Nachricht erwartet. Ein englischer Kaperfahrer hat vor wenigen Tagen ein französisches Transportschiff aufgebracht, worauf sich Soldaten und Waffen für Canada befanden. Was wir von einer englischen Flotte für die Ostsee hören, lassen wir unberührt, bis wir wissen, ob sie eingetroffen ist …

In Wallonien ist man stark damit beschäftigt, die aus den Österreichischen Niederlanden eintreffenden Truppen auf ihrem Marsch nach Luxemburg kameradschaftlich zu empfangen. Im Fürstentum Lüttich setzen die französischen Offiziere ihre Werbung um Mannschaften erfolgreich fort.

Unter dem matten Mondlicht strömte die Elbe den Bögen der Augustusbrücke entgegen. Das Schneetreiben ließ ihre Pfeiler und die Ufer verschwimmen. Der Turm der Hofkirche verlor sich im aufgewirbelten Dunkel. Auch die *Brühlschen Herrlichkeiten* auf der hohen Flussterrasse, der Park, die Bibliothek, die Gemäldegalerie wurden zu Schemen. Die Fenstertüren glänzten. In den Fassadentrümmern des Belvederes verfingen sich die Flocken.

Im Inneren des ovalen Pavillons war es eisig. Durch einige beim Beschuss geborstene Scheiben drang Winterluft in den Gartensaal. Statt eines Kaminfeuers brannte auf einem Tisch eine Kerze. Ihr Schein flackerte über die Intarsien und Gesichter.

«Nun sind wir ungestört.» Die Gräfin Brühl stand neben einer hohen Marmorvase. Eine Edelsteinspange schloss den Pelzumhang und funkelte.

«Es ist vorbereitet, was vorbereitet werden kann. Alle Verantwortung übernehme ich.»

«Ich lasse Sie nicht allein. Ich reise mit.» Luise von Barnhelm hatte nichts zu verlieren. Sie konnte bald brotlos werden. Und in ihrer Heimat walteten gleichfalls die Besatzer.

«Warum wollen Sie unbedingt nach Leipzig?» Der junge von der Marwitz zog seinen Uniformumhang enger um sich zusammen, während sich das Kammerfräulein auf ihrem Stuhl in eine Wolldecke hüllte.

«Sie, Marwitz», die Brühl sprach nicht laut, aber deutlich, «müssen dienstlich zu Ihrem König.»

«Ich bin nur einer seiner Adjutanten und Quartiermeister. Ich werde kaum etwas zu tun haben.»

«Aber Sie haben Zutritt zu ihm.»

«Glasow, sein Kammerdiener, ist am häufigsten bei ihm. Glasow zieht ihm die Stiefel aus, serviert ihm und versorgt die Hunde.»

«Glasow. Danke, es ist gut, über den großen König vieles zu wissen. Wer Zutritt zu ihm hat, ist da von Nutzen.»

«Sie beunruhigen mich, Madame.» Georg Wilhelm von der Marwitz fingerte an seinem Degenknauf und wollte vielleicht sogar aufstehen und gehen. Bei Fräulein von Barnhelm bemerkte man bereits ein Bedauern.

Frau von Brühl trat einen Schritt vor. «Ich will Frieden stiften.»

«O ja», vernahm sie von ihrer Kammerfrau, «dann wird alles gut.»

«Frieden wäre ein Segen. Für alle. Für alles», erklärte der Offizier.

«Sie und dieser Glasow begegnen dem König unter vier Augen. Sie können mit ihm sprechen.»

«Das ist keineswegs sicher, Frau Gräfin. Bei ihm herrscht jetzt ein Kommen und Gehen, der Generalstab, Kuriere, Depeschen.»

«Aber die Herren Gottsched und Gellert werden von ihm empfangen?»

«So ist es vorgesehen, Friedrich will sie treffen. Und ein militärisches Geheimnis verrate ich damit nicht. Eher im Gegenteil.»

«Im Gegenteil, Herr von der Marwitz?», fragte die Gräfin nach.

«Nun, es sind schöngeistige Begegnungen, was man nur begrüßen kann.»

«Genau. Es geht um Frieden und um das Schöne. Ebendeswegen muss ich zu den Herren Gottsched und Gellert. Vor ihren Audienzen bei Friedrich. Ich habe mich kundig gemacht. Johann Christoph

Gottsched ist ein Mann des Friedens und des Fortschritts. Er kämpft – wenn auch bisher nur schriftlich – für den Sieg der Vernunft und der Tugend. Und ich habe sein Drama gelesen, der Sterbende Cato. Das Stück ist ein Fanal der Freiheit. Gottsched ruft darin geradezu zum Tyrannenmord an Cäsar auf. In sehr einprägsamen Worten.»

Marwitz' Gesicht verdunkelte sich zusehends.

«Madame», warf er ein: «Cato verteidigt eine Republik und freie Bürger. Das sind völlig andere Verhältnisse.»

«Republik oder Monarchie, das ist jetzt Nebensache. Das Ziel ist das Wohlergehen von jedermann. Der Kurprinz sieht es ähnlich. Ah, Marwitz, seien Sie doch unbesorgt», versuchte sie, den Leutnant zu beruhigen. «Wir brauchen Sie als Schutz in diesen Zeiten und in Leipzig vielleicht als Mittelsmann. Mehr nicht.»

«Das wäre gut», bemerkte Fräulein von Barnhelm.

«Dem berühmten Gottsched, dem Oberherrn der Literatur würden doch auch Sie, als Freund von Dichtung, sicherlich gerne begegnen.»

«Gewiss. Wer nicht, Frau Gräfin? Obwohl ... Ich bin eher für die freie Poesie. Und nicht sosehr für die Verse des Professors.»

«Das ist auch einerlei», wurde ihm beschieden, «Gottsched ist ein Name, er hat seine Verdienste und er kann zu Ihrem König.»

Marwitz wirkte ein wenig gekränkt. Leicht war der Umgang mit dem delikaten Militär nicht.

«Sodann Christian Fürchtegott Gellert», vernahm er, «Gellert gilt als Pazifist par excellence. Zudem ist er ein eingeschworener sächsischer Patriot.»

«Und was wollen Sie mit den beiden?» Die Frage des Offiziers schien auch die Kammerfrau sehr zu interessieren. Frau von Brühl selbst wirkte für einen Moment unschlüssig. Sie sog die Wangen ein. «Nun, ich weiß ungefähr, was ich will, aber noch nicht ganz genau, wie.»

Der Leutnant und Luise schauten sich fragend an. Die geheime und geradezu konspirative Zusammenkunft musste doch ein klares Ziel haben. Im Hause Brühl wurde zumeist strategisch gedacht, wenn auch nicht immer mit gutem Ausgang.

Wie es der Untergang Sachsens bewies.

Die Gräfin lächelte eigenartig und fuhr fort: «Um dem Land Ruhe zu schenken, um Friedrich für lange Zeit, am besten für immer zu besänftigen, muss ich mit diesen Männern des Friedens sprechen, bevor sie von ihm empfangen werden. Man muss Gottsched und Gellert darin bestärken, nach Kräften, muss sie instruieren, auf dass sie einen Sinneswandel bei Friedrich bewirken. Damit der König von Preußen nicht als ein Schlächter, sondern als Friedensfürst in die Ewigkeit eingehen kann.»

Georg Wilhelm von der Marwitz spürte, dass er sich bereits durch dieses Treffen auf etwas Bedrohliches eingelassen hatte. Andererseits war der Krieg, den er fürchtete, gerade erst ausgebrochen, und er konnte noch viel schrecklicher werden, als er es bereits war. Existierten jenseits des Fahneneids, den er in der Familientradition geschworen hatte, nicht weitaus höhere Gebote der Menschlichkeit? Musste man nicht immer für den Frieden sein? Friedrich und sein Bruder Heinrich hatten ihn mit ihrem Liebesstreit um ihn schon genug drangsaliert. Er mochte beide in ihrer Weise. Es war aufregend, Favorit von zwei Fürstlichkeiten zu sein. Doch sie hätten ihn respektvoller behandeln können. Anstatt ihn auf Händen zu tragen und zwischendurch fallenzulassen, statt ihn mit in den Krieg zu schubsen, hätten sie ihm ein hübsches Landhaus an der Havel schenken können. Wo er die Rivalen, getrennt, zum Souper geladen hätte.

«Aber nein», holte Frau von Brühl den Offizier aus seinen Träumereien zurück: «Kein blutiger Tyrannenmord wie an Caesar. Niemals. Wie auch? Sie beiden Angsthasen?»

«Ich muss doch bitten», verwahrte sich der Leutnant.

«Gottlob», befand Fräulein von Barnhelm.

«Was nun also, Madame? Insgesamt?», wollte der Leutnant jetzt dringlich wissen. Der Saal war von Verwüstungen leidlich verschont geblieben und elegant. Putten um das Deckenoval reichten einander Blumengirlanden oder Früchte. Hatte er in Dresden denn nicht nach Abenteuern Ausschau gehalten?

Marianne von Brühl trat an den Steintisch und legte die Finger auf die Intarsien. «Sie müssen dienstlich nach Leipzig reisen. In der Begleitung eines Offiziers können auch wir uns gefahrlos auf den Weg machen.»

«Wäre das für Sie so unangenehm?», fragte Barnhelm.

«Aber nein», gestand er zu.

«In Leipzig wohnen zwei Männer der Kultur und des Friedens. Bislang wollen Gottsched und Gellert König Friedrich, der nichts Einheimisches liest, wahrscheinlich von der Großartigkeit der deutschen Literatur überzeugen.»

«Na Mahlzeit», erklärte der Leutnant unverblümt.

«Mit beiden Herren möchte ich zurate gehen. Wir müssen einen Weg zum Frieden finden.»

«Das ist doch gar nicht schlimm», munterte Fräulein von Barnhelm den Leutnant und sich selbst auf. Ihr Atemhauch nebelte fast vor seinem Gesicht.

«Es handelt sich übrigens keineswegs nur um einen Kampf zwischen Sachsen und Preußen», betonte die Ministergattin.

«Nicht?», die jungen Leute waren verblüfft.

«Und nicht um einen privaten Groll, eine rasende Wut und um den Wunsch nach Vergeltung», die Gräfin musste sich in ihrem geplünderten Besitztum sammeln, und es gelang ihr mit Anstrengung. Milder fuhr sie fort: «Es muss sich vielmehr entscheiden, ob Gewalt oder Lebensart in Deutschland den Ton angeben werden. Was soll für alle Zeit zum Symbol unseres Landes werden? Der Dresdner Zwinger oder der preußische Exerzierplatz? Das Zarte und Liebenswürdige oder ein paar stramme Säulen an der Spree, womöglich noch mit einer Streitaxt obendrauf. Darum geht es. Ein heiteres Deutschland oder ein grimmiges?» Sie zog den Pelz über ihrer Brust zusammen. «Wohlfahrt und Heil oder weiter Waffengeklirr und Tyrannei. Die Bedeutung unserer Reise ist noch gar nicht abzuschätzen.»

«Ich fahre erst mal mit», das Kammerfräulein klang recht bang. «Man sieht auch mal etwas anderes.»

«Ich muss ohnehin an die Pleiße», beschied der Adjutant. «Wer außerdem noch mitfährt, ist wohl einerlei.» Seine Stiefel glänzten unter seinem Umhang. Die Degenspitze blitzte über dem Boden.

«Recht so.»

Die drei verstummten.

Sie horchten.

Unweit, vor dem Fenster raschelte es.

Alle wurden bleicher als der Stuck.

Das Rascheln wurde lauter.

Jemand hatte die nächtliche Zusammenkunft verraten. Sie waren belauscht worden. Grenadiere hatten längst den Pavillon umstellt. Barnhelm meinte bereits den Kommandoton zu hören: «Im Namen des Königs. Sie sind verhaftet.» Noch in der Morgendämmerung würden sie dem Stadtkommandanten vorgeführt: «So. Sie wollen den Feldzug Friedrichs des Großen sabotieren?» Der Kerker wäre ihnen sicher, und für Marwitz der Spießrutenlauf, gar das Erschießungspeloton. Falls der König oder Prinz Heinrich ihren gelegentlichen Liebhaber nicht begnadigten.

An der Scheibe kratzte es.

Marwitz stand auf. Er rückte seine Uniformschärpe zurecht und spähte tapfer durch die Fenstertür. Ein Fuchs schlich über die Trümmer vom Giebelschmuck und dem Brühlschen Familienwappen in die Nacht davon.

Die Reichsgräfin hatte die beiden verabschiedet. Ein Offizier zusammen mit einer jungen Frau fiel nicht sonderlich auf. Zu dritt gesehen zu werden war nicht gut.

Wie tief war sie gesunken?

Wohin war sie geraten?

Mit der Elbe im Mondenschein vor Augen nickte sie sich selbst zu. Sie hatte Marwitz und Barnhelm bislang nicht an ihren Plänen mitschuldig gemacht. Sie hatte sie nur mit hineingezogen.

Das war kein Frevel.

Völlig allein konnte sie nichts unternehmen. Schon gar nicht in diesen Kriegswirren.

Aus ihrem Pompadour zog sie den Flakon.

Ein reizendes, geschliffenes Fläschchen von dickem Glas aus Murano. Bläulich schimmerte es im Dunkel. Heineken hatte es ihr beschafft. Natürlich nicht er selbst, der vorsichtige Mann. Vielmehr hatte er über die Clam-Gallas ausrichten lassen: «In der Bibliothek, Madame, steht etwas für Sie. Hinter den Metamorphosen von Ovid.» – Wie passend. Sie hatte den Flakon sofort entdeckt. Für sich, die vom politischen Schicksal geschlagene Frau, bräuchte sie ihn, hatte sie den Generalverwalter und Alchimistensohn wissen lassen. Für den Fall äußerster Not wollte sie – genau wie der König Preußens – ein Mittel bei sich haben, um allem ein Ende zu bereiten.

Sie drehte das Fläschchen in der Hand. Heineken oder wer auch immer ihm zu Diensten war, hatte nicht gegeizt. Der Flakon war voll.

«Tufania», sagte sie, «ein schöner Name.»

Sie küsste das Glas.

Mit Tufania, vielleicht nur wenigen Tropfen, hatten vor allem im Süden, in Palermo, Frauen ihre grausamen oder greisen Ehemänner beseitigt, mit denen sie verheiratet worden waren. Eine Essenz der Erlösung. Eine bewährte Mischung aus Belladonna, Arsen und Blei. Geruchlos, rasch in der Wirkung und nahezu spurlos. Erst der unbedachte Gebrauch, ein Weiterreichen der Flüssigkeit und dann Bestattungen in Serie hatten auf Sizilien die Behörden alarmiert.

Ein feines Mittel.

Der Wind wirbelte Flocken über den Fluss. Sie blickte ruhiger nach draußen.

Ihre entschlossenen Schritte hallten über den Marmor dem Ausgang entgegen.

Aufbruch

Etliche Winterwochen waren verstrichen.

Regen und Schnee hatten sich abgewechselt.

Der Krieg lastete dauerhaft auf dem Land. Trübsal breitete sich in den Herzen aus. Bekümmert blickte man aus dem Fenster, wo fremde Soldaten durch die Straßen marschierten. Die Kost in den Küchen war karger geworden. Nur noch selten schwamm ein Stück Fleisch in der Brühe. Familien saßen tagein, tagaus um eine Schüssel Kohlsuppe und löffelten schweigsamer als zuvor. Kaffee und Tee wurden zu Erinnerungen. Man ließ nur noch in einem Raum eine kostbare Kerze oder eine Öllampe blaken, die zeitig gelöscht wurden. Im Dunkel saß man noch beisammen, schwieg sich müde, erzählte sich eine Geschichte, die in der Familie längst alle kannten, betete für das Heil der Welt. Bei dünnem Bier saßen noch Männer in den Gasthöfen beisammen und spekulierten über die Pläne der Herrscher und ihrer Feldherren. Wo in Norddeutschland würden sich die Franzosen und Engländer erstmals schlagen? Rückte Friedrich auf Prag vor, um das Kaiserhaus ins Mark zu treffen? Die ungarischen und kroatischen Reiter Maria Theresias würden die Preußen vielleicht nach und nach aufreiben. Was war mit König Friedrich August und Brühl in Warschau? Dort residierten sie fast machtlos. Gingen der König und sein Minister an der Weichsel auf die Jagd, wurde in Warschau Oper gespielt, während Dresden erstarb, während die Königin die Sakramente empfing? Friedrich August von Sachsen und Polen und der Premierminister saßen mehr denn je in der Klemme. Je deutlicher sich beide Geflohenen den Feinden des Königs von Preußen anschlossen, desto rachsüchtiger würde er im besetzten Land wüten. Wohl nicht einmal mehr Briefe konnten die Sachsen in Polen mit ihren Familien daheim austauschen. Wann würden die Friedensglocken läuten? Würde man selbst ihren Klang noch hören und vor Freude erschüttert weinen, den Nächsten umarmen und ungläubig in die verwüstete Welt taumeln?

Die Weihnachtszeit war still vorübergegangen. Die Gaben, die am Neujahrsmorgen 1757 ausgetauscht wurden, waren bescheiden gewesen, ein Apfel, ein Schnupftuch, auch einfach ein Kuss.

Wo vor den Feldzügen des Frühjahrs sich der Preußenkönig aufhielt, interessierte nicht jedermann. In Görlitz? In seiner Hauptstadt? Oder wieder einmal in Leipzig. Das Unberechenbare zählte zu seiner Taktik.

Noch hüllte Nacht die Gebäude am Dresdner Neumarkt ein.

Aber die Post ging früh ab. Kutscher und Postillone mussten jede Minute Tageslicht nutzen, um mit Pferd und Wagen heil über die Straßen zu kommen.

Doch Unordnung war auch über das Postwesen hereingebrochen. Zu Hunderten waren die Pferde der kursächsischen Postdirektion vom Besatzer beschlagnahmt worden und zogen nun Munitionswagen und Kanonen. An die fünfspännige Schnellpost mit Vorreiter war gar nicht mehr zu denken. Selten noch standen an den Stationen drei Pferde für die Normalpost von Bautzen über Dresden in den Westen zur Verfügung. Nur zweispännig gefahren, ermüdeten die Tiere vor den schweren Wagen umso schneller, und es ging trotz Zwischenrast kaum voran.

Doch wer reiste überhaupt noch?

«Haben Sie gut geschlafen?», fragte Marwitz.

«Wie denn?», antwortete Frau von Brühl. «Und Sie?»

Der Leutnant verneinte.

«Ich auch nicht», bemerkte die Barnhelm, «dabei ist Ausschlafen das Schönste.»

Die drei traten aus dem Warteraum am Neumarkt ins eisige Morgendunkel. Der Kutscher hatte bereits den Bock bestiegen und wickelte sich in Decken. Vor ihm schnaubten zwei Rösser Atemnebel. Das Gepäck war verstaut und mit Gurten festgezurrt. Es fehlte noch der Postillon. Ohne ihn und sein Hornsignal ginge nichts. Die Billetts und die Pässe hatte Leutnant von der Marwitz. Üblicherweise trugen preußische Offiziere ihren Zopf in schwarzes Band gewickelt, dünn wie einen Mäuseschwanz. Marwitz' Haarzopf wellte sich jedoch lockig, üppig und frei. Durfte er dermaßen extravagant überhaupt in der Öffentlichkeit erscheinen? Der junge königliche Adjutant duftete überdies nach einem Eau de Toilette. Die Reichsgräfin ihrerseits trat die Reise nach Leipzig natürlich inkognito an. Da sie als Gattin des verhassten Premierministers wahrscheinlich unter preußischer Beobachtung stand, hatte sie ihren Umzug aus ihrem verwüsteten Palais ins Schloss vorgetäuscht, um angeblich der leidenden Königin näher zu sein. Wenn überhaupt, so würde ihr Verschwinden erst nach Tagen offenkundig werden. Doch auch als Frau, die inkognito nach Leipzig reiste, wo der Preußenkönig, wie es jetzt hieß, Quartier beziehen wollte, brauchte sie einen Namen. So war auf dem Pass aus der Reichsgräfin Maria Anna Franziska von Brühl die Gräfin Tereza von Clam-Gallas geworden. Eine schlichte, unauffällige Reisekleidung hatte die Reichsgräfin wählen wollen, doch sie war von der Kapuze bis zum Saum in Zobel gehüllt. Gerade nur ein feines Gesicht und dunkles Haar waren in der Verbrämung zu erkennen. Die Hände mitsamt dem Pompadourbeutel steckten im Muff. Fräulein von Barnhelm im

Wollumhang mit Fuchsbesatz, gleichfalls warm, trug den Proviant bei sich.

Sie waren nicht die einzigen Reisenden. Ein bürgerlicher Herr in Mantel und mit schwarzem Dreispitz trat näher.

«Wie komme ich denn da hinein?», wandte sich die Gräfin an Marwitz. «Da kann man gar nicht einsteigen.»

Das Gefährt für ungefähr acht bis zehn Personen war ein riesiges Schiff auf Rädern, in das man am ehesten mit einem Katapult gelangte.

Der Postgehilfe brachte schon die Trittleiter.

Frau von Brühl setzte den Fuß auf die unterste Stufe: «So also reist der gewöhnliche Mensch.»

«Für gewöhnlich reist er gar nicht, Madame», vernahm sie hinter sich die Barnhelm: «Zum einen muss er zu Hause bleiben und arbeiten. Zum anderen reist er notfalls zu Fuß.»

«Ah ja.»

«Fahren ist teuer.»

«Ich hoffe, wir haben genug Auguste d'or dabei.»

«Vermutlich», erklärte Marwitz, «wenn man eine eigene Gemäldegalerie besitzt.»

«Die ist auch nicht vom Himmel gefallen, Herr Leutnant.»

Hinter der Gräfin, ihrer Kammerfrau und Marwitz kletterte der fremde Herr in den Koloss. Auf den Bänken drinnen, unter der winterlichen Dachplane, war reichlich Platz. Die Gräfin nahm in einer Ecke am Fenster Platz und staunte. An sich war der Postwagen – völlig anders als ihre privaten Karossen und Kaleschen – ein immenser Korb aus Weidengeflecht mit einer Plane darüber. Diese Hülle mochte im Sommer angenehm luftig sein; mitten im Januar fror man bereits beim bloßen Hinsehen. Was mochten die beiden Teile einer zerbrochenen Tonpfeife bedeuten, die am Planengestänge angebracht waren?

Ein Hinweis auf ein Verbot, in Postgefährten zu rauchen, vermutete die Gräfin.

Die beiden Damen teilten sich eine Holzbank. Gegenüber platzierten sich Marwitz und der Mann, der von seinem akkuraten Aussehen her Advokat oder Schreiber sein konnte. «Schluupen Schloogen.» Seine Stimme fuhr ins Mark, dröhnte. Der Fremde nickte und lächelte. «Schliatten Bremmbech.» Die drei starrten sich an. Ein Lausitzer Dialekt? Vermischt mit Sorbisch? Was zusammen ein fast bedrohliches *Guten Morgen* ... und vielleicht noch *Gestatten Bremmbech* oder *Brembeck* ergeben konnte? «Nurrr nach Mei-Mei-Meißchen», er nickte wieder freundlich, aber das Sprechen schien den Herrn sehr anzustrengen, sein Gesicht verzerrte sich dabei. Er tippte sich auf ein Ohr und auf den Mund. Luise von Barnhelm nickte nun ihrerseits verständnisvoll. Das gab es natürlich auch im Krieg, einen tauben Bürgersmann, der sich von Dresden nach Meißen aufmachte. Marwitz blieb gleichmütig, die Gräfin war rasch dankbar, dass man sich somit unbelauscht fühlen konnte. Der Mann mit schlechtem oder gar keinem Gehör zog ein Buch unter seiner Pelerine hervor, ließ freimütig dessen Titel sehen und schlug es auf: *Christian Wolff. Vernünftige Gedanken von Gott, der Welt und der Seele des Menschen, auch allen Dingen überhaupt, den Liebhabern der Wahrheit mitgetheilet.* Der Mitreisende klemmte sich die Augengläser auf die Nase und vertiefte sich in das philosophische Werk. Es war überraschend, dass der eingeschränkte Herr sich einem vielberaunten, umstürzlerischen Werk widmete, in dem die Herrschaft der Vernunft – sogar erstmals auf Deutsch und nicht auf Latein oder Französisch – gefeiert wurde, während man selbst noch kaum die Augen aufbekam. Bei jemandem, der las, hätte man überdies immer gerne ein paar Zeilen mitlesen wollen. Auch nur um zu prüfen, was der Lesende sich gerade einverleibte.

«Drücken Ihre Stiefel denn nicht?», Fräulein von Barnhelm wandte den Blick vom polierten Leder an Marwitz' Beinen wieder ab.

«Doch. Meistens. Wahrscheinlich genau wie Ihr Mieder.»

Sollten die beiden sich ruhig miteinander beschäftigen, empfand die Gräfin. Zumindest bis Leipzig würde aus dem thüringischen Fräulein und der Augenweide zweier Hohenzollern wohl kein solides Paar werden.

«Mögen Sie etwas Braten, Herr Leutnant?» Luise von Barnhelm griff schon zu ihrem Korb.

«Noch nicht», lehnte Georg Wilhelm von der Marwitz ab. «Danke.»

Der Postillon in blau-gelber Uniform stieg zum Kutscher vorne auf.

Wie aufmerksam: Flink schob der Postdiener noch einen Metallbehälter vor die Füße der Reisenden, die sofort die Wärme der Holzkohle spürten.

Das kursächsische Hornsignal erklang. Nun wussten auch sämtliche Anwohner rundum, dass es sieben Uhr früh war.

Und los ging's.

Nach den ersten Metern über das Dresdner Pflaster blickte die Gräfin immer verwirrter und erstarrte dann geradezu in ihrem Pelz. Barnhelm und Marwitz schauten sie im rumpelnden Takt über die Steine besorgt an.

«Die Kutsche –»

«Ja, Madame?»

«Ist nicht gefedert!»

«Wieso sollte sie? Es ist die Ordinäre Post, bewährt und zuverlässig, in Friedenszeiten.»

«Das halte ich bis Leipzig nicht durch.»

Marwitz schlug ein Bein übers andere und schwieg. Am Fahrgestell konnte er nichts ändern. Die Gattin des Premierministers musste sich auf blaue Flecken und Prellungen einstellen oder die Wagentür öffnen und ins Freie springen, was weitaus gefährlicher wäre. Ein Halt zwischen den Stationen war strengstens untersagt. Die Post war kein Unternehmen für Lustpartien, sondern hatte, mitsamt den Pferdewechseln, einem Uhrwerk zu gleichen. Und bis dato galt Kursachsens Transportwesen als eines der vorzüglichsten in Europa. Auch zum Neid Brandenburgs und anderer Nachbarn. In Sachsen waren, auf Befehl des starken August, die Entfernungen zwischen den Stationen in jahrelangen Mühen recht exakt vermessen worden … Dresden – Meißen – drei Meilen, bei idealem Fortkommen vier Wegstunden … Nicht nur prächtige Postmeilensäulen, sondern sogar Halb- und Viertelmeilensäulen hielten Kutscher und Reisende auf dem Laufenden. Zumindest auf den Hauptrouten mit geschotterten Fahrbahnen und anspruchsvollen Entwässerungsgräben zu beiden Seiten, während in Ostpreußen oder Westfalen eine Kutsche häufig im Schlamm stecken blieb. Neben ihrer bequemen Fahrpost hatten sie in Sachsen dazu die Reitpost und, wie allerorten, die uralte Fußbotenpost mit ihren Läufern, die in Summe den Erdball wahrscheinlich mehrmals umrundet hatten, das allerdings auf immer demselben Weg zwischen Zwickau und Plauen.

Der Wagen näherte sich dem Wilsdruffer Tor.

Marwitz hielt die Passierscheine bereit, um sie den preußischen Wachen vorzuzeigen. Ihn selbst würden die untergeordneten Kameraden wohl nicht zu examinieren wagen.

Wie um ihre Pein zu verdeutlichen, schaukelte und wankte die Reichsgräfin bei jeder Unebenheit besonders deutlich. Sie würde sich an den landläufigen Transport schon noch gewöhnen. Und von Glück konnte man sprechen, wenn nicht plötzlich ein Rad oder gar eine Achse bräche. Dann drohte die häufigste Todesart auf Straßen: der Stoß mit Kopf und Schläfe gegen eine Wagenwand. Wahrscheinlich zu Hunderten wurden alljährlich leblose Körper, Bürgerliche und Adelige, aus den umgekippten Kutschen gezogen. Geboren zu Breslau, verblichen vor Stettin.

Vermutlich besaß die sächsische Post die Hülle aus Weidensträngen, um die Gefahr des tödlichen Stoßes zu mindern.

Im Schummerlicht aus der kleinen Laterne unter der Deckenplane wurde auch der taube Herr gerüttelt. Das schien ihn bei seiner Lektüre der *Vernünftigen Gedanken* des Philosophen Wolff keineswegs zu stören, die neben ihm auch Marwitz aus den Augenwinkeln mitlas … *Da nun die Einsicht in den Zusammenhang der Dinge die Vernunft ist, so wird das Gute und Böse durch die Vernunft erkannt. Und demnach lehret uns die Vernunft, was wir tun und lassen sollen. Und das Gesetz der Vernunft lehrt, dass wir das Gute tun und das Böse lassen sollen …* Insofern brauchte es dann nicht mehr zwingend eine Obrigkeit, die einem das vermeintlich Richtige zu tun befahl. Das Richtige und Gute erkannte eine freie Seele selbst. Jeder Einzelne war sein eigener Staat. War es verwunderlich, dachte von der Marwitz in seinem Wollumhang, dass Herr Wolff als Universitätslehrer entlassen worden war? Zu freigeistig? Aber seine Werke waren offenbar nicht alle verbrannt worden. Ob sich die Vernunft – und was auch immer man von ihr halten wollte – wohl behaupten könnte?

Die Wachen reichten die geprüften Passierscheine wieder herein. «Nach Leipzig, Herr Leutnant?», fragte einer noch.

«Zum König», antwortete Marwitz.

«Ich gleichfalls», beschied die Gräfin aus ihrer Ecke und spürte das warme Fläschchen in ihrer Hand.

Der Sergeant stand stramm.

Die Peitsche knallte.

Fräulein von Barnhelm beugte sich aus dem Fenster. Hinter der Kutsche entschwand die Silhouette Dresdens im Morgendunst. Den Rössern voraus erstreckte sich der Postkurs ins Meißner Land.

Bericht der Gräfin

Ein Teil der Strecke war zur Allee verschönert worden. Streng reckten sich die Pappeln ins Januargrau. Welcher Aufwand, Setzlinge anzupflanzen, sie vor Wildbiss zu schützen und im Sommer vielleicht sogar zu bewässern. Tausender Menschen Hände Arbeit war vonnöten, den Fahrdamm aufzuschütten, die seitlichen Gräben auszuheben und obendrein für die Stabilität der Straße und für das Auge die Pappeln zu kultivieren. Königin Josepha hatte Friedrich August vorzeiten auf seiner Huldigungsreise durch Sachsen zwar begleitet, doch vermutlich hatte sie in ihrer Karosse keinen Augenblick lang an die Tagelöhner gedacht, die vor ihrer Fahrt Mulden zugeschüttet, Äste weggeräumt und den Schotter geebnet hatten. Josepha war in höheren Regionen für andere Pflichten erzogen worden, hatte einen Thronfolger zu gebären und das Herrscherhaus zu repräsentieren. Mitunter verlangte das Volk es auch so und nur das. Nach Polen war die Königin von Polen, die jetzt in Dresden langsam starb, nie gereist. Man brauchte sie dort nicht.

Aus ihrem Kutschenwinkel behielt die Gräfin Brühl einen Fußreisenden im Auge. Es handelte sich gewiss um einen Handwerkergesellen, der sein Bündel geschnürt hatte und es am Stecken über der Schulter trug. Zur Vervollkommnung seines Gewerbes – Stellmacherei, Kupferschmiede, Dachdeckerzunft – auf dem Weg von einem Meister zum nächsten. Der Bursche war rüstig zu Fuß. Falls er noch zügiger ausschritte, könnte er mit dem Postwagen fast gleichziehen. So blieb er nur ganz allmählich zurück. Er marschierte im Wind, man selbst hockte drinnen. Das war der Hauptunterschied. Es rasselte lauter. Der Geselle trat auf den Rand der Chaussee. Hufgetrappel wurde vernehmlich. Der Postwagen schlingerte ein wenig und schien mehr Platz machen zu wollen. Die Geräusche eines zweiten Fuhrwerks verstärkten sich beängstigend. Pferdeköpfe, Ledergeschirr, Zügel. Nun begann das Überholen auf der luxuriösen zweispurigen Strecke. Die Gräfin hielt den Atem an. Kutschbock und die Beine eines Kutschers neben dem Fenster, dann ein dunkler Kastenwagen mit preußischem Wappen. Der Eiltransport – vielleicht sogar mit Raubgut aus Sachsen, aus ihrem eigenen Palais – zog mit dem Getöse der Hufe, der Räder, des ganzen Holzgefährts an der kursächsischen Post vorbei. Auch der unermüdliche Leser der *Vernünftigen Gedanken* über die Welt, die Zeit und die Seele nahm kurz seinen Kneifer ab und verfolgte das Manöver. Wie war es eigentlich möglich, fragte sich Frau von Brühl, dass jemand, der weder hören noch geschmeidig sprechen konnte, Herr Brem- oder Bremmbeck, heikelste Texte verinnerlichte? Doch bisweilen lebten gerade auf dem Land Pastoren, Lehrer, die sich liebevoll und mit ganz eigenen Methoden behinderter Kinder, Menschen annahmen und ihnen auf wundersame Weise die erstaunlichsten Fähigkeiten beibrachten. So sollte es in Zittau einen armlosen Jungen geben, der allein mit den Zehen die Gambe spielte. Die kluge Frau von Bünau hatte davon berichtet. Auch bei der Herrnhuter Brüdergemeine des Grafen von Zinzendorf ließ man keinen zurück und allein. Möglicherweise gehörte der schwarz gekleidete Leser zu der bildungsbeflissenen Sekte. Doch hätte er sich dann nicht besser in ein Andachtsbuch als in etwas Gottfreies vertiefen müssen?

Jede Unebenheit schüttelte den Leib.

Behutsam breitete Fräulein von Barnhelm neben sich auf der Bank ein Frühstück aus. «Hält Leib und Seele zusammen.» Die Küche hatte die Kammerfrau mit Brot, Braten, Huhn, Käse und eingelegten Gurken verproviantiert. Der Imbiss wackelte auf silbernen Tellern, deren Rand erkennbar mit dem Brühlschen Wappen gestempelt war. Für eine Reise inkognito war das einigermaßen prekär. Wie sollte man gegebenenfalls die Herkunft des Geschirrs erklären? Barnhelm und Marwitz griffen gut zu, die Gräfin brach für sich Brot. Herr Bremnochwas nahm gerne ein Cornichon.

«So ist es doch auch ganz behaglich zu reisen», fand Luise von Barnhelm, «man schmaust und Radebeul fliegt vorüber.»

«Ich hätte auch reiten können», merkte Marwitz an, «aber falls es regnet, ist man sofort klitschnass.»

Ach, wäre doch die gesamte preußische Armee so empfindlich wie dieser Offizier, empfand die Gräfin: Jeder Feldzug wäre bei einem Wolkenbruch beendet worden, und Deutschland hätte Frieden.

«Wir sind ja unter uns, Frau Gräfin, und unser Begleiter ist sehr verschwiegen», erklärte Georg Wilhelm von der Marwitz, nachdem er fertiggekaut hatte. «Wie gerne hätte ich auch Ihren Gemahl, den Reichsgrafen von Brühl, kennengelernt. Nun sitzt Seine Exzellenz in Warschau fest.»

Marianne von Brühl musste zwangsläufig nicken.

«Brühl. Ganz Europa kennt diesen Namen. Erzählt sich Geschichten von seinem Reichtum …»

«Wahrscheinlich dahin.»

«Von seinem Kunstsinn, von seinem Geschick in der Politik …»

«Gegen Waffengewalt kann Politik machtlos sein.»

«Wie gerne hätte ich, in besseren Zeiten, eine Audienz beim Herrn Premierminister gehabt. Ich hätte später erzählen können: Ich saß mit dem Grafen Brühl am Kamin, die Brillanten funkelten, er weihte mich in die Machtkonstellationen Europas ein, ein Sekretär überbrachte ihm ein Schreiben des Königs von Frankreich, danach nahm er sich die Zeit, mich durch seine Bildersammlung zu führen, der Herr Premierminister von Sachsen und Polen. Und ich hätte Ihnen, Frau Gräfin, abends bei einem Souper vom Schwanenservice oder bei einer Oper von Hasse begegnen können. Dresden war doch das Paradies der Lebensart.»

Die Gräfin blickte betrübt.

«Wie war, wie ist Ihr Gemahl? Der, ich möchte sagen, Hauptfeind meines Königs.»

«Das ist mein Gemahl wohl. Wenn ich an die Rache denke, die er an Brühl, an mir, an meinem Hause nimmt. Nun, Herr von der Marwitz, da wir unter uns sind und weil mein Herz schwer ist, darf ich es nun vielleicht auch ein wenig erleichtern. Auch Sie, liebe Barnhelm, die erst kurz in meinen Diensten steht, sollten Weltkenntnis sammeln.» Die Gräfin schob die Zobelkapuze von ihrem Kopf. Sie schüttelte ihr dunkles Lockenhaar und sah reizend aus. Die hübschen jungen Leute hielten bei ihrer Stärkung inne.

«Mein Gemahl, mein Mann», sie erstaunte immer wieder bei diesem privaten, beinahe intimen Begriff, «wurde schon als der Medici, Richelieu und Fugger unserer Zeit bezeichnet. Das mag eine gewisse Übertreibung sein. Aber ohne einen Kern von Wahrheit käme niemand auf diese Umschreibung. Er förderte die Künste wie ein Medici. Er agierte in der europäischen Politik wie der Kardinal Richelieu. Seine vielen Ämter mit ihren diversen Belastungen bescherten ihm – uns – einige Einkünfte.»

«Millionen?», fragte Barnhelm recht direkt.

«Hunderttausende», dämpfte die Gräfin die beliebten Legenden. «Mein Mann mochte – und mag vielleicht jetzt auch in Warschau – das Rechnen nicht und die Pfennigfuchserei. Er nahm ein, er gab aus, Handel und Gewerbe waren in Schwung. Was die private Haushaltung anging, Küche, Gärtner, die Scharen von Dienstboten, die bei uns ein Auskommen fanden, führte ich Buch.»

«Sie selbst?»

«Eine Ehefrau sollte über Soll und Haben auf dem Laufenden sein. Sämtliche Ausgaben waren sinnvoll, glaube ich, in ihrer Weise. Nach dem König repräsentierte mein Mann einen Staat. Sollten wir Gäste aus aller Herren Länder in einem Kellergewölbe empfangen und von Zinntellern essen lassen?»

«Das nun nicht», pflichtete der Leutnant bei.

«Sachsens Glanz war dessen Ansehen und Kredit. Dem, der hat, dem vertraut man gerne. Alle Staatskunst ist Seelenkunst. Das Ruppige endet schnell. Viele schauten, sogar aus Versailles, zum Palais Brühl und sagten: Denen geht es hervorragend, Luxus, Geschmack, ein möglichst heiteres Leben, dort ist dann auch Kraft.»

«Das war wohl ein Irrtum», gab Marwitz zu bedenken.

«Wir werden sehen, wie die Nachwelt urteilten wird. Ob sich das karge Hessen oder Nassau oder aber das verschwenderische Sachsen einprägen werden.»

«Verschwendung, Madame, hat auch ihre Tücken», wagte Barnhelm zu urteilen, «man gibt dann leicht mehr aus, als man hat.»

Die Gräfin ging kurz in sich. «Wir hatten, das Land hatte. Und stellen Sie, Baronesse, die Kürze des Lebens in Rechnung. Muss man es nicht genießen? Fortwährend knausern, das ist recht deutsch, verzeihen Sie, Herr Leutnant, so preußisch. In Preußen wird keinem Untertan Glück versprochen. Es ist ein Land, in dem Glück wenig Bedeutung hat. Ein glückloses Land.»

«Aber sehr geordnet, Madame.»

«Als Sachse in Brühls guten Zeiten konnte man den Vorzug genießen, ein Sachse zu sein. Eine Prise Italien, Kunst, Paris, Galanterie im Dasein.»

«Wirklich? Die Bauern?», fragte Luise von Barnhelm.

«Die Bauern in Preußen leben in Leibeigenschaft. In Sachsen nicht. Oft müssen sie Frondienste leisten, aber sie sind nicht leibeigen. Sachsen ist kein Sklavenstaat. Sondern eher ein gewisses Vorbild für die allgemeine Zukunft.»

«Aber Ihr Gemahl, Madame», Marwitz kehrte zu seiner Frage zurück.

«Er regierte nicht wie ein Despot. Was für ein Unsinn! Wir leben nicht in Frankreich, in Spanien, wo der Befehl eines Herrschers oder seines Ministers gleich Gesetz wird. Wir leben allesamt im Heiligen Römischen Reich Deutscher Nation mit seinen äußerst vertrackten, manchmal hinderlichen, aber exakten Pflichten und Rechten. Jeder Steuererhöhung, die meinem Mann manchmal vorschwebte, mussten die Landstände zustimmen. Auch der König kann nicht über die Vertreter der Provinzen und Städte hinweg regieren. Deutschland, das ist Kompromiss. Bis einer ohne Kriegserklärung beim Nachbarn einmarschiert. – Der Hauptteil des Lebens meines Mannes, eines deutschen Politikers, war Verhandlung. Jedes Interesse wollte berücksichtigt werden, die Interessen der Lausitz, der Ratsherren von Plauen. Aber das wissen Sie: Deutschland, das sind Paragraphen. Sie schützen, sie machen alles mühsam.»

«Mehr Paragraphen, Verordnungen, Regelungen als heute kann es gar nicht geben», bestätigte der brandenburgische Offizier. «An jedem Stadttor Passkontrolle, Rauchverbot in der Post», er deutete auf die zerbrochene Pfeife. «Frei ist man überhaupt nicht. Deswegen heißt es bei Klopstock: Halleluja, ich schreite in die Gewitternacht und bin nur Untertan des Donners.»

«Das hat er gedichtet?», fragte Luise von Barnhelm.

«Es könnte von ihm sein, aber jetzt ist es von mir», erklärte der Leutnant nicht ohne Stolz, «die Seele will doch raus, ungebunden in die Luft des Himmels. In die Natur, zurück zum natürlichen Leben. Unter den Sternen sind alle Menschen gleich.»

Fräulein von Barnhelm erschrak beinahe über das Ungestüm ihres Gegenübers.

«Die Natur», wehrte die Gräfin ab, «ist doch eher zum Fürchten. Reißende Flüsse, gefährliche Berge, Krankheiten, Morast und Wüsten. Die Natur ist ein Durcheinander und ein bedrohlicher Schleim, aus dem sich der zivilisierte Mensch mühsam herausringt. Bäume wachsen nicht in Rondellen. Blumen nicht in schönen Rabatten. Alles um uns herum ist buchstäblich Kraut und Rüben. Die Natur muss erst bezwungen und gestaltet werden, um zu einem Spaziergang zu verlocken. Ich gebe zu, im Sommer sitze ich gerne mit einem Sonnenschirm an einem Springbrunnen. Ich denke, das ist genügend Berührung mit den Allgewalten.»

Marwitz stutzte.

«In Ihrer Himmelsluft, Herr Leutnant, trifft Sie der Blitz. In der Natur werden Sie zum Tier.»

«Äh», wollte er einwenden, ließ es aber sein. Merklich gehörte die Reichsgräfin einer Generation an, die noch nicht daran dachte – wie manchmal er und der Dichter Klopstock –, mit aufgerissenem Hemd, wirrem Haar und Herzen in die regnerische Sturmnacht zu laufen und sich ein Urgefühl, irgendetwas aus dem tiefsten Innern, aus der Brust zu schreien und auf Fürsten, Anstand und Galanterie zu pfeifen. Frei sein, durch die Wälder irren, lieben, wie es kommt, sich im Daseinsrausch aufs Stroh sinken lassen, das Halleluja des Universums in der Seele. Er selbst war ja zerrissen zwischen Kultur und Natur, zwischen Grünem Gewölbe und grünem Blätterdach. Womöglich durfte er beides genießen.

Ein offenbar größerer Stein auf der Fahrbahn hob kurz Braten und Käse von den Tellern und die Reisenden von ihrem Sitzbrett.

«Vorsicht, die Becher!», rief Barnhelm noch. Wasser schwappte auf die weiße Uniformhose und auf den Zobel. Der unermüdliche philosophische Leser fand seinen Augenzwicker auf seinem Schoß wieder.

Die Gräfin beherrschte ihren Verdruss und tupfte die Nässe ab. Dabei nahm sie den Faden wieder auf: «Wenn wir von meinem Mann sprechen, den Sie gerne kennenlernen wollen, Marwitz, so sprechen wir von einer in ihrer Weise bedeutenden Erscheinung.»

«Keine Frage.»

«Mein Mann hat den Charme nicht erfunden. Aber er hätte der Erfinder des Charmes sein können. Das Bezaubern ist sein großes Geheimnis.»

«Er empfing mich äußerst zuvorkommend», bestätigte Fräulein von Barnhelm, «obwohl ich vom Lande stamme. Er erkundigte sich nach meiner gesamten Familie und ließ Konfekt servieren.»

«So ist er. Mein Mann stammt selbst aus bescheidenen Verhältnissen. Landadel wie die Barnhelms. Da nicht viel zu erben war, wurde er schon mit acht Jahren als Page am kleinen Hof von Weißenfels untergebracht. Aber neben den äußeren Umständen ist jeder seines eigenen Glückes Schmied. Die dortige Herzogin verliebte sich geradezu in den Jungen – Ihnen gewiss nicht unähnlich, Marwitz – und nahm den jungen Heinrich von Brühl mit auf die Leipziger Messe, wie Sie wissen, auch ein gesellschaftliches Ereignis. Wohl der Instinkt leitete meinen Mann. In Leipzig geriet er in die Nähe August des Starken. Der erst vierzehnjährige Page fiel diesem Fürsten auf und gefiel ihm durch seine Erscheinung, sein exzellentes Benehmen und schon durch einige Ideen: ‹Majestät könnten Ihre französischen und italienischen Briefe mir diktieren. Ich beherrsche diese Sprachen perfekt.›»

«Mit vierzehn?» Das perfekt geregelte Französisch konnte auch

Luise von Barnhelm passabel. Deutsch hingegen erschien ihr manchmal seltsam diffus, offen, wenn sie auch, wie doch fast alle, wahrscheinlich abwechslungsreich nach dem Klang schrieb: *Ich sitzze inn der Kuttsche vonn Dresden nach Maisßen*. Oder war *sittze* stimmiger?

«Kurzum», fuhr die Gräfin offenherzig fort, «August nahm ihn zu jener glänzenden Zeit mit nach Dresden, und Graf Brühl erwies sich über die Jahre als immer unverzichtbarer. Er war zur Stelle, wenn Korrespondenzen eilig erledigt werden mussten. In jungen Jahren plante mein zukünftiger Mann jenes berühmte Zeithainer Lager, diese Truppenrevue mit Festen einen Monat lang, das vielleicht aufwendigste Manöver und Festspektakel. Er lernte dabei auch Friedrich, seinerzeit noch Kronprinz von Preußen und im grausamen Schlepptau seines Vaters, kennen. Das Zeithainer Lager, ein Besuch in Dresden waren für Friedrich, der nun dieses Land zugrunde richtet, wohl ein entscheidendes Erlebnis, Herr Leutnant.» Die Reichsgräfin hatte sich aus ihren Erinnerungen in einen bemerkenswerten Schwung geredet. «In Zeithain und in Dresden erblühte der musische Prinz, das muss ich ihm zugestehen. Ihr König erlebte damals, so war unser Eindruck, dass es noch etwas anderes gab als den Kasernendrill daheim, die Stockschläge des Vaters, der die Querflöte seines Sohns zerbrach. Der junge Brühl und der junge Friedrich verstanden sich gut. Nur etwas trübte dieses Verhältnis schnell zutiefst. Ich glaube, Friedrich wurde eifersüchtig auf das scheinbar so viel leichtere Leben in Sachsen. In sittlichen Belangen», die Gräfin lächelte kurz Marwitz zu, «war mein Mann stets freizügig. Damals rumorte die Affäre Katte, Hans-Hermann Katte. Der junge Leutnant war der Seelengefährte und, nun sagen wir, innige Tröster des Prinzen, der starke Schultern und eine gleichgesinnte Seele suchte.»

Marwitz räusperte sich.

«Immer solche Geschichten. Gefährlich», Barnhelm fühlte sich unwohl, aber beruhigte sich.

«Ich habe meinen Mann nie ausgefragt, ob er damals Friedrich und Katte zur Flucht aus der preußischen Sklaverei riet, ob er diese Flucht sogar mit vorbereitete. Oder wie der Fluchtplan verraten wurde. In jedem Fall, das Ergebnis war bestialisch, die Erschießung Kattes und die mögliche Erschießung auch des Kronprinzen Friedrich auf Befehl seines eigenen Vaters. Nun, dies Wissen um die Liebe der beiden jungen Männer, diese höchst intime Kenntnis – das jedenfalls erwähnte mein Mann mehrmals – verwandelte sich wahrscheinlich in Hass auf meinen Mann. Er wusste und weiß zu viel von einem Geheimnis.»

«Das ist ein Abenteuerroman, ein schrecklicher», Fräulein von Barnhelm hielt tapfer, im Grunde auch wissbegierig, dem Bericht stand.

«Aber eben ein wirklicher, mein Kind. Mit großen Auswirkungen. Mein Mann, Marwitz, wurde mit Ämtern betraut. Und zwar nicht, weil er sie schlecht ausfüllte. Jeder, auch ein König, hat gerne jemanden, dem er vertraut und auf den er Pflichten abwälzen kann: Brühl, mach nur. Brühl kann auch noch die Salzbergwerke beaufsichtigen … Möglicherweise wurden es zu viele Ämter. Doch so ist der Mensch. Er verharrt nicht auf dem Fleck, er will sich beweisen, immer ein bisschen mehr. Er möchte als unverzichtbar gelten, er will Herr über alles sein, was sein Leben betrifft. Immer soll alles wachsen, und am Schluss kann es über einem zusammenbrechen und einen begraben. Man fand das Maß nicht. Womit ich jetzt nicht ausdrücklich meinen Mann meine. Er war arbeitsbesessen, suchte nach Anerkennung, die Seelenleidenschaften spielten für ihn keine große Rolle. Wir heirateten recht spät, voller Vernunft und Zuneigung. Sie wären ihm, mit meiner Empfehlung, in Warschau herzlich willkommen.»

«Ich sehe klarer», sagte der Leutnant aufs Geratewohl und versuchte, sich dieses oder jenes Detail über Brühl und über Friedrich zu merken und nachzuvollziehen. Aber beide Lebensläufe blieben ungewöhnlich und besaßen gewiss, wie bei allen Menschen, noch mehr Nuancen.

«Die berüchtigte Misswirtschaft meines Mannes, Marwitz», die Gräfin beugte sich noch einmal leicht vor. «Tja, Ihr König ist daran wahrlich nicht unschuldig. Es ist der zweite Krieg, den wir gegen ihn verlieren. Nach dem ersten, vor zehn Jahren, musste Sachsen ungeheure Summen an Preußen zahlen. Wenn wir sie nicht immer pünktlich aufbringen konnten, mussten wir, so sah es der Friedensvertrag vor, Kredit mit ebenso immensen Zinsen in Preußen aufnehmen.»

«Das ist infam», warf Barnhelm ein.

«Ihr König verdiente doppelt.»

«Kann man es ihm verdenken? Wenn die Gelegenheit da ist, greift jeder zu», wagte der Leutnant zu bedenken zu geben.

«Nun, so ist er», vernahm man aus dem Pelz, «einer der Raffiniertesten. Oder Heimtückischsten. Friedrich der Große. – Doch ich will und werde das Werk meines Mannes vollenden. Frieden. Ruhe.»

Ruckartig lehnte sich die Gräfin in ihre Ecke zurück. Sie trank einen großen Schluck Wasser. Es schien, als würde ihr gewahr, wie absolut unüblich und gewiss auch unangemessen sie sich ihrer Kammerfrau und einem recht treuherzigen Offizier gegenüber geöffnet hatte. Doch war es geschehen. Und das nächtliche Treffen im Belvedere war auch bereits verwegen genug gewesen. Es waren keine üblichen Zeiten mehr.

«Meine Schwester Minna», brachte die Kammerjungfer nach einer Weile hervor, «hätte zu alldem mehr sagen können. Minna ist älter. Und sie hat lange Zeit bei einer Tante in Halle gelebt. Da lernt man dann mehr von der Welt.»

Der Leutnant und die Gräfin schenkten der liebenswerten Begleiterin mit den Armen um den Proviantkorb einen freundlichen Blick.

Man rumpelte dahin.

Der Wandergeselle blieb gut zu erkennen.

Hinter dem Ring der Stadtmauer, über spitzen Giebeln und Türmchen schälte sich das Schatzhaus des Weißen Goldes, die Meißner Albrechtsburg mit der Porzellanmanufaktur aus dem Dunst. Im grauen Gemäuer, zwischen den zerstörten Brennöfen und bereits geplünderten Magazinen, forschten feindliche Kundschafter jetzt vergeblich nach Rezepturen über die Mischung von Kaolin und Quarz, die exakte Mixtur der Pigmente, um nunmehr für den Besatzer Geschirr mit dem grünen Drachen herzustellen. Der Verkauf konnte die Kriegskasse auffüllen. Wo, wie man mutmaßte, das Militär weit mehr als zwei Drittteile der Staatseinkünfte verschlang und wo einer von dreißig Untertanen Soldat war, in Preußen, dort brauchte man jeden Groschen und gierte nach Geldquellen.

Umspann

Die Poststation befand sich in der Poststraße.

Nach einem «Ho-Ho» des Kutschers kam das Gespann zum Stehen. Sofort drängten sich Kinder, Bettler und Neugierige vor dem Wagenschlag. «Nur ein Heller für vier», eine Frau hielt ihren Korb mit Äpfeln vor das Fenster. Der Postillon trieb die Schar auseinander und öffnete den Schlag. Die Reisenden spähten hinaus. Sie waren offenbar das Vormittagsereignis. Bürgersleute mit Dreispitz und Gehstock schauten aus einiger Entfernung, wer einträfe, oder gingen ihres Wegs. Barfuß und in Lumpen näherten sich die Armen rasch wieder und streckten die Hände für ein Almosen aus. Eine Gestalt im Hintergrund ließ die Gräfin und ihre Kammerfrau erschauern. Die junge Frau war durchaus ordentlich gekleidet, trug Haube und Schürze. Aber ihr Anblick zerriss einem das Herz. Der Hals und ihre Handgelenke steckten in einer Art von hölzernem Kragen, einem monströsen Gestell, das jede freie Bewegung unmöglich machte. Weshalb sie zum Tragen der Schandgeige verurteilt worden war, wussten hier wahrscheinlich die meisten. Vermutlich war die Magd, Köchin oder Wäscherin bei einem Verhältnis mit einem Bediensteten ertappt worden. Ein großes Unglück. Denn es war landauf, landab verboten, außerhalb der Ehe die Liebesfreuden zu genießen. Doch heiraten durften Arme nicht. Sie hätten eine Familie gegründet, ohne sich und Kinder ehrbar ernähren zu können. Die Zahl der Hilfsbedürftigen hätten sie vermehrt, und es gab schon genug Armut. Mägde, Knechte, Dienerinnen,

Diener, Hauslehrer, Gouvernanten, jeder Handwerker, der keine eigene Werkstatt hatte, im Grunde die Masse der Bevölkerung, hatte ledig und ohne Liebe zu bleiben, worein sich manche nicht fügen wollten. So drohten, wie für Säufer und andere Übeltäter, der Pranger und die Schandgeige. Hier hätte die Rechtsprechung, empfand Luise von Barnhelm, auch im Namen der Vernunft oder schlicht der Menschlichkeit, noch vieles aufzuhellen. Der Ruf der Bestraften war ruiniert, sie schien sich dreingegeben zu haben und trottete mit ihrem Quälholz um den Hals die Poststraße weiter. Passanten maßen sie strafend, andere nahmen kaum Notiz von ihr, ein paar Männer schien der ruinierte Ruf nicht zu stören. Wie lange würde sie so durch die Stadt wandern müssen, um dann – wegen einer entdeckten Liebesnacht – irgendwo auf den Landstraßen in der Ferne unterzugehen?

Vielleicht war sie sogar schwanger.

Luise von Barnhelm sah ihr nach; ein Dom, Krieg, Äpfel und Elend in Meißen.

«Kommen Sie», Georg Wilhelm von der Marwitz war als Erster aus dem Wagen gesprungen und reichte der Kammerfrau die Hand. Unsicher nach dem langen Sitzen und Gepolter stieg sie über die Trittleiter hinunter. Ihr folgte die Brühl. Der Leutnant fing die Reichsgräfin auf. Ihr Pelzumhang erregte großes Aufsehen. «Sieht aus wie die Brühl», hörte er neben sich. «Die Gräfin Clam-Gallas, eine Verwandte», versuchte Marwitz das vereinbarte Inkognito zu schützen. Der taube Mitreisende verließ sehr gelenkig die Kutsche und entschwand in der Menge. «Um Himmels willen.» Marwitz spürte, wie sich die Hand Marianne von Brühls um seine krampfte: «Solche Menschen … Sie können oft von den Lippen lesen!»

«Dann», Marwitz musste nicht nachdenken, «weiß er jetzt alles über Ihren Mann, das Schicksal Sachsens und dass Sie es ändern wollen. Aber möglicherweise wird er keinen Gebrauch davon machen.»

Der Gräfin wurde schwindelig.

Während der Leutnant sie in die Poststation führte, klopfte Luise von Barnhelm einem Kutschpferd auf die Kruppe und streichelte es. «Die sind aber schön. Und so gut gestriegelt», lobte sie das Gespann. «Das will ich meinen», freute sich der Kutscher über den Zuspruch und unterbrach das Aufschnallen der Zugriemen. «Und die Mähne sogar geflochten.» Neben den leicht dampfenden Rössern trat der Kutscher auf die junge Dame zu, die sich mit Tieren auszukennen schien. Trotz ihres hinderlichen Umhangs hatte sie sich vorgebeugt, klopfte gegen eine Fessel des Rappens, der brav den Vorderfuß hob. Die Stollen waren sauber eingedreht, erkannte Barnhelm, und die Hufe waren gegen Nässe mit Teer bestrichen. «Sehr sorgfältig. Mein Vater hat jetzt nur noch ein Pferd. Die übrigen wurden von den Preußen geholt.»

Der Kutscher nickte betrübt. Sein Gesicht unter dem Dreispitz war vom Wetter gegerbt. Die Pelerine hing feucht, und die Stiefel mussten abgewischt werden. «Das sind Gundolf und Roswitha», stellte der kräftige Mann den Wallach und die braune Stute vor. Die wandte ihren Kopf nach hinten und schien sich mit einem Schnauben noch einmal selbst vorstellen zu wollen. «Wir sind seit zehn Jahren zusammen», nacheinander klopfte der Kutscher auf den Hals beider Rösser, «wenn ich einen vergesse, gibt es Ärger.»

«Ärger?»

«Ich kenne den Blick von Roswitha, wenn ich nur Gundolf streichele. Manchmal tut sie dann auch so, als würde sie lahmen.»

«Dann kennen Sie drei sich ja wirklich gut.»

Der Mann zögerte mit seiner Auskunft. «Wir haben das alles gut geregelt. Natürlich kann ich nicht den beiden gleichzeitig den

Hafersack vorbinden. Wir machen das jetzt ganz gerecht. Hier in Meißen bekommt zuerst Gundolf das Futter und bei der Rückkehr nach Dresden zuerst Roswitha. So erspar ich mir Szenen.»

«Sie sind eine Familie.»

«Das wird man bei den Touren. Wenn der Postillon neben mir auf dem Bock stur ist, mit wem soll ich mich dann unterhalten?»

«Und was erzählen Roswitha und Gundolf Ihnen?»

«Was Pferde eben so erzählen, mein Fräulein», wunderte sich der Kutscher über die Frage: «Das Heu war feucht. Das Stroh hätte schon gewechselt werden können. Bei Radebeul schien die Sonne so schön.»

«Natürlich, darüber will man sich austauschen», Barnhelm bestaunte die mitteilsamen Dienstpferde des kursächsischen Postwesens.

«Eigentlich sind sie ein Liebespaar. Aber zwischen einem Wallach und einer Stute muss es Freundschaft bleiben. Vielleicht besser so und es hält länger. Aber ein bisschen traurig sind sie doch.»

«Pferde haben meistens traurige Augen.»

«Nein», widersprach der Kutscher und behielt ein paar Jungen im Blick, die Anstalten machten, in den leeren Wagen zu klettern. «Tiefe Augen. In den Augen von Pferden sieht man die Welt. Ich meine das Tiefste der Welt. Im Blick ist Scheu, ist stilles Staunen. Und vorsichtige Freundlichkeit, wenn man es gut mit den Tieren meint. Und vielleicht sind es gar keine Tiere.»

«Sondern?», Barnhelm lauschte dem Mann vom Kutschbock gern.

«Tiere sagen wir. Ich glaube nicht, dass die beiden sich für Tiere halten. Und uns für etwas Besseres. Wir leben alle in einem Topf. Jeder mit seinen Pflichten und Freuden, Umtrunk oder Hafer. Sie sind Gundolf und Roswitha, und ich bin Johann, wir drei belassen es dabei. Mittlerweile fahren wir immer gemeinsam. Das hat die Postdirektion längst so eingerichtet. Das heißt nicht, dass ich nicht auch mit anderen Pferden zurechtkomme. Aber wenn wir uns an einer Station wiedersehen, ist die Freude riesig.»

«Unsereine sitzt in der Kutsche und weiß das alles gar nicht», bemerkte Barnhelm.

«Warum auch? Es ist doch nur das Leben.»

Der Kutscher nahm seine Peitsche, die er an die Deichsel gelehnt hatte.

«Und was halten die beiden vom Krieg?»

Der Mann winkte ab. «Wenn wir drei getrennt werden sollten, das würde keiner von uns überleben. Oder nur elendiglich. So», der Kutscher wurde wieder mehr zur Amtsperson, «wir müssen in den Stall. In drei Stunden geht es retour. Und Sie wollen bis Leipzig?»

Fräulein von Barnhelm nickte.

«Johann, die Suppe wird kalt», der Postillon winkte seinem Kollegen und trat näher. «Haben Sie sich gut mit den dreien unterhalten?», fragte er die Reisende. «Ich hoffe, Roswitha hat Ihnen auch erzählt, dass sie sich frohe Weihnachten gewünscht haben.»

«Es ist ein Fest für alle.»

«Johanns Frau und Kinder wundern sich schon längst nicht mehr.»

«Ihnen gute Fahrt», wünschte Barnhelm und verabschiedete sich von den beiden Dienstmännern und ihrem Gespann.

Während frische Pferde für den Umspann aus dem Stall geführt und Gepäckstücke aufgeladen wurden, herrschte im Warteraum der Station drangvolle Enge. Die Gräfin hatte einen Stuhl am halb geöffneten Fenster ergattert. Nachdem sie wohl wegen ihres Zobels, den sie ehedem für höfische Schlittenpartien nach Schloss Moritzburg und Pillnitz getragen hatte, ausgiebig begutachtet worden war, ließen die Blicke von ihr ab. Unbehelligt konnte sie mit einem leisen «Aah» die Beine ausstrecken, die Schultern ein wenig kreisen lassen, möglichen Prellungen nachspüren und ihre Umgebung in Augenschein nehmen. In üblichen Zeiten hätte sie Canaletto den Auftrag erteilen können, das Treiben und Gewimmel für die Ewigkeit festzuhalten. Der Titel des Gemäldes hätte lauten müssen *Die Poststube zu Meißen*. Allerdings, fiel es ihr ein, malte der Venezianer nie Interieurs. Neben ihr, am Tisch für Billetts drängten sich Leute. Der Postmeister nahm die Taler und Groschen in Empfang und stellte Scheine für Dresden, Freiberg und Cottbus aus. «Wo muss ich umsteigen?» «Senftenberg.» «Habe ich gleich Anschluss?» «Das hängt vom Wetter und von den Preußen ab.» Ein Herr, der in Eile wirkte, fragte: «Gibt es noch die Nachtverbindung nach Chemnitz?» «Bedauere, wir haben keine Fackelläufer mehr!» «Was mache ich dann?» «Warten», sagte der Postmeister, «ein Schlaftrunk und aufs Stroh.» «Das bin ich nicht gewohnt», ärgerte sich der Herr. «Niemand ist alles gewohnt», wurde ihm beschieden. Ein anderer Herr wollte nach Berlin. Ins Zentrum des Feindeslands. Das Billett wurde ihm anstandslos ausgestellt. Jenseits von Politik und Kampfgeschehen bestand offenbar noch einiger Handel und Wandel. Der Mann trug einen Geigenkasten bei sich. Suchte er nach dem Ende des musikalischen Lebens in Dresden einen Posten an der Spree? Aber vielleicht reiste der Musiker weiter nach Hamburg oder Stockholm.

Wenige Bilder hingen angenagelt oder im Rahmen an den gekalkten Wänden der Postzentrale. Ein Druck der *Betenden Hände* Dürers. Ein ziemlich zerfledderter Stich à la française: eine junge Dame mit Blütenkranz im Haar auf einer Schaukel und um sie herum bliesen Schäfer die Schalmei. Neben der Tabelle der Zielorte und Abfahrtzeiten hing ein Zettel mit dem Hinweis *Gillt derzeyt nur bedinktt*. Das hereingebrochene Durcheinander im Verkehr verursachte auch den Stau von Leuten, die weiter- oder fortwollten in friedliche Zonen oder zu Verwandten auf dem Land. Zwei junge Männer gingen untergehakt nebeneinander auf und ab. Sie wirkten schwärmerisch und schienen dem modernen Freundschaftskult zu huldigen; das Flüstern ins Ohr des anderen, solche Innigkeit war, so hieß es, bisweilen nur der Übergang zu noch tieferen Gefühlen. Marwitz wusste sicher mehr darüber. Zur Linken der Gräfin hielt eine Mutter ihren Knaben auf dem Schoß. Der Knirps hatte schwarze Finger und beschäftigte sich mit seinem Kohlestift und einem Stück Papier. «Was malst du denn da?», fragte die Gräfin und erinnerte sich an ihre eigenen Kinder. «Das sehen Sie doch», erhielt sie zur Antwort, «Sonnenblumen und einen Hirsch.» «Was macht denn der Hirsch mit den Sonnenblumen?» Die Mutter des Kleinen wusste die Antwort: «Der Hirsch versteckt sich, Madame.» «Wie heißt ihr Junge denn?» «Johann», antwortete er selbst.

Darüber hinaus hielten sich nur wenige Frauen im Warteraum auf. Das Reisen, das Ausgehen, überhaupt das meiste außerhalb der eigenen vier Wände war die Angelegenheit und die Domäne der Männer. Die Frauen gingen auf den Markt, spazierten am Sonntagnachmittag in Begleitung, aber bewegten sich nicht nach eigenem Gusto von hier nach da. Das taten nur wenige, eigenwillige, die schnell in ein schlechtes Licht gerieten.

Einige Wartende kauten Brot, ein Witwer mit schwarzem Band um den Ärmel starrte vor sich hin, ein Kakteenzüchter nahm offenbar eine seiner Pflanzen mit auf die Tour. Ein weiterer junger Musiker schlug mit der Hand vor sich den Takt in die Luft und summte. Frau von Brühl meinte die Ouvertüre von Johann Adolf Hasses jüngster Oper *Il re pastore* zu erkennen. Das glanzvolle Werk hatte kurz vor dem Überfall auf Schloss Hubertusburg seine Premiere erlebt und war vom König, vom Hof und sogar von der stillen Maria Josepha bejubelt worden. Faustina Bordoni hatte mehrere Arien wiederholen müssen. War das berühmte Ehepaar bereits über die Alpen und trat nach Jahren seiner Triumphe nunmehr in Italien auf?

«Vor wem versteckt sich denn der Hirsch?», fragte sie den Buben auf dem Schoß seiner Mutter.

«Wissen Sie denn gar nichts? Na, vor dem Jäger», antwortete er.

«Und wo ist der Jäger?», sie blickte auf seine Zeichnung. Der Hirsch hätte eine Katze oder eher ein Dachs mit Geweih sein können, die Sonnenblumen hatten fröhliche Gesichter.

«Der Jäger schläft noch», erklärte Johann.

«Dann kann ja nichts passieren», fügte die Mutter an, und beide Frauen lachten.

In der Mitte des Raums drehten Kinder einen Kreisel und ließen ihn über die Bohlen tanzen. Wer Junge, wer Mädchen war, ließ sich oft nur ahnen, allesamt trugen sie, wie es sich gehörte, Kleidchen. Eine weitere Mutter oder Amme wiegte einen Säugling, fest ins Stecktuch gewickelt, so sah er aus wie ein Weißbrot mit Kulleraugen. Fünf Kinder, schmerzte es die Gräfin für immer, hatte sie selbst verloren. Drei davon bald nach der Geburt, die kleine Elisabeth war mit drei Monaten an Halsenge erstickt. Dass ihr Kinder geblieben waren, war ein Geschenk. Überall, immer der Tod an der Wiege. So machtlos war man. Die vielen Tränen von Eltern und die Tagesmühen, die sie rasch wieder einholten. Die Menschheit hätte das ganze Jahr in Schwarz gehen können. Dabei wurden die Neugeborenen vor jeder frischen Luft geschützt, in der die Miasmen lauerten und ihre Opfer fanden. Sie selbst hatte die Geburten gut überstanden. In den katholischen Gegenden, hatte der Brühlsche Leibarzt, Dr. Covenius, berichtet, stürben rätselhafterweise mehr Mütter am Kindbettfieber.

Dabei würde dort vor der Geburt der Mutterschoß gesegnet. Was konnte daran falsch sein? Weihwasser war vermutlich rein.

Nun, die Söhne waren in Sicherheit. Der achtzehnjährige Alois Friedrich war beim Vater in Warschau, Hans Moritz, der Lieblingsstudent von Herrn Gellert, hatte sich vor preußischen Repressalien gegen sein Elternhaus nach Straßburg in Sicherheit gebracht. Offenbar wohl wissend hatte ihn Professor Gellert zur Flucht gedrängt. Die Söhne waren allesamt musisch. Ein Erbteil ihrer Erziehung und ihrer Umgebung? Sie spielten Oboe und Violine, malten und schrieben Theaterstücke. Hans Moritz neigte ein wenig zum Mystizismus, er nahm an spiritistischen Runden teil, in denen der Geist Hannibals beschworen wurde, und interessierte sich für das Glimmen und die Schocks, die von der unsichtbaren elektrischen Materie erzeugt wurden.

Das war unheimliches Neuland.

König Friedrich August wollte von solchen Zaubereien nichts wissen, ging lieber auf die Jagd und versenkte sich in die Engelsschar um die Sixtinische Madonna. Und die Königin starb langsam den Heiligen ihrer Kirche entgegen.

Heineken indes, der Alchimist, hatte von der Erfindung eines Blitzableiters in Amerika gehört und sagte, falls er funktioniere, dessen Erfolg voraus, und zwar weltweit. Der Blitzableiter nähme die Angst vor Gewitter. Das war unvorstellbar, vor allem, wenn der Blitz neben dem Stab einschlagen würde.

Ein neuer Postillon durchquerte mit schweren Stiefeln den Raum. Vor dem Tisch des Postmeisters überflog er die Liste mit den Reisenden.

«Wann geht es weiter?», rief der Herr mit der Kaktee auf dem Schoß. Neben ihm führte ein anderer seine Hörtrompete ans Ohr, um die Antwort nicht zu verpassen.

Wohl schon von Berufs wegen, aufgrund der vielen Fragen und des Unwillens über verpasste Anschlüsse, war der Postillon grimmig: «Zwei Pferde schaffen die Fuhre nicht. Der Kutscher sucht nach Mietgäulen.»

Einige auf den Bänken rundum seufzten, andere gaben sich drein. Die beiden untergehakten Freunde setzten ihr plauderndes Auf und Ab fort. Die gestreiften Wollstrümpfe umschlossen faltenfrei die Waden. Beide zupften einander Fussel vom Revers.

Die Gräfin war durchgewärmt und hätte gerne einen Moment geschlafen. Barnhelm und Marwitz waren munterer als sie und sahen sich draußen um. Meißen besaß Reize aus alter, dunkler Zeit. Spitzbögen und Erker, die von Drachen, Schwänen und geflügelten Löwen gestützt wurden.

Ein Schmerzensschrei aus der schlimmen Ecke des Saals ließ alle verstummen.

«Gut, dass Sie nur reisen», sagte Johanns Mutter und beruhigte den Kleinen. «Der Doktor hält hier mittwochs Sprechstunde», erfuhr Marianne von Brühl. Die Station lag zentral, und auch Kranke von außerhalb konnten sich hier einfinden.

In der schlimmen Ecke öffnete sich dann und wann eine Tür, ein Leidgeprüfter kam heraus, ein anderer trat ein.

«Das ist Herr Schröck, unser Stadtschreiber», die Nachbarin deutete mit einem Nicken auf einen kleinwüchsigen Mann gegenüber. Er trug schwarze Kniehosen und Gehrock. Seine Weste war geblümt. Der Stadtschreiber hatte sogar eine kleine Kanne neben sich stehen. Immer wieder tunkte er sein weißes Schnupftuch ins Nass und drückte es kühlend auf die geschwollene, hochrote Wange. Sein Blick war glasig, wie man sogar aus einigem Abstand erkennen konnte, und irrte ziellos umher. Herr Schröck befand sich jenseits von Gut und Böse und lechzte gewiss nur danach, vom quälenden

Zahn befreit zu werden, bang und froh sah er der Zange entgegen. Hätte dem bedauernswerten Mann ein Schnaps geholfen? Aber gewiss hatte er das bereits ausprobiert, und nach flüchtiger Erleichterung war das Pochen im Kiefer umso quälender geworden. Was zwei Kinder ihm zur Seite zum Arzt und Bader führte, erschloss sich nicht. Die Frau links von ihnen hatte Ausschlag. Das Gesicht war schrundig. Um ein Leiden, das sich leicht übertrug, handelte es sich wohl eher nicht. Sie hätte sich doch sonst beiseitegesetzt, einen Schleier getragen. Die Tür öffnete sich.

«Margarethe Milow», wusste Johanns Mutter, «die Gattin des Organisten.»

Die Dame im blassblauen Kleid band sich den Umhang zu. Jede noch so vorsichtige Bewegung schien ihr Pein zu bereiten. Ihr Gesicht war fahl, die Augen wie erloschen. Mit einem erzwungenen Lächeln bewegte sie sich auf den Ausgang zu. Dabei kreuzte sie plötzlich die Arme über der Brust, beugte sich leicht vor und stöhnte. Sie versuchte freundlich den Postmeister zu grüßen, der ihr Nicken beklommen erwiderte.

«Noch keine vierzig», flüsterte die Nachbarin, «schon zweimal geschnitten.» Sie fasste sich selbst an die Brust, «hoffentlich hatte der Doktor eine gute Nachricht für sie.»

Frau Milow nahm flüchtig die Frau im Pelz wahr. Die Gräfin versuchte, so bestärkend zu blicken, wie es ihr möglich war. Die Kinder waren verstummt. Jemand hielt der Frau des Organisten die Tür auf.

Nur allmählich, aber mit einem Schatten mehr auf der Seele, widmete sich jeder wieder seiner Belange.

«Die Kutsche nach Großenhain!», rief der Postmeister durch den Saal. «Allez hopp, Mesdames und Señores», brachte er die Reisenden auf Trab. Einige erhoben sich, streckten sich, auch der Herr mit der Kaktee wollte Richtung Großenhain.

Die Gräfin spähte nach Barnhelm und dem Leutnant. Die Kammerfrau hätte ihr eigentlich unentwegt zu Diensten sein müssen; der Unschuld vom Lande – falls sie denn wirklich so arglos war – fehlte noch der Schliff. Bei Hofe wäre Luise von Barnhelm nach einem Tag mit Patzern zur Zofe der Gattin des Geschirraufsehers herabgestuft worden. Und wo blieb ihr Begleitschutz Marwitz? Der schöne Mann begeisterte sich für die Juwelen im Grünen Gewölbe und jubelnde Poesie und war womöglich – wie sollte man sagen? – zu delikat für eine epochale Tat. Kein Wunder, dass der Preußenkönig und sein Bruder ihren gelegentlichen Gespielen nicht zum Obristen, gar mit Stimme im Generalstab, befördert hatten. Ihr Krieg wäre schon vor dem Überfall verloren gewesen. Egal, erwog die Gräfin, mit den beiden war sie wenigstens nicht allein. Und Marwitz hatte Pistolen bei sich.

Die Luft war stickig, roch nach Ausdünstungen und Kampfer aus der Arztstube.

Ihre Beine waren eingeschlafen, sie erhob sich und wurde wieder gemustert. «Und wohin geht's bei Ihnen mit Johann?», fragte sie nun die Mutter mit dem Kleinen auf dem Schoß.

«Nirgendwohin, Madame.»

«Nanu.»

«Wenn wir hier sitzen, muss ich nicht heizen. Und es ist immer was los.»

«C'est vrai. En effet.»

Ein Mädchen trat ein. Mit einem Korb am Arm machte die hübsche Person langsam die Runde. Sie bot Gebäck und Bier aus Krug und Bechern an. «Bitte keine neue schlechte Münze.» Einige Wartende suchten in ihren Börsen. Andere winkten bedauernd ab. «Der verfluchte Krieg macht alles zu teuer.» «Die Großen schlagen sich, und wir zahlen», hörte man. «Das große Elend wird erst noch kommen.» Der Korb der Händlerin leerte sich kaum. Den Kindern, die auf dem Boden spielten, schenkte sie zwei Quarkröllchen. «Gerecht aufteilen.»

Die Reichsgräfin von Brühl, alias Clam-Gallas, war zunehmend irritiert. Die junge Frau kam ihr bekannt vor. Auf unheimliche Weise. Ja, sie hatte sie schon oft in der königlichen Galerie gesehen, und sie liebte die schlichte, doch selbstgewisse Gestalt über die Maßen. Bis auf die blassrote Haube, die in Dresden eher rosafarben war, und das Tablett in der Hand stimmte zwischen der Meißnerin und Liotards *Mädchen mit der Schokoladentasse* alles überein. Sogar der cremefarbene Schuh.

Marianne von Brühl wurde schwindlig. Wirklichkeit und Schimären vermischten sich.

Stauchitz

«Der Boden braucht Frost. Der Winter ist viel zu warm.»

«Das kann noch umschlagen. Ich spür's im Finger.» Wie zum Beweis zeigte ein Herr einem anderen Reisenden seine rechte Hand. Vom Ringfinger war ihm nur ein offenbar wetterfühliger Stumpf geblieben.

Meißen ade.

Um die Trittleiter drängten sich die Passagiere.

Nun waren für Fracht und Gewicht vier Pferde vorgespannt. Klug waren vor die gemieteten Kaltblüter zwei schnellere Poströsser angeschirrt, die so das Tempo vorgeben konnten, falls die schwereren Zugtiere sich darauf einlassen würden.

«Nach Ihnen.»

«Ich rutsche hinten rein.»

«Die Tasche nehme ich auf den Schoß.»

Die Fuhre war mit acht Personen ausgebucht, und auf den beiden Bänken wurde es eng. Auf zwei Plätze rutschte das Freundespaar mit den blau-rot gestreiften Strümpfen. Neben sie platzierten sich eine Frau mittleren Alters und der Mann mit den neuneinhalb Fingern. Auf das Sitzbrett gegenüber kletterte ein weiterer junger Mann über Beine und Handgepäck hinweg. Die Brühl-Gesellschaft wartete bis zum Schluss. Zuerst Barnhelm, sodann die Gräfin Clam-Gallas, schließlich Marwitz stiegen in das Gefährt. Der preußische Offizier wurde feindselig beäugt oder höflich geduldet. Sein offen wallender Haarzopf anstatt des gewickelten Mäuseschwanzes lenkte ein wenig von seiner adeligen Mitreisenden ab, die ihre Hände im Muff vergrub.

«Alle nach Stauchitz?», erkundigte sich der Wetterprophet im Kreis.

«Ja.»

«Nein, nach Moskau», lachte ihm zur Seite die Frau. Angesichts der Strecke war die Frage tatsächlich ebenso freundlich wie unsinnig gewesen.

«Sie brauchen gar nicht bis nach Moskau», erwiderte er, «um Räubern in die Hände zu fallen. Auch hier sind wieder Banden unterwegs. Deserteure, Landstreicher. Und es bleibt nicht bei Mundraub und Plündern. Bei Torgau haben sie einen Kutscher totgeschlagen.»

«Jetzt ist aber genug», wünschte der junge Mann in der Ecke.

«Der Krieg», bekam er zur Antwort.

Ins betretene Schweigen tönte das Hornsignal. Die kurze Melodie klang anders als zuvor. Durch ein paar Töne mehr erfuhr jeder, dass die Post sich vierspännig auf den Weg machte.

Der Peitschenknall verhallte.

Es ruckte.

Man versuchte, weniger auf Tuchfühlung zu sitzen.

Aus einem Impuls heraus legte Fräulein von Barnhelm Frau von Brühl kurz die Hand auf den Arm. Die junge Frau ahnte, in welchen Abgrund, in welche verwirrende Lage die Gattin des Ministers geraten war. Bis vor Kurzem Empfänge, Bälle, ein Palais mit Zimmerfluchten, Zofen, die Hauspantoffeln brachten, Lakaien, die Türflügel öffneten, Besucher aus aller Herren Länder und nun ein Korbwagen mit luftiger Plane, in dem es Schulter an Schulter rumpelnd einem Kaff oder einem Überfall entgegenging. Je vornehmer der Stand und das Dasein, desto tiefer der Absturz, der mögliche.

«Merci. Ist schon gut, mein Kind», dankte die Brühl ihrer Kammerfrau. «Ihre Treue will ich belohnen, sobald es wieder möglich ist.»

Dagegen hatte Barnhelm nichts.

Das Elbtal blieb im Osten zurück.

Die Landschaft wurde flacher. Der Himmel klarte nicht auf. Die Fahrbahn blieb breit, wurde aber einspurig. Ab jetzt würde es mit Überholmanövern und Gegenverkehr schwierig werden. Links und rechts des Wagens begannen sich die Äcker von Rittergütern auszudehnen. Oft bis zum Horizont. Ein paar Bauernkaten mit Strohdach belebten die bräunliche Weite. Hinter Lattenzäunen ruhten die Gärten. Misthaufen dampften. Eine krumme Gestalt schleppte von einem Ziehbrunnen einen Eimer zu einer Stallung. Ein Kind versuchte, ein Schwein wieder in den Koben zu bugsieren. Sonnenblumen standen dürr im Grau. Nur einzelne Bäume, wenig Wald, kaum Gehölz waren weit und breit sichtbar. Wie auch? In dieser Zeit der Holznot. Die Preise für Bauholz, für Brennholz, für das Urmaterial, das jeder immer für alles brauchte, waren lange vor dem Krieg ins Schwindelerregende gestiegen. Landauf, landab, hier sah man das Ergebnis, war gefällt und abgeholzt worden, dass nur noch Restbestände blieben. Nicht nur Deutschland schien allmählich zur Steppe zu werden. Die Seemächte, die Niederlande, England, führten Kriege, eroberten ferne Länder, um an das kostbare Gut für ihre Flotten, Planken, Ruder und Mastbäume zu kommen. Doch auch hierzulande; wen Waldhüter beim streng verbotenen Sammeln von Geäst, ja Tannenzapfen erwischten, dem drohten für den Waldfrevel fast ebenso harte Strafen wie Wilddieben. Und wie ginge es mit dem Wild ohne Wald weiter? Wo ganze Landschaften gerodet wurden, dort glichen letzte Bergwälder, Haine in Flussauen, die Forste der Gutsbesitzer und Fürsten oder eine Parkallee einem kostbaren Schatz.

Über den Ackerweiten stiegen Krähen auf.

Marwitz dachte an seine Eltern und wie sie sich in ihrem bescheidenen brandenburgischen Speisezimmer an den Mittagstisch setzten, wo ihnen der invalide Diener Justus die Suppe auftrug. Nach dem Tischgebet würde nicht weiter gesprochen werden. Sosehr er seine Eltern auch achtete, sogar liebte, es war gut, dass er fort war. Wenn sie von seinem Verhältnis zu den königlichen Brüdern erfahren würden – falls dem nicht schon so war –, würden sie es sich nicht vorstellen können und nie glauben wollen. Als bürgerlicher Sodomiter drohte ihm vielerorts der Scheiterhaufen, bei einem Spross aus adeligem Hause, wenn auch nur Landadel, mischte sich die Gerichtsbarkeit nur selten ein und scheute Skandale, schon gar, wenn sie mit Potsdam zu tun hatten. Das war vorteilhaft.

Das allgemeine Schweigen schien anzustrengen. Einer der beiden jungen Herren mit den bunten Strümpfen beugte sich leicht vor: «Übrigens, gestatten, Johann und Max Gutbrod», stellte er sich und somit wohl seinen Bruder, wenn nicht sogar Zwilling vor. «Angenehm», die Frau mit rosigem Gesicht neben ihnen folgte: «Herzwind, Gertrud, Braumeistergattin.» Sie behielt ihre Reisetasche auf dem Schoß. «Szymanski», stellte sich der Mann mit der verstümmelten Hand, Marwitz gegenüber, kurz vor, «Gottlieb Szymanski aus Schandau.» Die anderen nickten jeweils. Der Jüngling neben Barnhelm hatte an den Fingernägeln gekaut und wirkte etwas gehemmt: «Sebastian Haffner, Studiosus.» «Ah, die gelehrte Zukunft», lobte Frau Herzwind. – «Von Barnhelm.» – «Clam-Gallas.» – «Von der Marwitz.» Der Adel absolvierte die Vorstellung knapp. «Ja, ja, die Extrapost verkehrt nicht mehr», erkannte Herr Szymanski. Andernfalls hätte sich die Noblesse wohl kaum zum gemeinen Volk in die Ordinäre Kutsche gezwängt. Viele Blicke blieben immer wieder am preußischen Leutnant haften, der inmitten der Unterworfenen nach Stauchitz fuhr. «Keine Angst, ich erschieße niemanden», bereitete Marwitz manchen Spekulationen ein Ende, «ich fahre nur von A nach B. Und meine Großmutter mütterlicherseits war Sächsin aus Hoyerswerda.»

«So sind wir denn doch ein Deutschland», bemerkte Herr Szymanski. Ihm selbst fiel auf, dass es wohl eine neuere Sitte war, die Auskunft eines Adligen ungefragt zu kommentieren. Noch in seiner Kindheit hätte es als vorlaut, gar unverfroren gegolten, und ein Offizier blauen Bluts hätte ihm einfach eine Ohrfeige verpassen können. Die Standesgrenzen wurden porös. Warum? Weil man sich nicht über Jahrhunderte völlig starr voneinander abgrenzen konnte? Das allgemein Menschliche, was auch immer das war, schien doch zunehmend zu verbinden. Vielleicht wurde der Adel auch seines Stolzes und seiner Abschottung müde und wollte um eine Nuance behaglicher leben, an der Regsamkeit, auch der geistigen, der bürgerlichen Gesellschaft teilhaben.

Die Braumeistergattin Herzwind lugte hin und wieder zum schönen Offizier mit dem Lockenzopf hinüber, und ihre Wangen wurden noch rosiger.

«Manchmal bin ich freundlich», murmelte Marwitz am Fenster, «nur weil ich fürchte, dass man unfreundlich zu mir sein könnte.» Die Übrigen waren von der Offenheit des Helden überrascht und sannen mit ihm nach.

Die Köpfe der Zwillinge schaukelten im unregelmäßigen Takt. Beide hielten den wissbegierigen Blicken nicht länger stand und erklärten: «Wir haben in Freiberg Bergbau studiert.» «Gesteinskunde, Pumptechnik, Grubensicherung.» Beide wechselten sich beim Sprechen ab. «Seit dem Einmarsch liegt der Bergbau brach.» «Schlimm. Viele Fachleute sind geflohen, haben das Land verlassen.» «Wir gehen nach England!» «In England ist die Wirtschaft im mächtigen Aufschwung. Dort dampft und hämmert es an den Gruben.» «Kohle ist das neue Gold. Die Zukunft liegt in England.» Das verstand Frau Herzwind nicht vollständig, aber sie nickte betrübt, dann aufmunternd; zwei junge Kapazitäten, die der Heimat den Rücken kehrten. Das war traurig. «Und sie haben keine Zollgrenzen in England», schob einer der Gutbrods nach, «sie können mit schneller Post vom Norden bis nach London fahren, ohne unterwegs kontrolliert zu werden, Geld umzurechnen, wie zwischen Sachsen und Sachsen-Weimar, ohne sich dauernd zwischen Wachen und Soldaten wegzuducken.» «In England ist alles flott», ergänzte Bruder Max, «Gewerbe und Leben sind nicht gehemmt, das Land floriert, und alles geht ins Große.» «Ja, aus der Kleinstaaterei hinaus zur Weltmacht. Dort wird man uns brauchen.»

«Glückauf, wünscht man dann wohl!», rief Herr Szymanski vom anderen Ende der Sitzbank. Es war beschämend, von einer Rückständigkeit, der Kleinkariertheit des eigenen Landes zu hören, in dem ein paar Fürsten ihre Untertanen sich gegenseitig abschlachten ließen.

Die Räder knirschten durch Sand.

In der Ferne tauchte ein Gutshof auf, mit schönem Mittelbau und zwei Seitenflügeln. Große Scheunen und Stallungen gruppierten sich um das Herrenhaus. Auch Wald erstreckte sich auf dem Besitz.

Keineswegs abweisend, aber einigermaßen unnahbar schaukelte die vermeintliche Frau von Clam-Gallas auf ihrem Sitz. Sie blickte freundlich, doch Herr Szymanski hätte es niemals gewagt, die Dame im Zobel zu fragen, ob sie eine Kusine besuchen wolle, ob sie den Leutnant schon länger kenne, wie es ihr im ersten Kriegswinter ergangen sei? Majestät, eine unklare, strahlte die Clam-Gallas aus. Was sie nicht selbst offenbaren wollte, würde man von ihr nicht erfahren. Als die Mitreisende ihre Hand kurz aus dem Muff zog, nahmen alle einen kostbaren Ring am Handschuhfinger wahr. Mitunter arbeiteten solche Damen – und einige andere im Land – auch dem Preußenkönig zu, sahen ihn als eine Art von Befreier von Misswirtschaften, von sächsischem dolce far niente, jemanden, der Gewissenhaftigkeit und Ordnung brächte. Fritz hatte seine Parteigänger, Spione, Saboteure im Land, die er entlohnte, mit sächsischer Beute.

Die Clam-Gallas, ein Eiszapfen mit dunklen Ringellocken um die Wangen mit Rouge.

Die Brühl-Gruppe kannte ihn, die anderen noch nicht. Neben dem Wagenfenster erschien der Wandergeselle, den man vor Stunden schon einmal mühsam überholt hatte. Er grüßte in den Wagen, und es war nicht ausgemacht, ob Fuhrwerk oder Marschierer zuerst Stauchitz erreichen würden.

In das Schweigen, das Knarren des Gefährts und Mahlen der Räder schob sich plötzlich ein Summen, das lauter wurde. Die Braumeisterin schien mit den Gedanken woanders zu sein. Sie saß frohgemut da und begleitete die muntere Melodie, die ihr entschlüpfte, mit dem Wippen des Kopfs: «Wir gehn nun, wo der Dudel-Dudelsack in unsrer Schenke brummt… der Dudel-Dudelsack in unsrer Schenke brummt… Wir gehn nun, wo der Dudel-Dudelsack…»

Man fixierte, beobachtete Frau Herzwind. Sie ließ nicht ab. «Der Dudel-Dudelsack.» Die hüpfende Melodie, wie ein Bauerntanz, ging ins Blut. Auch Barnhelm musste sich bemühen, nicht mit einzustimmen. Nach einem weiteren «In unsrer Schenke brummt» fasste sich Frau Herzwind auf den Mund und schaute sich betreten um. Alle starrten sie an. Die wohlgenährte Frau räusperte sich.

«Entschuldigen Sie, ich werde das Lied nicht mehr los. Schon seit Monaten.» Weshalb sie sich ausgerechnet an die Gräfin wandte, war unklar, vielleicht empfand sie sie als Respektsperson. «Es wurde auf einem Dorffest gesungen, zu dem mein Mann das Bier lieferte. Wir feierten mit, im Sommer vor dem Einmarsch. Der Gutsherr, Herr von Dieskau, ließ eine Bauernkantate aufführen, mit kleinem Orchester und Sängern, und seitdem hab ich den Dudelsack im Kopf.»

«Ich jetzt auch», sagte einer der Gutbrods.

«Ein Ohrwurm», bestätigte sein Bruder und hub nun auch an: «Wo der Dudel-Dudelsack in unsrer Schenke brummt.»

«Furchtbar, nicht wahr», klagte die Braugattin. «Mit dem Lied werde ich noch ins Grab fahren. Mein Mann trällert es auch.»

«Dann leben Sie jetzt in einem Dudelsackhaus?», fragte Szymanski aus Schandau.

Frau Herzwind bejahte.

«Mesdames, Messieurs, die Zeit ist voller Sorgen, der Tanz in der Schenke wird warten müssen.» Vor allem ein Blick der Gräfin im Zobel sorgte dafür, dass niemand im Vierspänner auf den Gedanken kam, den absurden Singsang anzustimmen. Es herrschte nun wieder Ruhe, wenn man es so nennen wollte. Mit gefährlichem Quietschen schwenkte der Wagen an den Rand des Fahrdamms, der Wandergeselle sprang beiseite. Pferde näherten sich in donnerndem Galopp. Boden und Gefährt bebten. In glänzendem Kürass, mit kurzem Umhang und Säbel im Schabrackenschaft sprengte eine Schwadron preußischer Husaren in Richtung Elbe vorbei.

«Donnerwetter», befand Herr Szymanski, «den Kerls des großen Königs wird keiner Paroli bieten.»

Staub wirbelte auf.

Gottlieb Szymanski umfasste seine verstümmelte Hand und verzog das Gesicht. «Der Wetterumschwung kommt. Schnee. Schnee und Räuber.»

«Vor Stauchitz nicht», behauptete Frau Herzwind.

«Ihre Pistolen, Marwitz?», erkundigte sich die Gräfin leise beim Leutnant.

«Griffbereit im Gepäck», flüsterte er zurück.

Die Auskunft war nur teilweise beruhigend. Sollte man bei einem Überfall die Banditen zuerst bitten, selbst die Fracht öffnen zu dürfen?

Allerdings hatten Kutscher und Postillon auf dem Bock wahrscheinlich stets eine Waffe zur Hand.

Gut eine Meile hatte man gewiss zurückgelegt. Als blasser Umriss blieb der Meißner Dom zu erkennen.

Gottlieb Szymanski nickte ein. Das bedrohliche Schnarchen wurde durch eine Furche unter den Rädern beendet. Der Gräfin erschien es unziemlich, dass ihre Kammerfrau quasi Bein an Bein neben dem Studenten saß. Mochte dieser Sebastian Haffner auch schmächtig und pickelig im Gesicht sein, zwischen jungen Leuten beiderlei Geschlechts hatten eine Anstandsdame, ein Onkel oder irgendwer zu sitzen, die jegliche Fühlungnahme gründlich störten.

Eine Windmühle brachte Abwechslung in der Landschaft. Ihre Flügel ruhten jedoch. Getreide war im Herbst gemahlen worden. Zwei der Flügel am Horizont standen senkrecht. Marianne von Brühl versuchte, sich zu erinnern. Bei einem Gespräch mit Marschall Rutowski hatte sie erfahren, dass die Stellung der Flügel ein Geheimcode sein konnte, der von Mühle zu Mühle eine Nachricht signalisierte: Der Feind rückt vor. Der Feind zieht sich zurück. Er schlägt ein Feldlager auf. Sah sie eine Flügelbotschaft und erkannte sie nicht? Doch für Sachsen war es nun ohnehin zu spät. Es sei denn, ein Widerstand gegen die Okkupanten formierte sich.

Wo und wie würde übernachtet werden? Auf ihren früheren Reisen zur Leipziger Messe im Tross des Hofs mit gut und gerne fünfzig, sechzig Karossen war die Nacht durchgefahren worden. Wie ein endloses Band von Licht hatten die Fackeln der Läufer links und rechts der Karawane Fahrweg und Land erhellt. Kein Postillon hatte ins Horn geblasen. Eine Trompetenfanfare hatte das Nahen und die Durchfahrt des Kurfürsten-Königs und der Entourage signalisiert. Schon lange davor waren ganze Koppeln guter Pferde zum raschen Wechsel an die Strecke verbracht worden. Nur dem Gespann des Monarchen stand der weiße Federbusch zu.

Der Student zog ein Büchlein aus seiner Umhängetasche. Die kleinen Quartbände in robustem Schweinsleder waren praktisch. Der junge Mann schlug das Buch auf und las. Als hätte er einen Befehl erteilt oder eine Eingebung verbreitet, griffen auf einen Schlag auch Johann und Max Gutbrod in ihre Rocktaschen und zogen ihre Bände heraus. Herr Szymanski folgte im selben Moment. Und nach einem Stöhnen kramte Frau Herzlieb in der Tasche auf ihrem Schoß und schlug einen illustrierten Almanach auf, *Wohlweisliches führ Hauß und Gartten nebst manch Ergötzlichem führ den Ehestand*, wie auf dem Titelkupfer zu lesen war.

Der Adel saß ein wenig düpiert da. Rundum herrschte Bibliotheksatmosphäre, man selbst fand geistige Abwechslung bestenfalls im eigenen Kopf. Aber Marwitz träumte sichtlich gerne. «Haben wir nichts dabei?», fragte die Gräfin leise nach rechts. «Nur dies», Barnhelm zog ihre eigene Lektüre aus einer Kleidertasche unter dem Mantel hervor, «Gellert und Gottsched sind in der Kiste.»

«Das kommt mir nicht wieder vor», wies die Gräfin ihre Kammerfrau recht harsch zurecht. «Soll ich jetzt Hasses *Verlassene Dido* vor mich hin singen?»

Barnhelm wollte ihr den Gedichtband überlassen, Frau von Brühl lehnte großzügig ab.

«Ah», entschlüpfte es dem Studenten beim Lesen mehrmals begeistert, «die Alpen, die Gletscher, die Freiheit.»

Haffner gegenüber benahm sich der junge Geologe und Auswanderer Johann Gutbrod auffälliger. Neben seinem Bruder war er ins Kichern geraten. Frau von Brühl nahm das Verhalten befremdet wahr. «Nein», Johann Gutbrod schlug sich nun sogar lachend aufs Knie. Was schmökerte er denn nur? «Nein, er ist doch wirklich der Größte, unschlagbar, mit dem eleganten Witz bringt er alles Morsche zum Einsturz.» «Ach, Voltaire … Schau mal, Max, jetzt ist seine Prinzessin von Babylon auf ihrer Reise um die Welt bei den Engländern eingetroffen. Und wem begegnet sie da?»

«Ich weiß nicht», der Bruder zuckte die Achseln. Johann hielt ihm das Buch hin, in dem er gelesen hatte, und deutete rasch auf die Stelle. «Den Mylord What's then.»

«Whatwas?»

«Und der preist das englische System an. Sie hätten zwei Parteien, sagt er, die Tory Party und die andere, die sich beide fortwährend bekämpfen würden.»

«Das ist doch nicht schön, Johann.»

«Aber pass auf. Diese Parteien, erklärt der Lord der Babylonierin, überwachen sich gegenseitig, und eine hindert die andere daran, die Gesetze zu verletzen. Sie hassen sich, aber sie lieben den Staat. Sie wären zwei eifersüchtige Liebhaber, die der gleichen Geliebten um die Wette dienen.»

«Wir werden es erleben, Johann.»

Max vertiefte sich wieder in die eigene Lektüre, die ihn auch auf seine Zukunft in England einstimmen sollte. Seine Stirn lag in Falten. Aus den Augenwinkeln musterte die Reichsgräfin das Exemplar. *Henry Fielding, The history of Tom Jones, A Foundling*. Ab und zu lachte auch Max Gutbrod über dem Lederband auf, mitunter schmunzelte er bloß leise vor sich hin. Aber am häufigsten blätterte er im Wörterbuch und suchte nach Vokabeln.

Haffner hatte sich in seiner Ecke vergraben. Die Gräfin versuchte, auch den Titel seines Bandes erhaschen zu können, was ihr nicht gelang. Sie hätte den Burschen schon fragen müssen. Aber das kam ihr dann doch unpassend vor. Mit einem leisen Seufzen lehnte sie sich zurück an Korbwand und Planengerüst.

«Sehen Sie Stauchitz schon?», fragte Barnhelm den Leutnant. Der streckte den Kopf hinaus. «Da kommt ein Ort, aber ich weiß nicht, welcher.»

Herr Szymanski spitzte die Lippen und wiegte den Kopf über seiner Flugschrift. Solches Gehabe entging natürlich niemandem. «Was denn?» Frau Herzlieb war zu neugierig.

«Das ist ganz großartig, das hat Feuer.» Unter der zerbrochenen Tonpfeife im Wagengeflecht hielt er die Blätter hoch, die er vorm Einsteigen in Meißen bei einem Buchhändler erworben hatte: «Gleim!»

«Neue Gedichte? Wunderbar. Ludwig Wilhelm Gleim schreibt die schönsten Aufforderungen zu Tanz, Gesang, zum Lieben und zum Prosten.»

«Sie kommen mir manchmal entschieden zu beschwingt vor, liebe Barnhelm», rügte die Gräfin, «aber ich weiß ja nicht, wie man auf thüringischen Landgütern lebt.»

«Ach, Madame, an Gleim hat jeder seine Freude.»

«Der zarte Gleim in Halberstadt hat kräftig die Gesinnung gewechselt. Er hat das Schäferkostüm abgestreift und den Brustpanzer angelegt.» Gottlieb Szymanski tippte beinahe triumphierend auf sein Druckerzeugnis aus Berlin. «Wer Friedrich liebt, wer seinen Heldenmut bewundert –»

Der Schandauer ließ die Maske fallen. Die Gräfin musste mit äußerster Mühe gleichmütig wirken.

«Wer also sieht, wie der große Friedrich sich gegen eine Welt von Feinden stemmt, wie er mit seinen Mannen», er wandte sich direkt an Marwitz, «Zucht und Schwung ins schläfrige Deutschland bringt, wie er Deutschlands Waffen wieder Geltung verschafft, die Franzmänner, die Österreicher und Russen das Fürchten lehrt, der möchte – sogar wenn er nicht singen kann – in Gleims preußische Grenadierlieder einstimmen. Hier dichtet kein Weichling mehr, sondern ein Kämpfer. Hier scheut ein Dichter weder Blut noch Tod. Gleim ist nun die Stimme des glorreichen Preußens, was Szymanski zu unterstreichen suchte:

Scheut eine Kriegsmuse, die den Held
So tief in seine Schlacht begleitete,
Mit ihm auf Leichen unerschrocken ging,
Wie Engel in Gewittern gehen,
Ihn einzuholen, wo er war, zu sein,
Zu forschen seine Taten überall,
Von Leich auf Leiche große Schritte tat,
Scheut eine solche Muse Blut zu sehn?»

«O Gott, Leich auf Leiche», Frau Herzlieb gefiel die neueste preußische Poesie nicht. Und Marwitz auch nicht.

Alles im Wagen hatte nun eine andere Wendung genommen.

«Von Ludwig Gleim stammt das? Soldaten wie Engel im Gewitter?», Luise von Barnhelm war entsetzt. «Engel stoßen nicht mit dem Bajonett zu.»

Mit einem Finger meldete sich einer der Gutbrods zu Wort: «Wer liebte nicht Gleim? Aber der Mann ist ein Wendehals. Das spürt man doch. Und Gleim wird nicht der Einzige sein, der sich an den Sieger hängt. Der Sieger steht immer im Licht. Und von seinem Licht bekommen auch seine Schmeichler einen Funken ab. Der Verlierer bleibt im Dunkeln. Und wie erregend für einen Poeten und Untertan», fuhr der Zwilling hitzig fort, «in seinem sicheren Stübchen jetzt die Trommel zu schlagen und Menschenblut fließen zu lassen. Vielleicht ist es sogar ein Auftragswerk Friedrichs. Er versteht sich auf Eigenlob. Seinen Beinamen *der Große* hat er über Breslauer Zeitungen in die Welt setzen lassen.»

Das wollte Herr Szymanski nicht hören: «Gleim ist ein Patriot. Er erweckt das Vaterland neu. Er ruft zum Opfergang für das Vaterland auf.»

«Welches Vaterland?», verwahrte sich der andere Gutbrod, «das preußische? Das ist nicht mein Deutschland.»

«Preußen wird Deutschland sein!»

«Gott bewahre», rief Frau Herzlieb aus, «dann muss ich auch noch strammstehen!»

«Ein starkes Vaterland. Wehrhaft. Mit unbestechlichen Beamten und ohne Prassen und Vetternwirtschaft an überflüssigen Höfen. Wie in Dresden!»

Gräfin Brühl wurde fast ohnmächtig vor Ohnmacht.

«Mit Friedrich kommen das Licht, die Klarheit und die Einheit. Jeder darf bei ihm nach seiner Façon selig werden, Gott, Jehova und Allah anbeten. Er ist, wie er sagte, der erste Diener seines Staates. Und nicht dessen erster Blutsauger.»

«Das vielleicht doch.»

«Er hat die Folter abgeschafft.»

«In Sachsen wird noch gefoltert?», fragte die Barnhelm die Gräfin.

«Ich glaube, selten.»

«Gleims Flugschrift sollte überall ausliegen», insistierte Herr Szymanski, «durchs Bittere zu den Sternen. Die Toten von heute weisen den Weg ins Morgen. Wir brauchen kein zerstückeltes, wirres Heiliges Römisches Reich Deutscher Nation mehr, mit einem halb fremdländischen Kaiserpaar im fernen Schönbrunn, sondern ein preußisches Deutschland, ja vielleicht mit einem Kaiser in Berlin. Dann sind wir unbezwinglich, und alles kann erblühen.»

Marwitz wischte sich mit der Handkante etwas Hereingewehtes vom Uniformärmel und beugte sich vor: «Wissen Sie, woher der ganze Trubel kommt?»

«Welcher Trubel?»

«Der Krieg. Friedrich hat nichts zu tun.»

«Wie bitte?», empörte sich der Schandauer.

«Seine Frau lebt vom Hof verbannt. Er hat keine Kinder. Friedrich erfüllt nicht die oberste Pflicht eines Monarchen, für einen Thronfolger zu sorgen. Er ist ein Einzelgänger, und der Ruhm ist sein Kind. Ich führe Krieg, ich werde gefürchtet, ich bringe die Welt durcheinander, also bin ich. Das könnte seine Devise sein. Kriegsruhm, statt kinderloser Herrscher in einem von vielen Staatswesen zu sein. Denken Sie einmal darüber nach. Nachdem er sich genug mit der Musik und der französischen Literatur beschäftigt hat, füllt er seine Zeit mit Feldzügen aus. Und wer einmal raubt, wird es wieder tun. Ruhm, mag er noch so verheerend sein, macht unersättlich. Das ist alles, denke ich mir manchmal.»

«Ich muss doch dringlich bitten, Sie sind sein Offizier», verwahrte sich Herr Szymanski. «Kennen Sie ihn denn so gut?»

«Leidlich», erwiderte Marwitz. «Er ist ein Glücksspieler gegen den Rest der Welt. Und was nach ihm aus Preußen werden wird, ich glaube, das ist ihm egal.»

«Was für ein schwarzes Bild», fand Barnhelm. Marwitz zuckte die Achseln. «Solange Alleinherrscher bestimmen, sind wir von ihren Befindlichkeiten, ihrem Stolz und ihrem Eigensinn abhängig.»

Die Gutbrods nickten. «England. Dort entscheidet das Parlament.»

Der Leutnant hob die Augenbrauen.

Szymanski grollte. Der Preuße war gar nicht nach seinem Geschmack. Das Haar hätte fest gewickelt sein müssen.

In ihrer tiefen Erregung über den Lobsang auf Friedrich und den Disput hatte Marianne von Brühl ihre Hände aus dem Muff gezogen. Zwischen ihren Fingern glänzte ein bläuliches Fläschchen.

«Recht so, Madame. Ein Schlückchen Likör oder Schnaps für unterwegs», bemerkte Herr Szymanski allzu persönlich und hätte womöglich gerne eine Kostprobe angeboten bekommen.

Die Reichsgräfin von Brühl schob die Hände wieder in den Pelz. «Ein sizilianisches Parfüm. Wirkungsvoll bis zum letzten Atemzug.»

Die Gutbrods schlugen die Beine übereinander.

Am Kamin

Das Wintergrau verschluckte die Horizonte.

Der Wagen holperte über die Bohlen einer Holzbrücke.

Noch einmal wurden alle kräftig durchgerüttelt.

Das Signal vom Bock verhieß Stauchitz.

Zwischen einer Ansammlung geduckter Häuser erhob sich stattlich die Station mit ihren Nebengebäuden. Kein Postbursche war zur Stelle, um das Trittbrett vor den Schlag zu stellen. Die Herren halfen den Damen aus dem Wagen. Alle bewegten sich leicht benommen und steif. Einer nach dem anderen streckte und rekelte sich im Dunst, atmete durch. Marwitz schien sich an seinem Degen festzuhalten. Sicher lagerten hinten unter der Plane Kästen und Taschen. Der Student preschte zum Bretterverschlag und zog die Tür mit dem Herzloch allerdings nicht völlig zu. Dem Matsch war nicht zu entkommen, Schuhe und Stiefel, die Säume von Mänteln und Röcken wurden schmutzig. Ein untersetzter Mann mit bulligem Kopf kam auf die Reisenden zu und klatschte in die Hände: «Sie sind spät. Wer in Richtung Berlin will, schnell, schnell. Die Fuhre wartet.» Vor der Station scharrten Pferde. Auf dem Bock saß niemand. Die Zügel des Vierergespanns in Richtung Brandenburg hatte ein Reiter auf einem der beiden hinteren Rösser gefasst. In der anderen Hand hielt er die Peitsche. Grußlos marschierte Herr Szymanski mit Handgepäck zu seinem Anschluss davon. Vor dem Postmeister lüftete er den Dreispitz und bestieg das andere Gefährt. Der Meisterlenker in Uniform und Stulpenstiefeln blies obendrein das Horn. Die Räder mit roten Speichen setzten sich in Bewegung.

«Unhöflich», bemerkte Marwitz ziemlich laut. «Wer war er eigentlich?»

«Sie können sich drinnen aufwärmen.» Der Postmeister wies den Weg zum Eingang und merkte an: «Er kommt bald jede Woche durch und steigt um. Soweit ich weiß, sächsischer Armeelieferant. Jetzt preußischer.»

«Ah, deswegen liebt er Gleim und den Tod fürs Vaterland.» Barnhelm hatte ihren Korb unter dem Sitz vergessen und zog ihn heraus.

Der Postmeister wandte sich ab.

Stauchitz mochte in wüster Gegend liegen, doch kreuzten sich hier offenbar etliche Routen. Ein dreckbespritzter Kurier trabte heran. Aus dem Sattel heraus reichte er aus seiner mit einem Wappen verzierten Tasche dem Stationsvorsteher einen Packen Eilbriefe, machte kehrt und ritt die Chaussee wieder davon. Kaum war er fort, trat ein hagerer Mann mit verwehtem grauem Haar und in verschlissener Joppe neben den Postmeister. Der sortierte dem Alten einige der Schreiben in die Hand und gab Anweisungen. «Nach Lommatzsch … Das hier zum Rittergut Ostrau … Döbeln schaffst du auch noch, Hermann.» Der ausgezehrte Alte verstaute die versiegelten Sendungen in seinem Felleisen und entfernte sich rasch.

«Immer viel abzufertigen.» Der Postmeister spähte zum Himmel hinauf. «Schnee.» Das gefiel ihm nicht. «Die Fahrpost, die Reitpost, dann unser Hermann mit der Fußpost. Das soll nahtlos Hand in Hand gehen.» Er ging den Ankömmlingen zur Station voraus. «Hermann Viet ist einer unserer bewährtesten Zusteller», sagte er. «Er marschiert die Strecke bis nach Döbeln und wieder zurück seit sechzig Jahren.»

«Dann ist der Mann ja über siebzig», Frau Herzwind konnte es nicht glauben.

«Demnächst achtzig. Jeden Tag zehn Stunden unterwegs bei Wind und Wetter. Das hält rege. Hermann ist hierzulande längst eine Legende.»

«Was macht er sonst?», wollte Gertrud Herzwind wissen und umrundete eine Pfütze.

«Nichts. Er klappert die Käffer und Güter ab und schläft hier. Er kennt jeden Grashalm, und jeder Hase kennt ihn. Schon Viets Vater war Bote. Nach drei Tagen unter einem Dach würde er trübsinnig werden. Man sollte ihm mal einen Orden verleihen, wenn es für Postgänger einen gäbe.»

Von der Schwelle aus sah man die Legende zwischen Weidenbäumen auf einem Pfad verschwinden. Student Haffner trat entspannt aus dem Abort und gürtete sich die Hose. Nun stellten sich andere Reisende an.

«Ich pinkele manchmal auf Vorrat», bemerkte einer der Gutbrods zu Marwitz. Der verstand nicht ganz.

«Im Voraus», wurde dem Leutnant erklärt, «so gut es geht.»

Die Gräfin zog Barnhelm ein Stück von den Männern weg.

Zwei Hunde streunten über den Vorplatz.

Die Hände konnte man sich in einer Schüssel waschen. Reste einer Eisschicht schwammen im trüben Nass.

Marwitz zog eine Flasche Kölnisch Wasser aus seiner Patronentasche: «Bitte, wer dann will.»

Ruhe kehrte auf dem Vorplatz ein.

Unter einem Vordach überwinterte ein Heuwagen.

Die Tür des Stationsbaus verhieß Wärme. Sie war schwer, und es brauchte einige Kraft. Auch um sie wieder zu schließen.

Der saalartige Warteraum ähnelte dem in Meißen. Das war nicht verwunderlich. Der gesamte Postbetrieb war zur Jahrhundertwende an eine Leipziger Kaufherrenfamilie verpachtet worden. Vater und Sohn Kees hatten als General-Erbpostmeister das Transportwesen zum Florieren gebracht und die Haltestellen nach einem einheitlichen Muster entwerfen lassen. Mit ihrem erworbenen Vermögen hatten die Kees sogar die Ebbe in den Kassen Augusts des Starken mehrmals wieder fluten können.

Ein Kaminfeuer brannte und warf Schatten über Bohlen und Wände. Um die züngelnden Scheite hatte sich ein Halbkreis von Fahrgästen gebildet. Manche rieben sich die Hände warm. Eine Frau drehte sich mit dem Rücken zum Feuer. Wieder andere, meist Männer, schliefen mit dem Kopf auf einem Gepäckstück oder auch nur mit den Händen als Stütze auf Bänken rundum. Einer hatte sich seine Perücke untergelegt.

Die bösen Zeiten hatten die Fahrpläne merklich durcheinandergebracht.

In Stauchitz hielt zumindest an diesem Tag kein Arzt seine Sprechstunde ab. Bereits unterwegs hatte die Reichsgräfin mehrmals an jene Patientin zurückgedacht – Margarethe Milow hatte sie geheißen, nein, hieß sie –, deren Krebs geschnitten worden war. Der Anblick, wie sie mit den Armen vor der Brust und furchtbarem Schmerz im Gesicht die Untersuchung verlassen hatte, wollte nicht weichen. Einmal mehr wünschte Marianne von Brühl der Behandelten alles Glück und Genesung. Vielleicht half es, auch wenn man es nur im Geiste tun konnte.

Nervös ging der Postmeister mit dem Federkiel in der Hand hinter seinem Pult Listen durch, verschob die Blätter. Seine Frau oder eine Magd verkaufte am Tisch daneben Suppe und Brot. Die Gräfin und die Baronesse ließen sich eine Schüssel füllen. Die Brühe mit Kraut und Rüben dampfte und duftete würzig. Sie löffelten im Stehen. Ein fliegender Händler hatte neben dem Imbissstand seine Waren, Bürsten, Knöpfe, auch schmalen Lesestoff, auf einem Tuch ausgebreitet. Eine Bettlerin hatte sich mit ihrem Hut im Warmen auf den Boden gehockt. Nach der Stärkung streiften beide Damen ihre auffälligen Mäntel ab. Die Reisekleider der Gräfin und ihrer Kammerfrau wurden nicht minder beachtet. Die edlen einfarbigen Stoffe mit wenig Accessoires waren ganz à la mode geschneidert. Luise von Barnhelm liebte diesen bequemen Schnitt mit eingenähter Rückenfalte, die manche Watteau-Falte nannten, wie eine vorgetäuschte Schleppe. Auch über den Rücken zweier Frauen am Kamin floss die Watteau-Falte vom Rücken bis zum Saum, in Baumwolle. Ein weißes Brusttuch, ob aus Leinen oder Musselin, trug jede hier und fast überall.

«Berlin ist weg. Aber wann kommt Wurzen?», erkundigte sich ungeduldig ein Mann am Pult.

Der Postmeister schnaufte, seine paar Haare auf dem massigen Schädel waren mit einem Wollfaden zum spärlichsten Zopf gebunden. «Wermsdorf wird nicht angefahren.»

«Aber das ist doch die direkte Strecke.»

«Die preußische Artillerie hat den Damm zuschanden gefahren. Die Kanonen. Wollen Sie im Gleis versinken? Derzeit geht alles wieder über Oschatz.»

«Oschatz», riefen, stöhnten einige.

«Wir tun, was wir können.»

Die beiden Dresdnerinnen schlenderten zum Feuer. Links vom Kamin war noch Platz. Marwitz und die Gutbrods tauchten nicht auf. Sie hatten die Stallungen in Augenschein nehmen wollen. Der Adjutant und die beiden Bergassessoren schienen sich angefreundet zu haben. Die Gräfin wollte nicht darüber spekulieren.

«Sie wirken so betrübt, Madame.»

«Ich bin erschöpft.»

Barnhelm legte die Hand auf ihren Arm: «Sie wollten partout nach Leipzig.»

«Ich habe keine andere Wahl. Man muss etwas gegen die Verheerungen, den Krieg tun. Er beginnt ja erst. Wie wird es nach den nächsten Schlachten aussehen?»

Sie erreichten den freien Platz neben dem Mann mit dem Hörrohr, den sie bereits in Meißen gesehen hatten. Das gekrümmte Gerät baumelte mit dem Trichter aus seiner Tasche. Trotzdem unterhielten sie sich leise. Das Feuer wärmte gut.

«Barnhelm», die Gräfin stockte.

«Ja?»

«Barnhelm.»

«Bitte, Madame.»

«Was halten Sie von Intrigen?» Die Lippen der Gräfin zitterten.

«Schlagen die nicht immer auf einen selbst zurück?» Die Zwanzigjährige sah die Gräfin nachdenklich an. Ihre blonden Locken ringelten sich neben den dunklen der Brühl.

«Und von einer absolut notwendigen Intrige?»

«Schlägt auch auf einen selbst zurück.»

«Gilt das immer?»

«Eigentlich ja.»

Nun fasste die Gräfin die Hand ihrer Kammerfrau. «Ich habe Sie in etwas hineingezogen und kann das nicht verantworten. Sie sind jung, das Leben liegt vor Ihnen. Sie dürfen zurückfahren oder zu Ihren Eltern. Ich kann vielleicht nichts mehr für Sie tun.»

«Madame, warum sollte ich nicht erst einmal mit nach Leipzig? Dann sehen wir.»

«Sie Schatz.» Die Gräfin sann nach. «Sie sind völlig frei.»

Barnhelm flüsterte fast lautlos. «Sie wollen Friedrich den Großen aufhalten. Das weiß ich doch längst.»

Frau von Brühl hatte das Batisttuch in ihrer Hand schon zerknüllt. «War ich ein so offenes Buch?»

«Nein. Aber vielleicht ahnt es sogar Marwitz.»

«Aber Sie verstehen mich?»

«Aber ist Friedrich denn wirklich allein verantwortlich? Vielleicht wird sein Bruder August Wilhelm, gar Heinrich ihn ersetzen. Er gilt sogar als der größere Feldherr. Es finden sich immer Neue, die sich ans Zertreten der Menschheit machen. Warum, das verstehe ich selbst nicht. Dieser Trieb, mächtig zu sein und gefürchtet zu werden. Da hat Gottes Schöpfung versagt.»

«Und dagegen müssen wir uns doch wehren.»

Beide unterdrückten ein Schluchzen. «Und auch Ihr Gemahl, Madame», schniefte Barnhelm, «als überragenden Wohltäter, verzeihen Sie, kennt man ihn nicht. Hätte er am Königstein gesiegt, würde nun gewiss Preußen niedergeworfen und Berlin ausgeplündert. Sie wollen sich in diesen Machtkampf einmischen?»

Die beiden heftig bewegten Frauen fielen auf, aber die Blicke ließen allmählich von ihnen ab. Vielleicht betrauerten sie einen Verwandten, oder ihr Gut war verwüstet worden?

Barnhelm schnäuzte sich. «Wie wollen Sie denn überhaupt vorgehen?»

«Ich denke ohne Pause darüber nach, wie man am besten Zugang zu Friedrich erhält und wer Einfluss auf ihn nehmen könnte.»

Die Baronesse wirkte kaum beruhigter.

«Ich bin womöglich auf diese Idioten Gellert und Gottsched angewiesen.»

Barnhelm riss die Augen auf.

«Ich meine, auf die Professoren, Dichter und Schöngeister, die sich in großen Ideen tummeln, aber wahrscheinlich auch bei Sonnenschein einen Schirm mitnehmen. Papierexistenzen aus Fleisch und Blut. Doch nach allen Auskünften werden sie von Friedrich empfangen. Falls er überhaupt in Leipzig ist. Diese Geistesgrößen – ich spielte in Dresden darauf an – sollten ihm ins Gewissen reden und Frieden stiften. Gottsched und Gellert würden zu Helden der Nation, ach was, der Menschheit. Man würde ihnen Altäre errichten. Vielleicht würden sie sich bei einer Audienz in einem unbeobachteten Moment sogar seiner Schokolade annehmen können.»

«Was sollen die denn tun? Sie müssen zuerst mit ihnen reden.»

«Ja, hinterher nicht.»

«Werfen Sie sich Friedrich doch einfach zu Füßen und erflehen Gnade, Rücksicht und das Ende der Kampfhandlungen, seinen Rückzug.» Allerdings konnte sich Barnhelm bei allem noch so freien Spiel ihrer Einbildungskräfte nicht vorstellen, wie die Reichsgräfin von Brühl die Stiefel Friedrichs des Großen umschlang und unter Tränen stammelte *Sire, gehen Sie nach Haus … Preußen ist so schön, dort können Sie genug Gutes tun … Lassen Sie Ihre Nachbarn in Ruhe. Verschonen Sie Ihre Mitmenschen. Für immer. Bitte.* – Er würde sie abführen lassen oder den Raum verlassen. Oder wäre solche welthistorische Szene denkbar? Das Wunder von Leipzig? Der Sieg der Milde, ein Fanal für Friedenswillen und Frieden in der Welt.

«Oschatz», brüllte der Postwirt von der offenen Tür, «gleich zwei Wagen! Von dort dann Leipzig, Halle, Naumburg!»

«Weiter», sagte die Gräfin.

Barnhelm folgte ihr.

Auch Marwitz und die Gutbrods hatten sich eingefunden. Die Stallvisite schien sie aufgemuntert zu haben. Max Gutbrod stemmte die Hände in die Hüften. Am gestreiften Strumpf hing etwas Stroh. Marwitz hatte sich beim Trödler ein Quartbändchen besorgt und blätterte den Fund beglückt durch. Sein Degen mit silberner Kordel ließ den Leutnant immer respektabel wirken. Und in der Gegenwart des schönen, liebenswürdigen Offiziers fühlte sich offenbar jeder und jede wohl. Welch ein Geschenk, solche ungezwungene Ausstrahlung zu haben. Man konnte neidisch werden.

«Madame, Mademoiselle, wir fahren», rief er herüber und reichte ihnen den Arm.

Auf dem Vorplatz war zur Rast oder kleinen Reparatur auch eine private Kalesche eingetroffen. Frau von Brühl, alias Clam-Gallas, blickte zur Seite und zu Boden, als sie den Freiherrn von Fritsch, ehedem Hof- und Justizienrat in Dresden, in Begleitung eines preußischen Obristen erkannte. Georg Wilhelm von der Marwitz salutierte vor dem Vorgesetzten und wies seinen Passierschein vor. – Ein Adjutant des Königs. – Der Oberst salutierte seinerseits leger. Doch er schien etwas am offenen Zopf auszusetzen zu haben. – Herr von Fritsch in Gesellschaft des Feindes. Der Freiherr hatte bereits früher, wusste nicht nur Frau von Brühl, erhebliche Schwierigkeiten verursacht. Thomas von Fritsch hatte sich als entschiedener Kritiker der sächsischen Regierungsweise aus *Habe ich noch Geld, Brühl?* und *Sehr wohl, Majestät* erwiesen. Der Freiherr galt als Reformer, Umstürzler. Von präzisen Plänen zur Erneuerung und Konsolidierung Sachsens in seinen Schubladen war die Rede. Polen aufgeben, da es nur Geld verschlang. Kassensturz wagen, entlassen, sparen, offen nachvollziehbare Verwaltung, bescheidener werden. Sichtlich hatte Fritsch bereits Fäden zur neuen Gewalt geknüpft.

Die Gräfin zog den Zobel vors Gesicht.

Bräker

Hintereinander begannen zwei Wagen durch die sächsische Heide zu rollen. Die Räder fanden Spur und Halt in den Fahrrinnen der Chaussee. Die Meilensäule rechter Hand kündigte die Stunden bis Oschatz an. Das matte, gelbliche Grün der Böschung erinnerte an ein Wort, das hartnäckig, allerdings ohne Beweis August dem Starken zugeschrieben wurde: Das Volk ist wie das Gras. Wird es im Herbst niedergetreten, so grünt es im Frühjahr umso kräftiger.

In den Kutschen war bereits die Öllampe angezündet worden. Die Kohlepfanne zu Füßen wärmte ein wenig von unten herauf. Die Reisenden hofften auf ein regelmäßiges einschläferndes Wanken des Wagens. Aber es blieb bei manchem Ruck, der den Schlummer verhinderte. Wegen der Gefahr plötzlicher Stöße war es ratsam, den Kopf nicht an den Seitenwänden anzulehnen. Perücken, Locken und Hauben schaukelten. Niemand fragte, warum Luise von Barnhelm laut seufzte. Während Marwitz abermals Mühe hatte, in der Enge seinen Degen so unterzubringen, dass die Waffe ihn selbst und andere nicht störte, beugte sich viele Hundert Meilen entfernt ein Deserteur über sein Tagebuch. Im vergangenen Sommer hatte sich der neunzehnjährige Ulrich Bräker in Sankt Gallen von preußischen Offizieren für die Armee ihres Königs anwerben lassen. Der junge Schweizer war mit seinem Regiment in die erste Schlacht des Kriegs gezogen, in das Gemetzel von Lobositz, durch das die Befreiung des Königsteins durch die Österreicher gescheitert war. Bräker, der Sohn armer Leute, hatte nach dem Blutbad in Böhmen das Weite gesucht. Mit Bergen und Wald kannte er sich aus. Er hatte die Hölle kennengelernt und wurde sie nun nicht mehr los. In ungelenken Buchstaben, hastig, brachte er die Geschehnisse von Lobositz auf das fleckige Papier, die Bilder vom Schlachtfeld überschlugen sich noch immer vor seinem inneren Auge, ruhigen Schlaf fand er nicht mehr, im Kopf weiter dieses Pochen, er kleckste mit der Tinte: *Aber ach! Flammende Städte und zu Steinhaufen niedergetrümmert! Verheerte Länder, in welchen die Dörfer von Menschen leer und die Äcker unbesät waren! Tränende Augen! Blutende Wunden! Verstümmelte Glieder zu Tausenden! – Frühmorgens mussten wir uns rangieren und durch das Tälchen gegen das große Tal hinuntermarschieren. Um sechs Uhr ging schon das Donnern gewaltig an, dass die Kanonenkugeln bis zu unserem Regiment durchschnurrten. Wie sausten da die Eisenbrocken über unsere Köpfe hinweg und spickten uns die Leute weg, als wenn's Strohhalme wären. Nun rückte auch unsere Kavallerie an; wir machten eine Lücke und ließen sie vor, auf die feindliche Linie losgaloppieren. Das war ein Gehagel, das knarrte und blinkerte, als sie einhieben. Pferde, die ihren Mann im Steigbügel hängend, andre, die ihr Gedärm der Erde nachschleppten. Mittlerweile trieben unsere Anführer uns immer höher den Berg hinan, auf dessen Gipfel ein enger Pass zwischen Felsen durchging, der auf der anderen Seite wieder hinunterführte. Nun setzte ein unbeschreibliches Blutbad ein, ehe man die Österreicher aus dem Gehölz vertreiben konnte. Da mussten wir über Hügel von Toten und Verwundeten hinwegstolpern. Preußen und Panduren lagen überall durcheinander; und wo sich einer von diesen Letzteren noch regte, wurde er mit dem Kolben vor den Kopf geschlagen oder ihm ein Bajonett durch den Leib gestoßen Und nun ging in der Ebene das Gefecht von Neuem an. Aber wer wird das beschreiben wollen, wo jetzt Rauch und Dampf von Lobositz ausging; wo es krachte und donnerte, als ob Himmel und Erde hätten zergehen wollen; wo das unaufhörliche Rumpeln vieler Hundert Trommeln, das herzzerschneidende und herzerhebende Ertönen aller Art Feldmusik, das Rufen so vieler Kommandeure und das Brüllen ihrer Adjutanten, das Zeter- und Mordiogeheul so vieler Tausend elenden, zerquetschten, halb toten Opfer dieses Tages alle Sinne betäubte!*

Auf der Heide

Ob es eine gute Idee des Postmeisters gewesen war, zwei Fuhrwerke in diesen Zeiten und am vorgerückten Nachmittag noch auf die Fahrt zu schicken? Fast wie Schemen trotteten die Pferde auf dem hohen Chausseedamm dahin und zogen Kästen auf Rädern hinter sich her. Das Licht aus den Laternen neben den Kutschern zerrann zwischen Trauerweiden im Diesigen. Ein Peitschenknall verhallte über dem hinteren Gespann, und doch blieb der zweite Wagen bereits zurück. In ihm fröstelten Frau Herzwind und auch der Student Haffner, der in die Wildnis der Alpen auswandern wollte. In Oschatz fände man sich vermutlich wieder zusammen. Dort wartete das Nachtquartier.

Im vorderen Wagen saß man eng beisammen. Trotz der Unannehmlichkeit, sich immer wieder mit den Schultern und Knien zu berühren, war man doch dankbar für die Körperwärme der anderen. Marwitz gegenüber hatten sich die Gutbrods platziert. Der Leutnant zog mit einer angedeuteten Entschuldigung seinen umständlichen Degen wieder aus dem Schritt des einen Bergassessors. Neben dem Preußen überlegte Luise von Barnhelm, wie es wäre, was geschähe, wenn sie ohne Ankündigung und ganz schnell sich vorbeugen würde, um Georg Wilhelm zu küssen. Würde er sich wehren? Gäbe es einen Aufschrei in der Kutsche? Würde die Reichsgräfin sie entlassen und sie beim nächsten Dorf aussetzen lassen? Aber wie dumm, von sich aus scheu zu sein und bisher auf manche Erlebnisse verzichtet zu haben. Am Ende des Lebens, und schon vorher, zählte doch, dass man sich nicht immer beherrscht hatte. Luise saß unruhig. Ein Kuss auf die Lippen des Leutnants würde sie bis Oschatz und darüber hinaus wärmen. Für Marwitz konnte es nicht allzu schlimm sein, dachte sie. Neben seinen Liebkosungen mit Männern – wenn es denn stimmte – hätte er umso leichter einen Gratiskuss für sie übrig. Und würde möglicherweise ein tiefes Gefallen daran finden, dachte Luise.

«Hab ich etwas im Gesicht?», fragte Marwitz irritiert zur Seite und wischte sich über die Wange.

«Nein, nein, alles ganz sauber», Luise von Barnhelm behielt ihn nicht länger im Blick. Die jungen Gutbrods gegenüber schaukelten und lächelten.

Marwitz hatte diesmal seine Pistolenschatulle neben sich gestellt. Abermals war von Wegelagerern die Rede gewesen.

Gegenüber der Gräfin saß ein altes Paar, der Mann im dunklen Anzug, die Frau mit schwarzem Band im weißen Haar waren in Stauchitz mühsam in die Kutsche gestiegen. Man hatte ihnen geholfen. Beide waren wohl längst zahnlos, die Wangen eingefallen. Er hatte ihr ein Kissen auf den Platz geschoben, sie ihm. Die Greise reisten Hand in Hand. Gewiss hatten sie wahrgenommen, wer sie umgab. Doch sie wirkten vollkommen wie für sich allein. Die Kühle und das Schütteln schienen ihnen nichts anzuhaben. Die faltigen Gesichter strahlten eine solche Zufriedenheit, ein Glück des Miteinanders aus, dass diese Eintracht einen fast zu Tränen rühren konnte. Was sich in beider schon langem Leben alles zugetragen hatte – ein Geheimnis. Bestimmt nicht nur Erfreuliches. Womöglich sogar Niederschmetterndes. Der Tod von Kindern? Der Verlust von Besitz. Doch das Schicksal hatte sie füreinander bewahrt. Nun reisten sie still letzte Reisen und verständigten sich, soweit man es bemerken konnte, mit einem leichten Druck der Finger. Der unergründliche Frieden in beider Antlitz machte ganz benommen. So etwas gab es? Solches Glück am Ende der Jahre? Man hätte ihnen – auch ohne dass sie fragten – sofort eine Kammer zur Verfügung gestellt, damit sie einander noch umsorgen konnten. Er zog ihre Strickdecke über dem Schoß zurecht. Sie dankte mit einem Nicken.

Wer ihn nun schon mehrmals gesehen hatte, der erschrak. In einigen Ellen Entfernung erschien er wieder neben dem Fenster. Sein Gang war noch immer frisch. Die Kappe saß unverändert auf dem Kopf. Am Stecken über der Schulter baumelte der Beutel. Der Geselle auf Wanderschaft wurde zum zweiten oder dritten Mal überholt. Doch das war sinnlos. Er schien kaum zu rasten und hatte wieder Vorsprung. «Nicht loszuwerden», flüsterte Marwitz. «Nein», bestätigte Barnhelm beklommen. Aus der einbrechenden Dämmerung über der Weite schaute er zum Wagen, aber grüßte nicht mehr. Er lächelte eher höhnisch, vielleicht wegen des elenden Tempos des Postwagens.

«Der Beutel am Stecken …», murmelte Barnhelm, «wenn man nicht genau hinschaut, könnte es auch eine Sense sein.»

«Eine Sense?», fragte einer der Gutbrods.

«So wäre er der Sensenmann», sagte sein Bruder.

«Auf unserem Weg?»

«Wir müssen noch mit dem Schiff nach England.»

Sinnlos griff Marwitz nach seiner Pistolenschatulle; der Tod ließe sich nicht töten.

Die Ölleuchte quietschte in ihrem Gestänge.

Die Blicke verfolgten den Wanderer, der gleichmäßig ausschritt. Nun war die Kutsche doch wieder etwas schneller. Seine Gestalt blieb zurück. Doch es wäre nur eine Frage der Zeit, dass er mit seiner geschulterten Habe neuerlich am Horizont erschiene. Mochte sich der Stecken wirklich nicht in eine Sense verwandeln.

Nun, man war ohnehin dem Tode anheimgegeben. Früher oder später. Sanft oder grässlich. Aufbäumen half dagegen wenig. Ach des Achs, wie es im Kirchenlied hieß.

Mit dem greisen Ehepaar war kein Austausch möglich. Zumindest schienen Mann und Frau nichts mitteilen zu wollen. Sie fuhren schon wie durch eine Unendlichkeit und fassten ihre Hände fester.

«In den englischen Gruben», setzte einer der Gutbrods an, «werden dank neuartiger Pumpen die Stollen weitaus tiefer ins Erdreich getrieben als bei uns in Freiberg. Aber sie müssen sich auch nicht durch Fels arbeiten ...» Johann Gutbrod brach ab. Ein Fachsimpeln über den Bergbau wirkte wenig sinnig und fand auch keinerlei Resonanz.

Was sollte man tun, um die Zeit totzuschlagen, damit sie einen selbst nicht totschlüge? Vor Fremden, der Baronesse, der Gräfin Clam-Gallas zutiefst Privates offenbaren? Das schickte sich nicht. Und das konnte später noch passieren. Johann Gutbrod litt noch an viel mehr. Da war einmal seine Neigung zu Abszessen, die ihn schubweise plagten. Zweitens ließ er in Freiberg eine Frau zurück. Das Verhältnis zu ihr war verwickelt und auch wieder nicht. Hanna war bezaubernd, klug, empfindsam und hingebungsvoll. Aber Hanna Haug war mit dem Kaufmann Anselm Haug verheiratet. Ihr Mann war erheblich älter als sie und erheblich kränker als er mit seinen gelegentlichen Hautsorgen. Anselm Haug litt an einer inneren Krankheit, welche die Ärzte nicht genau bestimmen konnten. Ein allmähliches Versagen der Leber, der Nieren? Der Kaufmann war bettlägerig geworden, und Hanna umsorgte ihn wie ein Engel. Denn das scheinbar ungleiche Paar liebte sich. Und zwar rückhaltlos. Johann Gutbrod war Hanna Haug mehrmals auf dem Freiberger Markt begegnet, wo sie Einkäufe erledigt hatte. Bald hatten sie einander dort gesucht, miteinander gesprochen. *Ihr Kleid ist rei-*

zend ... – Nun, Herr Assessor, wenn man sich samstags unter die Leute mischt. – Trotz und neben Hannas unbedingter Seelentreue zu ihrem Mann, der mehr und mehr ans Bett gefesselt war, hatten sie sich heillos ineinander verliebt. Vielleicht wollte sie ausbrechen, die Hingebungspflichten zu Hause vergessen. Leicht war es nicht, sich im kleinen, so ehrbaren Freiberg zu treffen, sich sofort in die Arme zu sinken, den vollständigen Rausch der Verschmelzung zu genießen, dann noch lange, lange miteinander zu reden. Aber er besaß die Schlüssel zu einer Giebelkammer in einem Haus neben dem Dom, und nach Mitternacht war kaum mehr jemand auf den Straßen. Sie erkundeten beide ihre Körper und ihre Seelen, und Letzteres war geradezu noch beglückender, förderte Empfindungen, Erinnerungen, Wunden und kleine Glückserlebnisse zutage. Alles vertrauten sie einander an, und jede Nacht neben dem Domdach war zu kurz. Sein Herz entfaltete sich frei. Sie schlürfte Wein von seiner Brust und schlummerte in seinen Armen. Nur einmal hatte sie kurz erwähnt: «Ich bleibe meinem Mann treu.» Das hatte er für sich beiseitegeschoben. Ja, sie musste sich um den Kranken kümmern, ihn pflegen, denn andernfalls hätte sie keine Moral, wäre gewissenlos. Das Ableben des Kaufmanns war gewiss, aber es zog sich hin, trat nicht ein. Und er, Johann Gutbrod, wünschte den Tod des anderen Menschen auch nicht. Solchen Wunsch hätte er sich nie verzeihen können, und doch ... Und wie würde sie sich nach dem Tod des langjährigen Gefährten fühlen? Vielleicht keineswegs frei und beschwingt. Sondern als Witwe, ausgebrannt von der Fürsorge am Krankenbett? Wenn er nachdachte, hatte es ihm scheinen wollen, dass der Kaufmann und seine Frau – ganz so wie das greise Paar in der Kutsche – in größter Innigkeit lebten. Dass die nächtliche Leidenschaft und Liebe, die er und Hanna Haug füreinander empfanden, für sie äußerlicher und vergänglicher waren als die Verbundenheit mit dem Siechen. Sie fuhr nach Dresden, um wirksamere Arzneien aufzutreiben, sie wechselte mehrmals täglich seine Wäsche, sie blieb nachts auf, weil sie am Bett wachen wollte. Sie ließ ihm durch einen Botenjungen Billetts zukommen: «Verzeih, liebster Johann, wenn ich vom Bett weiche, mache ich mich schuldig.» «Friedrich und ich müssen noch so viel miteinander besprechen. Wer weiß, wie lange es noch möglich ist. In Liebe, Deine Hanna.» Auch die Billetts wurden seltener und endeten distanziert oder mit versuchtem Abstand: «Hanna grüßt Dich.» Mit bitteren Tränen hatte er sie gelesen. Und er konnte nichts tun, um die Liebe zu retten. Jeden Beweis seiner Liebe hätte sie nun als ein Bedrängen empfinden können. Als den furchtbaren Hinweis: Ich hoffe, Dein Mann wird bald friedlich entschlafen sein. Niemals hätte sie ihn dann wieder zurücklieben können.

Es war gut, dass er Freiberg verließ, mit dem Bruder; in Freiberg raste die Seele vor Schmerz. Zu Abschiedsworten mit Hanna war es nicht gekommen. Vielleicht fürchteten auch jetzt noch beide nach der Trennung, dass sie endgültig sein konnte. Dass sie sich auf Erden niemals wieder zuerst vorsichtig, dann unverbrüchlich umarmen würden.

Sie lebte und verging im Kaufmannshaus.

Er entfernte sich mit jeder Minute.

Wenigstens Bruder Max wusste Bescheid. Anderen konnte Johann nicht darlegen, was am heftigsten das Herz beschwerte und zerfraß. Johann Gutbrod wandte den Blick vom alten, glücklichen Paar ab. Die Trauerweiden wichen Pappeln. «Wissen Sie, was eine Allee ist?» Fräulein von Barnhelm schaute in die Runde. «Der Philosoph Lichtenberg in Göttingen soll es erklärt haben: Erst kommt ein Baum, dann keiner, dann wieder einer.»

Max Gutbrod prustete los. «Von diesem Genie kursiert auch die

Bemerkung: Man muss etwas Neues machen, um etwas Neues zu sehen.»

«Da hat er recht», Johann nickte betrübt.

«Lichtenberg hat immer recht. Er ist der Klügste und Witzigste im Land.»

Die Baronesse schnippte mit dem Finger: «Die unterhaltendste Fläche auf der Erde für uns ist die vom menschlichen Gesicht. – Habe ich in Dresden gehört. Stammt auch von ihm.»

Unwillkürlich sahen sich alle an und machten sich ihre Gedanken.

«Jeder Aphorismus eine Weltweisheit», bemerkte belebt Max Gutbrod und gab noch zum Besten: «Die Wege werden immer breiter und schöner, je näher man der Hölle kommt.»

«Hier nicht», beschied die Gräfin und ließ sich wieder in die Ecke sinken.

«Aber er meint die sündigen Menschen, die immer tiefer in ihre Sünden geraten», Barnhelm sann lieber still für sich selbst nach.

«Nur noch eine Nacht, dann sind wir da.»

Ein vertrautes Geräusch überraschte jetzt.

Es wurde lebhaft.

Mit rasselndem Geschirr und Hufgetrappel näherte sich aus der Dämmerung ein Gespann. Ein Gutbrod-Zwilling spähte hinaus. Der Wanderer wich nicht vom Horizont. Allerdings schien der hintere Postwagen mit Frau Herzwind und dem Studenten zurück- und auf der Strecke geblieben zu sein. Da fuhr nichts mehr. Das Lärmen kam von vorn.

«Verkehr», teilte Max Gutbrod seinen Mitreisenden mit. Die Kutsche schwenkte spürbar zur Seite. Doch es handelte sich nicht nur um ein Gefährt, das sich mit sogar vier Außenlaternen aus dem Westen schälte. In gestrecktem Galopp flog beinahe ein Reiter vorbei. Nein, es war eine Reiterin, die im Damensattel mit wehendem

Rock und kleinem Dreispitz auf dem vorgebeugten Kopf ihrem Ross die Sporen gab. Münder standen offen. Eine Frau zu dieser Stunde allein auf diesem Weg? Irgendwo musste etwas Schlimmes oder Unerhörtes geschehen sein, dass eine Adlige – wer konnte sonst reiten? – dem Meißner Land entgegenpreschte. Ihr scharfer Ritt hinterließ beinahe einen Luftzug. Schon polterte es dumpf. Die Lage wurde im Nu brenzlig. Noch vor der Kutsche mit Lichtern zeigte sich ein Einspänner mit einer vermummten Gestalt auf dem Bock und Fässern auf der Ladefläche. Bier oder Sauerkraut für Stauchitz, wenn nicht Pulver für die Preußen. Die Post auf dem Weg nach Westen, zwei Fuhrwerke, ein langsames und ein schnelles, nach Osten. Wie sollte man aneinander vorbeikommen? Räder konnten sich verkeilen. Der Postillon blies geradezu verzweifelt ein Signal. Die Post schwenkte noch weiter nach rechts an den Dammrand. Neben dem greisen Paar fassten sich auch die Gutbrods bei der Hand, und die Baronesse ergriff voller Angst die der Gräfin. Handschuh auf Handschuh. Eine viertel Elle weiter und man stürzte sich überschlagend die Böschung hinab. Der Lastenwagen schaffte es gleichfalls zur Seite, und die Schneise musste für die Lichtkutsche reichen, deren Pferde beinahe durchzugehen schienen. Oder hatte ihr Kutscher den Fässertransport im Zwielicht nicht gesehen? Nüstern, Mähnen, Kruppen mit dampfendem Fell, dann Kutscherstiefel vor dem Fenster, ein Landauer mit halb offenem Verdeck. Was war das für eine Fuhre? Kinder, sechs, sieben Kinder winkten über den Rand des Gefährts. Locken, flatternde Bänder, ein «Juhu!»-Geschrei, Jungs, Mädchen, in der Mitte thronte ein Pastor, jedenfalls ein Mann mit Bäffchen auf der Brust. Die Passage war zu rasch, um alles wahrzunehmen. Gehörte die bewachte Kinderschar in irgendeiner Weise zur Reiterin? Flohen allesamt von einem Gutshof, aus einem Schloss? Fast war die Ruhe betrüblich, als nach dem

Kinderjohlen der Wagen mit Fässern und die gewöhnliche Post sich wieder in Bewegung setzten und sich voneinander entfernten.

«D'Artagnan», sprach Barnhelm den Leutnant an.

«Was?», fragte Marwitz zurück.

«Der berühmte Musketier des Königs. Er hätte aus dieser Lage etwas gemacht.»

«Was denn?», murrte Marwitz.

«Gefochten. Jemanden befreit. Sich auf ein Pferd geschwungen.»

«Und dann?»

«Ich weiß auch nicht», gestand die Baronesse ein.

«Wir sind im Krieg und nicht in einem Roman», beendete Marwitz die Träumerei.

Der schwache Schein der Ölfunzel erhellte jetzt mehr als das Tageslicht. Die Gesichter wurden matt goldfarben.

«Auch das noch.» Selbst von der Bankmitte aus nahm Johann Gutbrod die Schneeflocken wahr, die dick und feucht vom Himmel fielen und im Nu das Land versiegelten. Für diese Widrigkeit hatte der Postillon offenbar kein Signal und hüllte sich draußen gewiss noch fester in seinen Umhang.

«Est-ce que je deviens folle, hystérique?», fragte die Reichsgräfin leise ihre Kammerfrau.

«Pourquoi, Madame?»

Die anderen hörten weg. Wenn Französisch gesprochen wurde, war dies ein Zeichen, dass andere nichts verstehen sollten. Und falls man der Konversation folgen konnte, wie einige im Wagen, so hatte man verständnislos zu wirken.

«Weil ich froh bin», fuhr die falsche Clam-Gallas fort, «aus Dresden fort zu sein.»

«Mais ce n'est pas possible, Madame. All die Plagen dieser Reise. Da wäre man doch lieber im Palais, mit einem Konzert am Abend.»

Die Gutbrods hörten interessiert weg.

«Nein, ich hätte schon früher immer mal aufbrechen sollen, um wie ein Pflug durch den Acker des Lebens zu graben.»

«Madame!»

«Im Vergleich zum heutigen Tag habe ich in einem Einerlei gelebt. Mein Gemahl bestand auf einer Tasse Tee um Punkt fünf Uhr im Belvedere. Viele Jahre lang. Das war schön. Aber furchtbar regelmäßig. Die Dienerschaft sagte mir, was ich hören wollte. Die Schätze, die mich umgaben, nahm ich nur noch mühsam wahr. Die Oper, die Soupers, mit der Sänfte die Schlosstreppen hinauf, der Knicks vor der Königin, jeder Mensch ein Schmeichler, Pasteten aus Straßburg, die Höflinge aus Polen in ihren prächtigen Gewändern … Ich war an das Gewohnte gewöhnt.»

«Das beruhigt doch auch, Madame.»

«Zu früh, Barnhelm. Ich war ja schon im Abstumpfen begriffen … en train de m'abêtir.»

Hoppla, dachte Max Gutbrod, *abstumpfen*, genau genommen *vertieren*, das war eine seltenere Wendung, als man sie im vornehmen Deutschland, das partout französisch sein wollte, hören konnte. Oft blieb es diesseits des Rheins bei *je m'ennuie avec moi* oder *quand le pluie pleut il faut chacun une parapluie* und ähnlichem Kauderwelsch, bei dem Pariser sich vor Lachen bogen. Hauptsache mondänisieren in Potsdam, Pirmasens und in der Drei-Leute-Hofhaltung der Herren zu Schleiz und Lobenstein.

Die Gräfin in ihrer dunklen Ecke fuhr fort: «Ich lebte in einer Palastsülze» … *aspic de palais* … «und Sie sehen doch, dass ich füllig werde.»

«Nein. Und in Ihrer Palastsülze hätte jeder gerne gelebt, den ich kenne. Lakaien mit eigener Livree.»

«Der Student Haffner nicht. Er will wohl in den Schweizer Bergen mit Gleichgesinnten Kühe melken, aus einer Quelle trinken und sonnenverbrannt Gipfel ersteigen, die Alpen und alles Schroffe und Wilde kommen geradezu in Mode. Seine Kräfte will er spüren. Ich hatte begonnen, meine Lebenstage in einem Trott zu vergeuden.»

«Den Trott, beim französischen Gesandten Quadrille zu tanzen, möchte ich nur einen Tag lang genossen haben.»

«Nun bin ich glücklich und bereichert – was vermutlich dasselbe ist –, in den Poststationen zwischen dem Volk gesessen und es beobachtet zu haben. Der Herr mit der Kaktee auf dem Schoß in Meißen war bezaubernd. Ja, dies Schaukeln wie ins Nichts hinein. Wo sich doch immer wieder anderes auftut. Kinder winken herein. Und die Suppe in Stauchitz war schmackhafter als Wachteleier.»

«Sie waren ausgehungert, Madame. Das legt sich wieder.»

«Was soll sich legen?»

«Der Freiheitsdrang.»

«Wir werden sehen, Barnhelm. Ich merke, auf wie vieles ich verzichten kann und trotzdem noch ich bin. Und vielleicht erst zu derjenigen werde, die ich sein könnte.»

«Sie sind übermüdet, Madame.»

«Daraus ergibt sich eine kühne Kraft. Ich würde Räuber jetzt kaum fürchten. Ich stelle mich den finsteren Gesellen, und wir werden sehen, wer die Oberhand behält. Das Rohe oder das Geschick.»

«Sie fragten eingangs, Madame», Luise von Barnhelm zögerte, «ob sie durcheinander wirkten. Versuchen Sie, ein wenig zu schlafen, Madame.»

«Ach, warum unternehme ich als Einzige in Sachsen jetzt das Richtige?», die Reichsgräfin schloss die Augen und lehnte sich zurück. «Ich bewege mich seit der Abreise außerhalb der Gesellschaft. Aber ich bin bereit. Ich muss es tun. Und ich bleibe für das Leben offen.»

«Recht so», Barnhelm strich beruhigend über den Zobel, «und nun denken Sie an nichts.»

«Ja, das ist das Beste. Je vais faire cela.» Tatsächlich schien Frau von Brühl einzunicken.

Die Gutbrods betrachteten die reiche Reisende skeptisch. «Krank?» «Ein Fieber?», ließen sich sogar die beiden Greise vernehmen.

«Sie denkt nur an eine friedliche Zukunft», beschwichtigte Barnhelm.

Man versuchte zu verstehen.

«Du verdirbst dir die Augen, Georg Wilhelm.»

«Geht schon, Max. Danke.»

Man horchte auf. Marwitz und Max Gutbrod saßen sich am Fenster gegenüber. Bis zum Aufenthalt in Stauchitz, wo sie den Pferdestall besichtigt hatten, hatten beide sich nicht geduzt. Dort mussten der Leutnant und der Bergassessor sich nähergekommen sein. Im Grunde unerhört: Das Duzen zwischen einem Bürgersohn und einem Adeligen, wenn auch nur einem vom Lande. Während Johann Gutbrod sichtlich trüben Gedanken nachhing und sich vielleicht doch nach Freiberg zurücksehnte – anstatt in Manchester in die Grube einzufahren –, wirkte Zwillingsbruder Max frisch und aufgeräumt. So, als hätte er sein Ziel schon erreicht.

«Ist das der kursächsische Fahrplan, Georg Wilhelm? Der nützt nichts», er strahlte den Leutnant geradezu an. «Wir werden weiter zusammen schaukeln.»

Marwitz quittierte den Hinweis mit einem Spitzen der Lippen.

Luise von Barnhelm war peinlich berührt. Und auch sehr enttäuscht. Sie blickte Marwitz strafend an, worauf der nicht reagierte.

Das Schneegestöber wurde dichter. Der Wagen langsamer.

Der sechste oder siebte Adjutant des Preußenkönigs hatte den Quartband, den er in der Station gekauft hatte, aus der Uniformtasche gezogen.

«Soll ich dir meine Brille leihen?», fragte Max Gutbrod fürsorglich.

Der Leutnant winkte dankbar ab. «Für solche Fälle immer dabei, Max.» Mit leisem Staunen sah Barnhelm zu, wie Marwitz abermals in seine Tasche griff und nach dem Buch ein längliches Gerät herauszog. Das Neuste vom Neuen und ausnehmend elegant. Eine Stielbrille, ein Lorgnon. Er klappte die Gläser auf und hielt sie kurz und zufrieden vor die Augen. «Aus Amsterdam. Exzellenter Schliff. Auch beim Studium von Feldkarten sehr nützlich.»

Ach, Sie haben mit dem Militär zu tun?, hätte Barnhelm den Offizier beinahe gefragt.

«Kleist, Max, Ewald von Kleist, nun Major in preußischen Diensten, war einige Zeit mein Kamerad in Potsdam.»

«Ah, ja», horchte Bürgerzwilling Gutbrod interessiert.

«Kleist war ein überaus melancholischer Mensch. Ich glaube, er litt unsäglich unter dem Drill und Exerzieren auf dem Kasernenhof. Ewald von Kleist war eine Blume im Staub des Stechschritts. Ich hatte manchmal den Eindruck, er absolvierte den Dienst … Fasst das Gewehr! Schützen vor! … Formiert das Karree! … nur, um sich irgendwo in einer Schlacht totschießen zu lassen, erlöst zu sein, von allem. Er fand kein Mädchen und wollte wohl auch keines finden.»

Max Gutbrod nickte verständnisvoll.

«Und Ewald von Kleist dichtete früh. Die Poesie, das wussten wir alle, war seine Braut oder sein Bräutigam, die Sphäre, in der er frei atmen konnte.»

«Das geht mir womöglich ähnlich, auch wenn ich mich nicht in die Poesie flüchten kann. Ich weiß nicht, wie es in England sein wird», Gutbrod wiegte den Kopf. Sein Bruder schien in manches eingeweiht zu sein.

«Vermutlich nicht anders, Max. Die Mächte fürchten die Freiheit, auch in der Liebe.»

«Langweilen wir Sie, Baronesse?», fragte Marwitz unvermittelt zur Seite.

«Nein. Ich bin keine Macht», gestand sie ehrlich und freundlich. «Im Grünen Gewölbe waren Sie noch so anders.»

«Nein.»

«Kindlich begeistert. Ein Luftgeist.»

«Das bin ich auch. – Manche Verse, die Kleist uns vorlas, sprachen Bände: Mein Herz ist wund, doch darf ich's nicht kennen. – So dichtete einer der Empfindsamsten, die wir haben. Ein guter Mensch, ein feinsinniger. Der Rekruten und sich selbst auf das Abschlachten mit dem Bajonett vorbereiten musste. Außer Dienst auf der Stube trug Kleist gerne einen Turban.»

«Ah ja.»

«Er himmelte – und das ist seltsam – seinen Zwingherrn, König Friedrich, an. Wie einen Vater», berichtete der Leutnant. Vielleicht fand er Halt an der Zucht im Regiment, vielleicht, weil Friedrich ihm Ruhe, den Tod bescheren konnte. In Preußen eine abgenickte Größe. Anders als in Sachsen. Und möge sich Deutschland niemals leichtfertig auf diese Todessympathie einlassen. – Kleist fiel dem großen König niemals auf. Anders als andere.»

«Ich weiß», lächelte Gutbrod.

«Seine Tage verrannen im Wechsel aus Drill und poetischer Flucht. Nur Ludwig Gleim, der jetzt diese grausigen Schlachtaufmunterungen verfasst, hängte das Porträt Ewald von Kleists in seinem famosen Freundschaftstempel auf. Mein Bild hängt dort nicht.»

«Das ist ein Verlust, Georg Wilhelm.»

«Ich habe Kleist aus den Augen verloren. Und womöglich schulde ich ihm, glaube ich jedenfalls, noch Geld. Er wird irgendwo mit der Armee unterwegs sein. Aber nun habe ich ihn wieder. Er hat veröffentlicht. Oder es ist ein Raubdruck. *Der Frühling* heißt seine Ode. Das kündigt Schönes an, wenn es schneit.» Marwitz blätterte vom Titelblatt seiner Erwerbung zur ersten Seite und führte sich sein Lorgnon vor die Augen. Gleichwohl musste er sich noch zur Öllampe vorbeugen.

Der Leutnant vertiefte sich in die Seiten: «… verwandelt die Schwerter zu Sicheln, schreibt er …»

An das Knarren der Achsen, an den Wind, der über die Wagenplane strich, hatte man sich einigermaßen gewöhnt. Um den Lesenden herum wurde es angenehm ruhig. Einige Augen schlossen sich.

«Ich kann Ihnen später noch etwas vorlesen.»

Die Gutbrods, Barnhelm nickten ihm zu. Marie und Ernst, Philemon und Baucis oder wie die greisen Eheleute auch heißen mochten, freuten sich still.

Schrecken

Das Schneegestöber ging dem Frühling voraus.

Frühes Mondlicht ließ die weißen Kristalle glänzen. Es konnte nicht mehr weit bis Oschatz sein. Alle fröstelten und zitterten mit bläulichen Lippen im schaukelnden Lampenschein. Der Eisenbeschlag der Räder rumpelte über die gefrorene Erde. Jeder Kieselstein war zu spüren.

«An ein Feuer und einschlafen», sinnierte ein Gutbrod.

«Warme Leipziger Stuben», sann Marwitz über dem zugeschlagenen Buch.

«Es ist keine Todesfuhre», vernahm man Barnhelm leise.

«Warum auch?», fragte fast noch leiser die Gräfin aus viel Pelz.

«Deshalb», beharrte die Baronesse.

«Schluss», gebot Max Gutbrod. Er rieb sich abermals und noch kräftiger warm. Er horchte. Die Pferde trotteten. Wenn das Knacken und Knarren des Vehikels für einen Moment aussetzten, so war es draußen nicht gänzlich still. Eine Art von Schaben, Murmeln, jedenfalls ein dunkles, fernes Geräusch drang herein. Nur Max Gutbrod schien es zu vernehmen. Dann zeigte sich auch beim Bruder Johann eine Stirnfalte. «Banditen?»

«Es wäre der passende Moment für sie.»

Marwitz öffnete leise die Schatulle neben sich. Gegenläufig ruhte das Paar Pistolen in der Samthalterung. «Sind geladen.» Um damit wirksam drohen zu können, legte er die Zündhütchen auf die Pfanne und spannte den Hahn.

«Wir ergeben uns lieber», flüsterte die Baronesse.

«Wir haben nichts», erklärte der alte Mann.

Marianne von Brühl wurde es schwarz vor Augen.

«Festhalten!», brüllte es vom Kutschbock in die Karre.

Der Wagen geriet in Schieflage. Die Insassen griffen nach Halt, wo Halt zu finden war, nach der Kante der Sitzbank, um das Planengestänge, nach dem Arm eines Nebenmanns, der Nebenfrau, der Leutnant hielt die Vorderlader nach oben gerichtet.

«Festhalten!», rief es abermals, die Kutsche schien auf zwei Rädern zu schweben. Mit hartem Aufprall berührten die beiden anderen wieder den Boden. Nachdem es in die Tiefe gegangen war, saßen einige nun höher als andere, das Ehepaar sprach ein «Vaterunser», der Pistolenkasten traf ein Bein, Johann Gutbrod stemmte sich vom Boden hoch, die Ölfunzel traf Barnhelm am Kopf, Marwitz saß erstarrt.

Die Kutsche hielt, ruckte noch, die Pferde zogen an, standen wieder.

«Raus hier! Raus», der Postillon – oder war es der Kutscher? –, einer der beiden, in Wachstuchmantel gehüllt und mit Hut in der Stirn, hatte den Schlag aufgerissen und winkte aus dem Flockenwehen: «Hinter die Büsche. Zwischen die Bäume. Durch den Strom kommen wir nicht durch.»

Ohne zu erahnen, was es war, worum es ging, kletterten alle aus dem Postwagen. Betäubt und lädiert, Luise von Barnhelm mit einer Blutspur über dem Auge, standen sie im Freien, als hinter ihnen ein weiteres Kutschgerassel lauter wurde. Es war der zweite Wagen, der aus Stauchitz abgefahren war und aufgeholt hatte, aber nun gleichfalls den Damm hinunterrutschte. Die Rösser schnaubten, drohten zu straucheln. Auch er kam zum Stehen. Der Student Haffner sprang heraus. Weitere Reisende, darunter Frau Herzwind, stolperten durch die Senke auf die anderen zu. Sie starrten einander an.

«Ein Überfall?», fragte einer ratlos.

Die Kutscher löschten die Laternen.

Gertrud Herzwind rang die Hände.

«Der Kreuzweg von Lonnewitz», der Postillon, der jetzt an der gelben Uniform und dem Horn unter dem Mantel zu erkennen war, hatte vor dem Häuflein nun das Sagen und wies nach vorne: «Wahrscheinlich sind es die Spreewälder. Hunderte, wenn nicht mehr. Da ist kein Durchkommen.»

«Welche Spreewälder?», fragte ein Reisender aus dem zweiten Wagen.

«Na, die Geplünderten. Vor zwei Tagen. Verstecken Sie sich. So gut es geht. Wer weiß, wozu Leute fähig sind, die Haus und Hof verloren haben. Und durch die Nacht fliehen.»

Die Reiseschar tappte durch Schnee und Morast dem Postillon hinterher, der sie wortlos, aber energisch hinter ein paar Baumstämme und Gebüsch winkte. Die Kutscher blieben bei den Pferden, versuchten, sie zu beruhigen, streichelten ihnen über Hals und Blesse.

Marwitz ließ die Pistolen sinken. Das Geräusch aus dem Dunkel erklärte sich. Der Zug von Menschen, der hinter der Flockenwand in der Ferne mehr zu mutmaßen als zu erkennen war, schien endlos zu sein. Von Norden, vom Spreewald her, überquerte er die Chaussee nach Süden. Gebeugte Gestalten. Handkarren. Grüppchen oder Familien, die auf einer Trage ihre Habseligkeiten mit sich schleppten. Stimmen, Weinen, das sich zu einem Summen vereinte. Der Krieg, die Soldateska mussten Dörfer und Gehöfte im Spreewald heimgesucht haben. Wenn die Überlebenden flohen, bedeutete es, dass Häuser und Scheuer verwüstet, niedergebrannt, Vorräte vernichtet, dass Bauern und Fischer wahrscheinlich erschlagen, Frauen vergewaltigt worden waren. Noch ein Esel wurde mitgeführt. Immer wieder schloss sich der Schneevorhang vor dem Zug, öffnete sich dann erneut dem Blick. Ein paar Kühe, ein Kalb zogen die Flüchtenden mit sich. Wohin wollten sie? An Oschatz vorbei. Tiefer in sicheres Land? An der Spitze des dunklen, bewegten Menschenbands schwankten ein paar Laternen. Ein Lichtträger beschloss den Zug, vermutlich damit keiner aus dem Tross verloren ginge und entkräftet im frischen Schnee liegen bliebe.

Gertrud Herzwind streckte kurz und sinnlos die Arme aus.

Niemand im meilenlangen Zug suchte mit den Blicken die Weite, Gehölze und Gebüsch nach den mäßig verborgenen Kutschen, der Postkundschaft ab.

«Heute sie. Morgen wir», raunte ein Herr aus dem zweiten Wagen. «Überall wird gebrandschatzt. Der Krieg flammt allerorten auf.»

Der Zug der heimatlosen Spreewälder entfernte sich ins Dunkel.

Aus dem Dunkel leuchteten andere Laternen.

Zwei Menschenströme, einer von Norden, der nächste aus dem Süden schoben sich in entgegengesetzter Richtung aneinander vorbei.

So etwas hatte man noch nie gesehen.

«Wer ist das? Ich weiß es nicht», bekundete der Postillon und bekreuzigte sich. Einige, die zur Weiterfahrt bereits zu den Wagen zurückkehren wollten, taten es ihm gleich.

Der zweite Menschenstrom bewegte sich um einiges näher an ihnen voran, aber vielleicht noch langsamer, mühsamer. Die Karawane war nicht kompakt. Sie wirkte aufgelöster, so als hätten auf dem langen Weg viele aufgegeben. Kein gerettetes, mitgezogenes Vieh war zu erkennen. Hingegen wieder Frauen mit Kindern an der

Hand, auf dem Arm. Was Buckel zu sein schienen, waren Reisesäcke, die hundertfach auf den Rücken geschleppt wurden. Die Männer trugen flache Hüte, sie waren bärtig, soweit man sah, bei Frauen verwunderten hier und da helle Halskrausen nach altspanischer Mode.

«Judentracht», sagte jemand.

Wo war es gerade zur Vertreibung gekommen?

«Zehntausend sind es nicht mehr», mutmaßte der Student Haffner. «Die Übrigen müssen unterwegs umgekommen sein.»

Manchmal verharrten Menschen der beiden Flüchtlingszüge nebeneinander, manchmal schienen sie sich in die Arme zu sinken – eine Verbrüderung im Nichts –, und setzten ihre Wanderungen fort.

«Prag», sagte Sebastian Haffner zwischen feuchtem Geäst und Buschgestrüpp.

«So viele Meilen? Von Böhmen her?» Frau Herzwind war entsetzt.

«Es können nur die Prager Juden sein, die Kaiserin Maria Theresia vertrieben hat, alle. Die hohe Frau, die Verbündete Sachsens, duldet es nicht, dass in ihren Ländern jemand an etwas anderes glaubt als an Vater, Sohn und Heiliger Geist», empörte sich Sebastian Haffner.

Der Tross der Rechtlosen, wahrscheinlich auch Bestohlenen schleppte sich vor ihren Augen über die Ebene. Solche Schande noch im 18. Jahrhundert, das seine Mitte überschritten hatte.

Der helle Fleck, der sich von dunklen Umhängen abhob, konnte nur das gelbe Judenrechteck sein.

«Sie fliehen in Richtung Hamburg, Niederlande. Oder Preußen. Dorthin, wo freier Geist weht.»

Der Strom wurde schmaler, endete. Nachzügler mit Kindern oder Gebrechliche an Krückstöcken. Wie bei den Spreewäldern.

«Ob es in Preußen für sie besser ist?», fragte Marwitz. Seine Pistolen hatte er unter die Uniformschärpe geschoben. «In Berlin dürfen nur hundert jüdische Familien leben. Sie müssen das Viehtor benutzen. Und der König hat sie in Klassen aufgeteilt. Die Generalprivilegierten», sagte er, «durch die Friedrich seine Geschäfte abwickeln kann. Die Schutzjuden, die für jedes Neugeborene tausend Taler zahlen müssen. Bei Festen in ihren Familien haben sie aus den königlichen Manufakturen die schadhaften Überbleibsel zu kaufen. Meine Tante hat ihrem Verwalter aber ein schönes Service geschenkt. Jüdische Bedienstete haben eigentlich keine Rechte. Mit ihnen kann man im Grunde machen, was man will.»

«Na, wenn sie unseren Erlöser am Kreuz geschlagen haben», ließ der Postillon sich hören, «und nicht an das Richtige glauben.»

«Ihr Jehova ist unser Gott. Erst dann fangen einige Unterschiede an», antwortete der Student. «Wer keinem anderen Menschen schadet, der ist ein guter Mensch.»

«Ich finde es vortrefflich, dass Juden weder Paradies noch Hölle und schon gar nicht die Erbsünde kennen. Das erleichtert für die Seele vieles», mischte sich Max Gutbrod ein. «Sie bleiben im Gespräch mit ihrem Gott, befolgen seine Speisevorschriften, zumindest mehr oder weniger, und laden zum Sabbat-Mahl einen Bedürftigen ein.»

«Das taten sie in Prag, Max», Johann legte seinem Bruder den Arm um die Schulter, «sie haben nichts mehr.»

Beschämt senkte der Zwillingsbruder den Blick.

«Wir stehen da, glotzen, frieren. Und helfen können wir nicht. Jetzt und hier, den einen nicht und den anderen nicht.» die Brauersfrau wischte sich Schnee aus dem Gesicht. Vor ihren Augen trennten sich die beiden Ströme der Geflüchteten und der Vertriebenen. «Warum sind wir nicht eine Stunde früher oder später gekommen?

Es ist nicht auszuhalten. Diese Zeiten.» Frau Herzwind schnäuzte sich, um sich dabei die Augen zu trocknen. «Warum ziehen sie nicht nach Oschatz?»

«Es will sie keiner», sagte ein Herr.

«Vielleicht doch», erklärte sie. «Ich hätte gegeben und für Schlafstellen gesorgt.»

Unterhalb des Damms versuchten die Kutscher, die Gespanne und Wagen zu wenden. Danach schafften es die Tiere nicht, die Gefährte die Böschung wieder hinaufzuziehen. Alle mussten zugreifen. Weiß von Flocken, mit den Schuhen und Stiefeln im Matsch und immer auf «hau ruck!» zogen die Herren und Damen mit an der Deichsel, griffen in die Radspeichen, schoben die Wagen von hinten. Niemand fror mehr. Nach zwanzig Minuten der Mühsal am Lonnewitzer Kreuzweg waren die Fahrzeuge wieder auf den Damm bugsiert. Füße waren nass, Strümpfe zerrissen. Ein Mann blutete an der Hand. Die Kutscher saßen auf. Das alte Paar, das an einem Baum Schutz gesucht hatte, hätte man beinahe vergessen.

«Vielleicht wären wir durchgekommen.»

«Sicherer so.»

Nunmehr hockte man vollends erschöpft und ergeben auf den Bänken.

Kein Rumpeln erreichte mehr das Gemüt.

«Wenn Graf Brühl sein Land sähe», brachte Frau Herzwind hervor, die im vorderen Wagen geblieben war.

«Er sieht es», behauptete Frau von Clam-Gallas. – Nach einem Augenblick der Stille rief sie unvermittelt und mit schriller Stimme, von vielem belastet und als würde sie zehn Lakaien zusammenstauchen, aus: «Vorwärts, Leutnant! Lesen Sie. Ich brauche Schönes, Licht, Frühling.» Erschrocken griff Marwitz nach dem Quartband. «Ich finde mein Lorgnon nicht.» «Fuck your Lorgnon», ihr waren offenbar englische Dramatiker bekannt, «Ihre Augen sind jung, los, hopp!»

Er hielt die Nase ins Buch und stotterte:

«Die, die holde Dämmrung … durchgleiten Gerüche von
von Blüthen der Hecken,
Die Flügel der Westwinde duften. In überirdischer Höhle,
von krausen Sträuchern umgrünt, sitzt zwischen
Blumen der Geißhirt,
Bläst auf der hellen Schalmey, hält ein, und höret die Lieder …»

«Wir gehn nun, wo der Dudel-Dudelsack in unsrer Schenke brummt …»

«Nein», riefen alle, «nicht, Frau Herzwind!»

Quartier

Die Postwagen verschwanden in der Remise, die Pferde wurden in den Stall geführt.

Wie und wann man ankam, spielte keine Rolle mehr. Hauptsache man betrat einen warmen Raum und fühlte ein Dach über dem Kopf. Die Herren halfen den Damen aus den Mänteln und Umhängen. Trotz der vorgerückten Stunde tischten die Mägde an einer langen Holztafel noch Schalen, Löffel und eine dampfende Suppe auf. Die Brühe war ein Labsal. Der Student Haffner schlürfte sie aus dem Napf in beiden Händen. Die meisten brockten das Brot hinein. Besonders akkurat führten die Gutbrods die Löffel an die Lippen. Die Brauersfrau Herzwind neigte den Kopf hingegen tief über die irdene Schüssel und schmatzte. Ihre Haube saß schief auf dem grauen Haar. Wie es um die Zähne der Reisenden stand, wurde bei der Stärkung sichtbar. Das greise Paar am Tischende hatte, wie vermutet, keine mehr. Bei dem vielleicht fünfzigjährigen Mann neben ihnen herrschte hinter den Schneidezähnen dunkle Leere. Geübte Kiefer machten die Verluste wett. Marwitz hatte Zuckriges womöglich vermieden oder war auch hier von der Natur besonders begünstigt. Die krosse Brotkruste zersprang bei seinem schneeweißen Biss geradezu. Wer dem Tabak zusprach, der lächelte zwischendurch gelblich. Gewiss, das tüchtige Abreiben mit Soda und Natron auf einem Bürstchen oder der Fingerkuppe half gegen alle Verfärbungen, aber Zähne und Zahnfleisch wurden auf die Dauer dadurch mürbe.

Luise von Barnhelm hüstelte. Sie wandte sich mit der Hand auf der Brust ab und hustete sogar. Machte sich bei der Baronesse eine Erkältung breit? Falls es die Schwindsucht wäre, würde das hübsche Fräulein in mehr oder weniger absehbarer Zeit Blut husten. Viel heiße Milch mit Honig konnten ihr frühes Vergehen hinauszögern. Gegen mögliche Miasmen in der Luft hielten sich einige vergeblich unauffällig ihr Schnupftuch vor Mund und Nase, ein Mann stand sogar auf.

«Pardon», hüstelte die Baronesse noch immer, «da muss mir etwas in die falsche Kehle gerutscht sein.»

Die Reichsgräfin klopfte ihr besorgt auf den Rücken.

Die Männer ließen Bier kommen, Damen aus der zweiten Kutsche taten es ihnen gleich. Die Gutbrods fragten nach einer Flasche Port. Auch den gab es. Hier in der nächtlichen Herberge wie am Rande der Welt war es gleichgültig, ob man Bierschaum aus dem Humpen genoss oder sich durch Südwein lockerte. Marianne von Brühl und Barnhelm ließen sich von den Zwillingen einschenken. Trotz aller Ähnlichkeit zwischen beiden wirkte Max fröhlicher als sein Bruder. Max Gutbrod plauderte unentwegt mit Leutnant Marwitz. Dagegen ließ Johann Gutbrod den Kopf hängen. Ein großer Schluck Portwein diente ihm nicht nur zur Stärkung, sondern wohl vor allem dem Vergessen. Bekümmert saß der junge Bergassessor da, und das Herz mochte ihm zerrissen sein. Niemand saß zwischen ihnen, und so wagte Luise von Barnhelm den Traurigen leise, aber freiheraus zu fragen: «Was bedrückt Sie so, lassen Sie jemanden zurück?» Johann Gutbrod trank; seine Perücke war nur noch stellenweise gepudert. Das Herz eines Liebenden geht über, besonders, wenn es verwundet ist. «Eine Kaufmannsfrau in Freiberg, Fräulein von Barnhelm.» Die Baronesse nickte. «Die große Liebe, meine größte. Meine letzte, fühle ich. Ich reise aus der Liebe fort. Ich hätte ein Leben mit ihr aufbauen wollen. Hanna ist verheiratet. Mit einem todkranken Mann, der vielleicht schon jetzt nicht mehr lebt.» Die Baronesse versuchte zu begreifen: «Wenn Hanna Sie liebt, dann kann sie nach der Witwenzeit doch Ihre Frau werden, Herr Gutbrod.» «Es ist so verteufelt», sprach er mit gesenkter Stimme weiter. «Sie hat sich vollkommen der Pflege ihres Mannes hingegeben.» «Eine gute Frau, eine gute Seele», lobte Barnhelm: «Sie liebt Sie, und sie hat sich ihrem Mann verpflichtet. Eine solche Frau wünsche ich Ihnen, Herr Gutbrod.» «Verstehen Sie denn nicht, Mademoiselle? Ich darf nicht auf den Tod ihres Mannes warten, sehnsüchtig. Was wäre ich für ein Scheusal?» «Nun, Herr Gutbrod, der Tod gehört zum Leben. Danach wäre ihre Hanna frei. Sie könnte nach England nachkommen, oder Sie beide werden ein glückliches Paar in Freiberg. Sie wird ja wohl auch das Haus ihres Mannes erben.» «Sie kennen sie nicht, Mademoiselle.» «Nein, das tue ich nicht.» Beide tranken, zueinander gebeugt. «Das Erbe ihres Mannes wird in erster Linie er selbst sein. Sein Geist. Hanna ist eine empfindsame Seele.» «Das ist doch schön, Herr Gutbrod.» «Ich ahne, ich habe herausgehört, dass Anselm Haug, so heißt er, sie auch noch nach seinem Tod beherrschen wird. Ich war ein Licht, eine Flamme in Hannas Leben. Aber nun würde ich immer der Eindringling, der Nutznießer seines Todes sein.» «Ist das nicht zu feinsinnig gedacht, Herr Gutbrod? Im Laufe der Zeit glättet sich vieles. Ich weiß es von meinen Eltern, die miteinander verheiratet wurden, wie das so ist, anfangs gingen sie sich sogar aus dem Weg, gewöhnten sich aneinander und wurden unzertrennlich.» «Wie schön für Sie alle, Mademoiselle, hier aber ist es anders. Der tote Gemahl wird nicht aus dem Haus weichen. Hannas Liebe zu mir, die wunderbaren Nächte, die wir in der Dachstube verbracht haben, sind für immer vorbei und verloren. Während der langen Krankheit ist sie in der Hilfe für ihren Mann Tag und Nacht aufgegangen, beider Seelen sind in der Not so miteinander verschmolzen – sie erzählt mir ja alles, ich war ja ihr Freund und ihre Stütze –, dass die Seele der Lebenden und des Toten nicht mehr voneinander loskommen werden.» «Ach, das ist schlimm», erklärte Luise von Barnhelm, «die Toten soll man ziehen lassen. Sie wollen ins Freie, in ihre Welt, die wir nicht kennen. Ihre Hanna will eine Totenpriesterin werden. Das gehört sich nicht.» «Ich würde immer nur der Zweite sein. Ich war die Lust, er war die Liebe.» «Wie Sie das so schildern, Herr Gutbrod», Barnhelm wiegte den Kopf, «da ist tatsächlich etwas Fatales im Gange. Sie hat Sie benutzt.» «Es war schön. Nun will sie keine Lust mehr, braucht mich nicht mehr als Vertrauten, der sie in die Arme schließt. Alle Frische und Unbefangenheit der Gefühle sind weg. Nun will Hanna, glaube ich, Ruhe für ihre Seele, völlige Ruhe und ihr Leben lang von ihrem Mann Abschied nehmen. Da ist kein Platz für mich.»

Luise von Barnhelm legte dem Bergassessor die Hand auf den Arm: «Eine dunkle Geschichte. Aber sie trägt sich zu. Nur Verletzte, Einsame und ein Toter bleiben zurück.» Sie besann sich und wollte nicht so etwas Endgültiges sagen. «Sie, Herr Gutbrod, und Frau Hanna Haug können sich in ein paar Jahren wiedersehen. Dann wird die Trauer verweht sein, und Sie beide können neu beginnen. Das wünsche ich Ihnen.»

«In ein paar Jahren? Wie sollen dann die Herzen neu entflammen? Wie kann alles wie am Anfang sein?»

«Es muss nicht wie am Anfang sein. Sie werden beide vernünftiger geworden sein.»

«Und uns vernünftig lieben, Mademoiselle?»

«Ja, Herr Gutbrod.»

«Ach, so etwas geht doch nicht», er kämpfte gegen die Tränen an.

«Sie lieben sie sehr?»

«Ja, mit jeder meiner Fasern. Ich werde zurückgewiesen. Wegen eines Toten.»

«Ihre Hanna ist doch nicht gut.»

«Ich weiß es nicht, mein Fräulein.»

Max Gutbrod wandte sich seinem erschütterten Bruder zu. «Freiberg?», fragte Max.

Luise von Barnhelm nickte. Zwischen ihr und dem rüstigeren Bruder saß Johann Gutbrod, hob die Hände, sprang auf und eilte zur Tür hinaus in die freie Schneenacht. Sämtliche Blicke folgten ihm. «Die Liebe», erklärte Luise von Barnhelm der Reichsgräfin. «Da gibt es kein Mittel, einzig die Zeit», konnte Marianne von Brühl nur allgemein antworten, «wenn er Glück hat.» Die Übrigen widmeten sich Käse und Wurst, die von einer Magd aufgetischt wurden.

«Wenn andere leiden, leidet man mit, ohne selbst leiden zu müssen», bemerkte die Baronesse, «auch seltsam.».

«Man hält die eigene Wahrheit zu unbedacht für die Wahrheit aller», sagte ein Herr.

«Ich könnte ihn ja heiraten», meinte Luise von Barnhelm zur Seite, «er ist so empfindsam. Und sieht gut aus. Sogar, wenn er weint. Ach.»

«Unvorstellbar, mein Kind», stellte die Reichsgräfin fest, «Sie sind von Adel.»

«Aber es gibt doch ein natürliches Recht.»

«Ein Naturrecht? Wenn die Natur, Baronesse, alle Menschen gleich erschaffen hätte, wären auch alle ebenbürtig. Ein Unding. Am Ende könnte noch jeder jeden regieren. Was für Flausen Sie haben. Natürliches Recht, keiner wüsste mehr, wohin er gehört, was seine ewigen Pflichten sind. Die Welt gerät aus den Fugen.»

«Und von der Marwitz auch nicht?»

«Den ganz und gar nicht. Ein Verlust für die Damenwelt.»

An der Tischseite gegenüber hörte man, wie der Leutnant aufs Schönste animiert, dem gebannt lauschenden Max Gutbrod anvertraute: «Christian Friedrich Glasow ist der Kammerdiener des Königs. Das ist kein militärisches Geheimnis. Glasow ist unentwegt um ihn, wischt ihm den Schnupftabak vom Rock, serviert ihm, füttert die Hunde. Ein emsiges Faktotum. Weshalb Glasow pausenlos verschuldet ist, weiß man nicht. Er ist besoldet. Nun ja, auf einen zusätzlichen Taler von Seiner preußischen Majestät darf keiner bauen. Glasow schwitzt geradezu vor Schulden. Krumme Geschäfte? Hinter dem Rücken des Königs Schiebereien mit Militärgut? Wer weiß. Auch die Größten werden betrogen. Ein Geheimnis ist das nicht. Bald wird er vor mir buckeln. Aber erstens habe ich nichts, und zweitens mag ich ihn nicht. Der König ist an Speichellecker gewöhnt und gönnt sich vielleicht das Schauspiel eines Untertans in Not.»

«Unangenehm», urteilte Max Gutbrod.

Sie stießen an.

Der Herr, der sich zur Wahrheit geäußert hatte, erhob sich: «Das hat geschmeckt», ließ er verlauten, «aber ich habe keine Lust, länger als nötig mit einem Feind meiner Heimat an einem Tisch zu sitzen.»

«Ich liebe Sachsen und das Grüne Gewölbe», parierte von der Marwitz.

«Dann überfallen Sie nicht ohne Kriegserklärung mit einer Übermacht ein Land und plündern es aus. Sie hätten als Reisender kommen können. – Nacht zusammen!»

«Nicht die Völker ersinnen Krieg, sondern ihre Anführer tun's.»

Der Sachse schien noch Verwünschungen für den Offizier in petto zu haben. Aber er biss sich auf die Lippen. Marwitz hätte ihn wegen Beleidigung zum Duell fordern können. Andererseits war ein Bürgersmann nicht satisfikationsfähig. So hätte er das preußische Militär vielleicht doch noch verfluchen können, wäre aber – ohne Duell – Gefahr gelaufen, vom Leutnant einfach verdroschen zu werden. Obwohl dieser nicht nach Schlägereien aussah.

Betreten blickte man dem Mann nach. Marwitz war die Situation peinlich. Er wandte sich wieder Max zu.

Die alte Station von Oschatz mutete geräumig und gut geführt an. Sie war ehedem auch zum Gasthaus zur Post geworden. Das Kaminfeuer glomm auf einem Rost unter dem Suppenkessel. An einem kleinen Tisch hockten noch zwei Zecher des Landstädtchens beim Bier und schmauchten. Erst jetzt fiel auf, dasss auf dem hohen Lehmofen ein Mensch leise schnarchte. Ein runder Hut lag neben ihm. Vielleicht war es ein Onkel, ein Vetter des Posthalterehepaars oder ein Einzelgänger aus dem Ort, der auf dem wärmsten Platz geduldet wurde und womöglich den ganzen Winter dort oben zubrachte. So wie man es bisweilen aus Russland hörte. Auf einem Wandbrett schmückten Strohblumen und ein farbiger Krug den Raum. Gleich daneben sollten ein paar gerahmte Sinnsprüche Martin Luthers zum Innehalten und Nachdenken anregen.

Trink, was klar ist – iss, was gar ist – sprich, was wahr ist – lieb, was rar ist … Anstrengungen machen stark und gesund … Aus einem verzagten Arsch kommt kein fröhlicher Furz …

Ein Hausknecht und eine Magd führten die späten Reisenden zu ihren Schlafstätten. Im Schein des Talglichts ging es treppauf. Das Gepäck stapelte sich auf einer Diele. Es musste durch einen Hintereingang heraufgetragen worden sein. In einem langen Gang wurden den Damen und Herren Kammern angeboten. Wer schlechter bei Kasse war, musste noch ein Stockwerk hinauf und hatte sich in einen der beiden getrennten Schlafsäle unterm Dach zu bequemen. Dort standen Pritschen.

Man verabschiedete sich.

Jeder würde in tiefsten Schlaf sinken.

Nach dem Verteilen der nötigsten Taschen und Koffer half Luise von Barnhelm der Reichsgräfin beim Auskleiden. In solchem Gelass hatte die Gattin des Ersten Ministers noch niemals übernachtet. Ein Fensterchen mit kariertem Vorhang, schlichtestes Holzmobiliar, immerhin Nachtgeschirr unter dem Bett und Schüssel mit Krug für die Morgentoilette.

«In Warschau hätte ich noch ein Palais.»

«Sie wollten nach Leipzig, Madame», erinnerte sie die Kammerfrau und löste das Korsettband. Das weißseidene Nachthemd mit Spitzenbesatz floss über die Schultern der Gräfin bis auf die Füße.

«Keine Haube. Einfach das Haar bürsten.»

«Wie Sie wünschen, Madame.»

Das Talglicht blakte, beiden stand die Erschöpfung ins Gesicht geschrieben.

«Und morgen Leipzig.»

«Ja.»

Die Reichsgräfin legte sich ins Bett, «hart, hoffentlich keine Wanzen», stieß noch ein langes «Aaah» und «Ach» aus, «eben wie im Krieg. Da müssen wir durch.» Barnhelm löschte das Licht und verabschiedete sich in ihre Kammer.

Nach stillen oder gemurmelten Gebeten zog auch in den Dachräumen Ruhe ein. Einige hatten Hemd und Strümpfe anbehalten und wickelten sich in ihre Wolldecken. Der Student Haffner versuchte, das hervorstechende Stroh im Kopfkissen aus seinem Gesicht zu bekommen, und schlief dabei schon fast. Johann Gutbrod dachte an Freiberg und an Hanna. Marianne von Brühl schreckte noch einmal auf. Der Wandergeselle war ihr vor Augen getreten und wie er mit einer Sense durchs Land schritt, Baum, Mensch und

Tier niedermähte. Die Tür von Marwitz stand einen Spalt offen. In der leeren Gaststube räumten zwei Mägde die letzten Teller und Humpen vom Tisch. Das Getrappel im Freien draußen wurde lauter. Sie horchten auf. Der Hufschlag im Schneetreiben kam näher. Wer konnte es sein, um diese Zeit, bei diesem Wetter? Sie ließen die Wischlappen liegen und traten ans Fenster. Gleich einem Schemen sprengte der Reiter heran. Der Umhang wehte. Genau zu erkennen war er inmitten der Flocken nicht. Er schien die Zügel nur mit einer Hand zu greifen. Sie öffneten die Fensterflügel. «Wer reitet», fragte die eine Magd die andere, «so spät durch Nacht und Wind?»

«Ein Bote? – Ein Mann von hier?»

«Er nimmt den Weg zum alten Gut. Zum Teich. Zur Mühle.»

«Zur schwarzen Mühle?»

«Da hausen nur noch böse Geister.»

Schaudernd schlossen sie das Fenster und mochten noch erfahren, ob sich etwas Schreckliches zugetragen hätte.

Sie löschten das Feuer im Kamin und trugen den Ascheimer fort.

Oratio pro principe

Ein Blick genügte.

Oschatz, seine Dächer und Gassen waren weiß. Der Schneefall hatte Stadt und Land zugedeckt. Der Postmeister und seine Frau traten vor die Tür und schauten zweifelnd. Das kam zu den Kriegswirren dazu. Wann und ob von Stauchitz und Leipzig Ordinäre Post eintreffen würde, war fraglich. Was für die Jahreszeit nicht völlig ungewöhnlich war.

Die Nachtgäste fanden sich peu à peu in der Gaststube ein, rieben sich zuerst am frischen Kaminfeuer die Hände und suchten sich einen Platz für die Stärkung.

Aufsehen erregte die Gräfin Clam-Gallas, die mit ihrer Kammerfrau die Treppe herabstieg. Das blaue Samtkleid glänzte und wirkte warm, aber solchen Pelzbesatz an Kragen und um das Jäckchen hatte man hier selten oder noch nie gesehen. Die blonde junge Begleiterin bewegte sich leger in ihrem Schlenderkleid à la française.

Sie nahmen an einem unbesetzten Tisch Platz. Die Postmagd tischte das Frühstück und Zichorienkaffee auf. Einiges war trotz der Zeitläufte in den Vorratskammern noch vorhanden. Beim Überfall aus dem Norden hatten die preußischen Kolonnen den grenznahen Ort rasch hinter sich gelassen. Er war von Konfiszierung und Plünderung offenbar verschont geblieben.

Die Reichsgräfin kostete den Kaffee. Dunkel, ein Sud, heiß, aber ohne das Anregende der echten Bohnen.

«Interessant. Wieder graues Brot. Es liegt recht schwer im Magen.»

«Madame, Weißbrot ist Luxus. Überall wird Roggenbrot gegessen.»

«Ach so», dankte Frau von Brühl für den Hinweis. Sie schaute sich unter dem Deckengebälk um. Die Lehmwände waren frisch gekalkt, die Fensternischen tief, ein paar Girlanden aus Zwiebeln und Knoblauch an der Wand hatte man am Vorabend nicht wahrgenommen. Der Reichsgräfin gefiel die ungewöhnliche Umgebung. «Wie eine Kulisse. Für ein bäuerliches Singspiel. Das man in Pillnitz aufführen könnte.»

«Madame, es ist keine Kulisse.»

«Ich verstehe. Ich habe eben immer in einer Palastsülze gelebt.»

Beide Frauen ließen das auf sich beruhen und strichen sich Schmalz auf die Scheibe.

Frau Herzwind schien sich zuerst zu ihnen gesellen zu wollen, grüßte und nahm dann bei einem Herrn Platz. Einige Juwelen der Aristokratin mochten sie einschüchtern. Der Studiosus Haffner kaute in einer Ecke. Sein zukünftiges Leben in der Freiheit der Alpen war noch ein Traum. Fürs Erste musste Sebastian Haffner, wie sich herausgestellt hatte, nach Marburg, um zu studieren. Danach stünde für sein Leben vielleicht eher eine Amtsstube als das morgendliche Bad in einem Bergsee an. Aber man wünschte dem mageren Burschen alles Glück.

Der Postmeister fungierte jetzt als Wirt und ging mit weißem Tuch vor dem Bauch durch den Raum. «Lassen Sie sich Zeit. Richten Sie sich darauf ein. Die Straßen sind verschneit.»

«Aber ich muss dringend … Halle.»

«Lässt sich gar nichts vorhersagen?», erkundigten sich einige. Der Postwirt zuckte die Achseln.

Für zwei Herren an einem Tisch, einen älteren und einen jüngeren, beide in Schwarz und mit sorgfältig gepuderter Perücke, schienen die Reiseschwierigkeiten nicht entscheidend zu sein. Sie hatten Kaffeeschalen neben sich stehen, doch vor allem stapelten sich Papiere, Dokumente, Aktenbündel vor ihnen. Das konnte man frühes, emsiges Arbeiten nennen. Auch Tintenfass und Federkiel waren zur Hand.

Der Ältere holte aus: «Es handelt sich zwar um eine eine fürstliche Familie, die Wettiner, Burgdorf, Vettern ersten bis fünften Grades und noch vertrackter. Sie beherrschen Thüringen und einiges drum herum. Aber sie sind heillos zerstritten. Jedenfalls meistens. Diese Herrscher scheinen mit dem Wurfbeil auf die Welt gekommen zu sein. Einer gönnt dem anderen weder Thron noch Untertanen, und so bleibt Thüringen ein Pulverfass.»

«Aber das ist doch gut, Herr Professor, für Advokaten und Rechtsgelehrte. Wo gezankt wird, prasseln die Honorare.»

«Das ist ein Aspekt, Burgdorf. Doch es gibt einen übergeordneten: die Ruhe und Ordnung im Reich. Nachdem dieser Krieg ausgebrochen ist, wäre ein Kleinkrieg in Thüringen das Letzte, was wir brauchen.»

Die Dresdner Damen mussten sich nicht unterhalten; am Nebentisch war es rege genug.

«Also, Burgdorf», sagte der Ältere geradezu väterlich, «wenn Herzog Friedrich von Sachsen-Gotha-Altenburg mit seinem Verwandten, dem Herzog Anton Ulrich von Sachsen-Meiningen, schon jetzt darüber streitet, wer von beiden dermaleinst die Regentschaft über das Herzogtum Sachsen-Weimar-Eisenach antreten soll ... was natürlich einen Machtzuwachs bedeutete ... dann könnten beide Herzöge auch bald ihre Kleinarmeen gegeneinander in Marsch setzen.»

«Wie albern. Das wäre doch, wie wenn zwei Pariser Polizeieinheiten sich miteinander prügeln würden.»

«Kein Zwist ist albern. Er kostet Gut und Blut, junger Mann. Und ich möchte keinen zweiten Wasunger Krieg erleben.»

«Was für einen Krieg?»

«Wenn Sie bei mir Ihr Examen machen wollen, sollten Sie das wissen.»

«Unbedingt will ich bei Ihnen promovieren, Herr Professor Pütter. Sie sind der Beste im Land. Sie sind das Recht in Deutschland.»

«Na, na», wehrte der munter wirkende Professor ab und wirkte durch sein Lächeln sympathisch. Kein Stubenhocker, wohl eher ein gelehrter Weltmann mit reinlichen Manschetten und Spitzenjabot.

«Beim Wasunger Krieg vor zehn Jahren ging es darum, welche von zwei Damen am Hof von Meiningen als Erste durch eine Tür gehen durfte.»

«Lächerlich!», rief der Jurastudent. «Deutschland. Kleinkariert. Ohnmächtig und ehrsüchtig.»

«Ach, für solche Rangstreitigkeiten finden Sie Exempel allerorten. Nicht immer gleich auf Deutschland schimpfen. In Meiningen bestrafte der Herzog beide Hofdamen. Stubenarrest, Ballverbot. Eine von ihnen wandte sich Hilfe suchend an den Nachbarherzog. Der nutzte die Gelegenheit, und die Soldaten marschierten. Beim Gefecht in Wasungen fiel ein Leutnant. Dann stiftete Friedrich von Preußen Frieden, erzwang ihn von den Kleinfürsten.»

«Die Damen, Herr Professor, hätten sich an das Reichskammergericht wenden können, um den Streit friedlich schlichten zu lassen.»

«O Burgdorf», der Gelehrte schien kurz zu verzagen, «Sie sind mein Begabtester! Aber wie kommen Sie auf das Reichskammergericht in Wetzlar? Das Reichskammergericht ist ein Juwel der

Rechtsprechung, sorgfältig, die Zuflucht vieler Beklagter, ausgewogen besetzt mit Vertretern aller Konfessionen und der Reichskreise in Deutschland. Preisen Sie sich glücklich, wenn Sie in Wetzlar einmal Assessor werden könnten. Aber dieses Gericht darf nicht über Fürsten urteilen, auch wenn sie nur Stubenarrest verhängen.»

«Ich dachte. Wenigstens manchmal.»

«An den Kaiser und seinen Reichshofrat hätten sich die Damen wenden müssen. Was Wetzlar nicht erledigt, das macht der Reichshofrat in Wien.»

«Das ist womöglich umständlich, Herr Professor.»

«Aber kristallklar. Nichts im Heiligen Römischen Reich Deutscher Nation ist ungeregelt, Burgdorf. Das haben wir vielen Staaten voraus, mag auch die Vielfalt unserer Institutionen den Laien an ein Wirrwarr erinnern. Es ist keines. Es geschieht alles gemäß der Reichsverfassung. Und so ist, um nur ein Detail zu nennen, für die mögliche Bestrafung von Fürsten – ein vollkommen unbekannter Vorgang in Frankreich oder Italien – der Reichshofrat zuständig. Das beinhaltet ebenfalls die Bestrafung bei Landfriedensbruch oder die Aufhebung von Urteilen, die unsere Landesfürsten gefällt haben. Kaum irgendwo beziehungsweise nirgendwo werden die Interessen von Herrschern, Untertanen und Konfessionen behutsamer austariert als bei uns. Nach leidvoller Erfahrung mit viel Blutvergießen. Der Dreißigjährige Krieg lehrte, Frieden, auch inneren Frieden, zu bewahren.»

Der Professor schob seine Kaffeeschale beiseite und ließ sich von seinem Studenten ein Aktenbündel reichen. «Widmen wir uns nun der ungeregelten Erbfolge in Sachsen-Weimar-Eisenach. Wir werden ja Zeit genug haben.» Er sah sich in der Poststube um, wo nichts auf den Aufbruch und die Abfahrt eines Postwagens in die Winterwelt hindeutete. Sein Blick verweilte einen Augenblick bei der Dame mit dem kostbaren Schmuck. Er wirkte von der Erscheinung überrascht und neigte kurz den Kopf zum Gruß.

«Interessant, vieles ist für mich fremd», grüßte die Gräfin zurück. «Gestatten Sie, Clam-Gallas. Auch auf Reisen. Verzeihen Sie, dass wir gelauscht haben.»

«Ich bitte Sie, wir waren viel zu laut.»

«Nein, nein», begütigte die Reichsgräfin.

Alle vier an den beiden Tischen erhoben sich und begrüßten sich noch einmal förmlicher.

«Ich vergaß, mich vorzustellen. Pardon. Johann Stephan Pütter. Aus Göttingen. Wir sind auf dem Weg zu einem Gerichtstermin. Aber die Wege nach Gotha sind blockiert. Der Krieg. Nun sitzt man in Oschatz.»

«Enchanté, Monsieur Pütter. Für uns sollte es eigentlich über Wermsdorf gehen. Sie sind Advokat?»

«Madame!», mischte sich der Student oder Assistent ein: «Es ist Johann Stephan Pütter. Nebenbei beherrscht der Herr Professor von Jugend an außer Latein und Griechisch auch das Hebräische, Chaldäisch und Syrisch.»

«Und ich bin sprachlos, Monsieur.»

«Wenn man ursprünglich Orientalist werden wollte, Madame.»

«Wer auch nur irgendetwas vom Wesen und Zusammenhalt von Staaten, besonders Deutschlands, erfahren will», die Begleitung ließ sich nicht unterbrechen, «der studiert beim Herrn Professor. Bald werden sämtliche Minister, Diplomaten, Richter durch seine Schule gegangen sein. Der Herr Professor schreibt, im Auftrag der Königin von England, als Erster eine Geschichte der deutschen Verfassung. Er verschlankt unser Verwaltungsrecht. Und wird um tausend Gutachten gebeten. Wie im Fall Sachsen-Gotha.»

«Es reicht, Burgdorf», gebot der Gelehrte dem juristischen Nachwuchs Schweigen. «Die Damen werden sich nicht ausführlicher mit den Tücken des Erbrechts befassen wollen. Aber setzen Sie sich doch bitte zu uns.»

Man nahm am Tisch voller Akten Platz, die der Student flink umdrehte, um Geheimes geheim zu halten.

«Wird Friedrich denn für seinen unerklärten Krieg von Deutschen gegen Deutsche bestraft werden?», fragte die Reichsgräfin unvermittelt.

«Es kann sein», erwog Pütter, «dass der Reichstag die Reichsacht über ihn verhängen wird. Theoretisch wäre Friedrich dann vogelfrei. Und jeder dürfte ihn entführen, rädern oder sonst etwas.»

«Töten?», fragte Barnhelm.

«Entsetzlich», Johann Stephan Pütter hob beide Hände, «aber in der Theorie, ja.» Der Jurist und Staatsrechtler dachte mit dem Zeigefinger vor den Lippen nach. Sie waren durch Rouge leicht betont. «Was mich schon länger beschäftigt: Nicht erst durch diesen Krieg, für den natürlich Begründungen gefunden werden, bricht Preußen, wenn nicht das Recht, so doch die Tradition.»

«Inwiefern?», fragte Burgdorf.

«Seit Jahrhunderten wird in sämtlichen Gottesdiensten und Messen im Reich, ergo vom Baltischen Meer bis nach Italien, von der Steiermark bis ins Friesische, die Fürbitte für Kaiser und Reich gesprochen. *Respice etiam ad devotissimum Imperatorem nostrum, unserem Kaiser dessen Verlangen, Gott, Du kennst, gewähre ihm die Ruhe unaufhörlichen Friedens* et cetera.»

«Falls man überhaupt in die Kirche geht … nun, nicht dauernd … bemerkt man die Fürbitte leider gar nicht mehr», überlegte Luise von Barnhelm. «Die Gewöhnung.»

«Aber sie wird gesprochen, Mademoiselle. Frieden und Wohlfahrt für das Reich werden erbeten. Die *Oratio pro principe* begleitete zuverlässig schon all unsere Vorfahren. Und erinnerte sie auf schöne Weise an Deutschland und an seinen gewählten kaiserlichen Herrscher. So wie die Kaisersäle in fast allen deutschen Residenzen, auch falls der Kaiser nie kommt. Der Kaiser ist symbolisch anwesend. Durch das Gebet werden ihm Friedenspflicht und Fürsorge für das Reich und seine Bewohner auferlegt. Aber Preußen? Bereits der Vater Friedrichs, der Soldatenkönig, verbot in Preußen die Fürbitte. Preußen will etwas Besonderes sein und entfernt sich aus Deutschland.»

«Hätten der Kaiser und der Reichshofrat, Herr Professor», fragte der Adlatus nach, «den König von Preußen wegen der unterlassenen Fürbitte nicht verklagen und verurteilen können? Und die Fürbitte wäre wieder gesprochen worden.»

«Formal, ja, Burgdorf. Aber wie vollstrecken? Überdies gelten Urteile aus Wien schnell als katholisch. Und sollten evangelische Nachbarn wegen des Verbots eines Gebets in das evangelisch-reformierte Preußen einmarschieren? Auch diese Materie ist verwickelt. So beten überall Deutsche für Deutschland, nur in Preußen nicht.»

«Das ist hässlich», fand Barnhelm.

Der Wirt hatte sich neben dem Gast aus Göttingen aufgebaut und stemmte die Hände in die Hüften. «Ich bin nur ein einfacher Mann. Aber es hapert an allem in Deutschland, andere Rechte in Sachsen als in Preußen. Wenn ich zu meinem Oheim nach Erfurt fahre, muss ich an zehn Grenzen meinen Pass vorzeigen, was ich bei mir habe, verzollen, und ich komme mit zehn Sorten Münzen heim. Die einen verbünden sich mit Frankreich, die anderen mit England, und unsere feinen Fürsten verwandeln alles in ein Schlachtfeld. Wird das Geld knapp, verkaufen sie ihre Landeskinder als Soldaten ins Ausland. Und im Reichstag wird gestritten und gekungelt. Lübeck legt sich mit Hamburg an. Ist Katholen und Evangelen am

Wohl des Ganzen gelegen? Das Kaiserhaus kümmert sich mal und mal nicht. Es kocht doch mehr und mehr sein österreichisch-habsburgisches Süppchen. Und womöglich hat der Preußenkönig recht, die Nation neu zu vereinen und alles zu straffen. Auch dabei hat der Bürger natürlich nichts zu melden. Wie überall in Europa. Es bräuchte vielleicht einen Umsturz und eine Klarheit. Es ist Matthei am Letzten mit dem deutschen Reich. Es ist Spielball aller großen und starken Reiche rundum.»

«Nein, nein und abermals nein», Professor Pütter hieb mit der flachen Hand auf den Tisch und sprang auf. Puder stäubte aus seiner Perücke. «Solches Gerede, Herr Wirt! Überall schlägt es mir entgegen. Sie hier», die Stimme Pütters nahm die Lautstärke wie in einer Vorlesung an, «haben Pech mit dem preußischen Aggressor.»

«Wohl wahr», rief die Reichsgräfin Brühl ihm zu.

«Aber die Deutschen sind zu undankbar gegenüber ihrem Schicksal.»

Niemand aß mehr vor seinem Schmalzbrot. Sogar ein Pole in seiner malerischen Tracht wandte sich dem außergewöhnlichen Disput zu. In seinen eleganten Reisestiefeln ging Pütter vor dem langen Posttisch auf und ab: «In Deutschland wird es keine Revolution geben. Dem einfachen Mann geht es, wenn auch nicht immer, passabel, gut, jedenfalls doch nicht schlecht genug, um aufzubegehren. Die Bauernkriege vor zweihundert Jahren haben die Fürsten Furcht vor einer Erhebung der Massen gelehrt. Man schröpft die Untertanen, aber man plündert sie nicht aus. Zumal danach niemandem etwas bliebe, Armut alles lähmte. Hungerrevolten erleben Sie in Frankreich, dem schönen, stolzen Land. Dort hängt alles von der Willkür des Königs und des Adels ab. Frankreich könnte, obwohl wir es uns noch kaum vorstellen können, in Flammen stehen. Dort ist das Volk zum Pöbel degradiert. Deutschland hat Untertanen, ja, aber keinen rechtlosen Pöbel. Ein jeder im Land kann bei uns sogar seinen Landesherrn verklagen. Die Klagen werden in Wetzlar oder in Wien geprüft, verhandelt und Urteile gefällt. Wie oft wurde auf diese Weise vor allem schon eine zu hohe Bierbesteuerung rückgängig gemacht.»

Der Pole staunte.

Johann Stephan Pütter verschränkte die Hände im Rücken. «Um ein für alle Mal mit Vorurteilen Schluss zu machen, auch hier in Oschatz», der Wirt fühlte sich geehrt. «Das Heilige Römische Reich Deutscher Nation, das weitaus größte Staatswesen in der Mitte Europas, ist hochmodern. Es basiert auf Kompromiss. Nicht immer freudig, aber aus Erfahrung und Vernunft suchen Mächtige und weniger Mächtige, Kaiser, Fürsten, Städte immer nach einem Ausgleich ihrer Interessen, und es ist der einzige Staat der Welt, meine Damen und Herren, in dem unterschiedliche, ja konkurrierende Konfessionen und ihre Gläubigen, Katholiken, Protestanten, Reformierte koexistieren. Und es wird Mode, Parks durch Moscheen zu bereichern, zumindest zum stilvollen Mokkagenuss. Mord und Totschlag wegen einer Religion, das haben wir hinter uns. Das ist fabelhaft! Das möge woanders nachgeahmt werden. Gewiss, es fehlen noch die Juden, denen gesetzliche Gleichberechtigung zusteht. Das wird sich durch Toleranz, Tugend und Vernunft finden. Möge die schändliche Vertreibung der Prager Juden, Menschen, die auch für unser Gemeinwohl wirken, der letzte despotische und dumme Akt dieser Art sein.»

Ein scharfer Windzug mit Flocken schnitt durch den Raum. Ein Knecht trug auf seinem Rückengestell Brennholz herein. Der Alte kümmerte sich nicht um das Auditorium um ihn herum. Man harrte, bis er die Scheite abgeladen und in seinen lauten Pantinen wieder hinaus war, abermals mit eisiger Luft.

«Der Herr Wirt», der Göttinger Gelehrte umfasste nun sein schimmerndes Rockrevers, auch die Zopfschleife war perfekt gebunden, «der Herr Wirt sprach Mängel unseres bunten Staatswesens an. Die gibt es fraglos. Die vielen unterschiedlichen Währungen, ein Gewirr von Zuständigkeiten in Fragen des Rechts, des Verkehrs, der Schulpflicht, die noch nicht allerorten gilt. Kriegsbündnisse im Inland und mit dem Ausland sollten verboten werden. Der Soldatenhandel ist eine ekelerregende Form der Sklaverei. Das alles muss überwunden werden.»

Die Deutschen und die beiden Ausländer in der Gaststube applaudierten. Pütter dankte. «Es ist mir wichtig, dass Sie an Deutschland nicht verzweifeln, sondern es auch schätzen und lieben sollen. Wie jeder auf der Welt sein eigenes Nest. Manches liegt bei uns im Argen. Erhebliches ist ungewöhnlich gut: Das Recht regiert, es gibt keinen Raum ohne Gesetz. Das beengt, aber es sichert auch. Was aber nun mein Ziel und mein Trachten ist», er stützte sich mit einer Hand auf dem Posttisch ab: «Die selbstverständlichen Rechte und Pflichten des Einzelnen müssen in unser Staatssystem einfließen. Es ist höchste Zeit. Die Gleichheit der Menschen durch Geburt. Die Mitsprache eines jeden an den Geschicken des Landes. Davon sind wir noch weit entfernt. Nein, nicht Wirrwarr wird daraus entstehen, sondern ein jeder wird Verantwortung lernen. Wie in der Republik der Niederlande, die durch tüchtige und verantwortungsvolle Bürger gedeiht. Eine kaiserliche Republik Deutschland, das wäre wünschenswert.» Pütter schien nicht zum ersten Mal über diese schwierige und eigentlich unmögliche Staatsform nachzudenken.

Der Professor setzte sich. Er nahm sich Akten vor. Sein Assistent reichte ihm das Gewünschte.

Auf der Treppe erschienen blanke Stiefel, Degen und die maßgeschneiderte, blaue Uniform.

Leere

Im kurzen Durchgang des Lebens bewirkte ein längeres Beisammensein, noch dazu auf Tuchfühlung, ein Empfinden von Zusammengehörigkeit. Mochte das Gemeinschaftsgefühl auch noch so vage und ungeprüft sein. So war aus Reisenden, die über Stock und Stein gerüttelt worden waren, die den Zug von Fliehenden und Vertriebenen hinter nächtlichem Gebüsch machtlos mit angesehen hatten, eine lose Oschatzer Gemeinschaft geworden. Nach dem Reichsvortrag beim Frühstück hatte sich Gertrud Herzwind erboten, einen Rockschoß des Studenten Haffner zu flicken. Ein Herr aus der zweiten Kutsche entpuppte sich als Augenarzt. Er krempelte die Ärmel hoch, öffnete seinen Instrumentenkoffer und untersuchte den grauen Star in den Augen des greisen Ehepaars. Die rasant gewachsene Nähe zwischen Georg Wilhelm von der Marwitz und Max Gutbrod stand außer Frage und gab Anlass zu allerlei Mutmaßungen. Auf dem Scheunenboden der Poststation brachte der Leutnant dem Bergassessor Parade, Finte und den Corps-à-Corps-Angriff mit dem Degen bei. Einiges Wissen darüber und Geschick darin konnte dem neuen Freund auch in England nicht schaden. Der Pole war schlafen gegangen. Die Französin auch. Nur wenig war erfreulicher an einem winterlichen Morgen, an dem man unweigerlich festsaß und es allein oder nicht allein warm haben wollte.

Am späten Vormittag versammelte sich eine kleine Schar zum Abschied vor der Remise des Gasthofs. Sogar Professor Pütter und sein Assistent Burgdorf gesellten sich dazu, obwohl beide nur Luft hatten schnappen wollen.

Der Boden war weiß, der Himmel trübe, die Kufen glänzten.

Alle nahmen den Schlitten in Augenschein.

Ein Bursche aus der Nachbarschaft, der sich etwas dazuverdienen wollte, packte die Zügel, das Pferd stampfte mit den Vorderhufen, das Glöckchen am Zaumzeug des Fuchses schellte. Auf dem Rücksitz des Einspänners zogen sich Luise von Barnhelm und Johann Gutbrod die Felldecke über die Beine. Ihre Nasenspitzen waren bereits winterrot. Der zweite Zwilling drückte sich den Dreispitz fest auf den Kopf, die Baronesse band die Haubenbänder unter dem Kinn zu einer Schleife.

Die Reichsgräfin von Brühl, seit einiger Zeit Clam-Gallas genannt, trat neben das schlichte Gefährt: «Grüßen Sie mir mein schönes Hubertusburg, Baronesse. Es ist einmalig. Eine reine Freude.»

«Aber warum wollen Sie denn nicht fahren, Madame?»

«Ich habe noch Post zu erledigen.»

Welche?, wunderte sich Luise von Barnhelm, ohne vor Zeugen laut nachzufragen.

«Und», fuhr die Reichsgräfin neben dem Schlitten fort, «ich war letztes Jahr in Hubertusburg, mit dem Hof, mit dem König, mit meinem Mann», Trauer überzog ihr Gesicht, «die üblichen Festlichkeiten, Jagd, Bälle, Feuerwerk, eine neue Oper von Hasse. Schauen Sie sich den Hubertussaal an, die Appartements der Königin, die Kapelle, grandios.»

«Das will ich, das werden wir.»

Neben der Baronesse nickte Johann Gutbrod beklommen.

Frau von Brühl sprach ihn direkt an: «Genießen auch Sie den Ausflug, Herr Bergassessor. Ich konnte nicht umhin zu hören, dass

Liebeskummer sie quält. Das ist schlimm. Das ist eine klaffende Wunde im Herzen, egal ob in der Hütte oder im Palast. Die Ablenkung wird ihnen guttun, bevor Sie nach England entschwinden.»

Johann Gutbrod nickte abermals, dankend. So führe er denn Seite an Seite mit einer Baronesse zu einem Märchenschloss. Das durfte und wollte er nicht ausschlagen.

«Hier, Barnhelm, nehmen Sie», die Brühl reichte ihrer Kammerfrau ein mit Wappen gesiegeltes Schreiben: «Für den Kastellan. Mit meiner Empfehlung lässt er Sie ein. Im Winter ist das Jagdschloss unbewohnt. Es ist das größte Europas. Ein Kronjuwel Sachsens. Die Künstler Dresdens haben es ausgestaltet. – Ach, genießen Sie es einfach. Bald werden dort wieder Feste gefeiert werden.» Frau Brühl sagte dies nachdenklicher, als es zu erwarten gewesen wäre. «Dann werden Sie mit dabei sein. König und Hof werden bei ihrem Eintreffen immer mit Fanfaren begrüßt. Mitten im Wald.»

Luise von Barnhelm verstaute das Schreiben in ihrem Mieder.

«Berichten Sie mir.»

«Natürlich, Madame.»

Frau von Brühl trat vom Schlitten zurück. Nach einem Wink zum Kutschburschen zog der Schlitten an. Wie angenehm sofort. Ein Gleiten, kein Gepolter, auf Kufen sanft durch Schnee. Und vorn ein helles Bimmeln über dem Pferderücken.

Die Gäste der Station winkten, auch Professor Pütter, im Gesicht seines Assistenten erahnte man einen gewissen Neid auf die Schlittenpartie zum nicht weit entfernten, geheimnisvollen Waldpalast. Wirt und Wirtin waren ins Freie gekommen und schauten ihrem Wintergefährt hinterher. Der Schlitten bog vom Hof und entfernte sich in Richtung Stadttor.

«Sie ist freundlich, die Gräfin von Clam-Gallas», bekannte Johann Gutbrod.

«Sie kann auch über Leichen gehen», hörte er von der jungen Kammerfrau neben sich und blickte sie überrascht an.

«Sie lässt eine Baronesse mit einem Bürger ausfahren.»

«Wer weiß, was sie im Schilde führt.» Auch diese Auskunft verwunderte den Zwilling. Aber er wollte sich nicht weiter in fremde Leben und Verhältnisse einmischen.

Bis auf den Klang der Schelle durchquerte der Schlitten nahezu geräuschlos das übersichtliche Oschatz. Seine Bewohner waren seit Morgengrauen auf den Beinen. Warm vermummte Frauen standen mit Körben in den Händen oder Kiepen auf den Rücken in Holzpantinen beisammen und tauschten Kleinstadtklatsch aus. Trotz der Jahreszeit werkten Handwerker auf einem Baugerüst und besserten mit Kelle und Mörtel eine schadhafte Fassade aus. Eine Ziege wurde über die Straße gezogen. Aus einer Haustür trat ein Mann wie in schwarzer Amtstracht, mit Hut unterm Arm, die Hand auf den Gehstock gestützt. Entlang der Straße und um die Ecke gewahrte man einige Schneemänner mit Steinen als Augen und irgendwelchen Lappen um die Schneehälse. Karren wurden geschoben, der Kutschbursche war geschickt und wich mühelos aus. Von Sankt Aegidien schlug es zehn. Bezaubernd war der Brunnen, wie ein italienisches Tempelchen, auf einem mit stattlichen Bürgerhäusern gesäumten Platz. An ein paar Buden wurden Rüben und Kohl verkauft. Ein Schlachter schnitt von einer hängenden Schweinehälfte Fleisch und Schwarte. Der Atem der Oschatzer dampfte. Eine vornehme Bürgerin eilte mit geraffter Pelerine unter den bemalten, teils vergoldeten Eisenschildern der Handwerkszünfte dahin. Kinder, die glückhaft Geburt, die Diphtherie Rachitis, Scharlach, Pocken und Masern überlebt hatten, anders als viele ihrer Mütter und Geschwister, tollten allerorten herum. Wo die Gasse enger wurde, sprangen sie um einen Krüppel in Lumpen, der es offenbar aufgegeben hatte, die

Jungen mit seiner Krücke zu vertreiben. Schneebälle flogen. Einer traf einen Fuhrmann mit Säcken auf dem Wagen. Die Kinder nahmen Reißaus, der Invalide rief: «Eure Namen kenne ich. Ich melde euch dem Pastor», er hinkte davon. «So ein Pack. Das gab es früher nicht.»

Das Stadttor wirkte baufällig. In Zeiten immer schwererer Artillerie wurde es zunehmend nutzlos, die Mauern und Bastionen abschreckend und möglichst uneinnehmbar erhalten zu wollen. Zwölfpfünder-Kanonen zerschossen die Wehranlagen einer Landstadt.

Ein sächsischer Gendarm saß am Tor und hatte nichts zu melden. Ein einarmiger preußischer Infanterist, der zum Besatzungsdienst abkommandiert war, prüfte die Reisepässe der Schlittenfahrer. Er konnte offenbar kaum lesen. «Hier steht Leipzig.»

«Ja und?», antwortete Barnhelm.

Er ließ das Gespann passieren.

Weit und herrlich öffnete sich das Land vor den Wällen. Der Galgenberg war leer. Ein paar Gebäude und Hütten mochten die Abdeckerei, die Wohnstätten des Scharfrichters, des Totengräbers und anderer unehrlicher Leute sein.

Hammerschläge und das Geräusch von Sägen wurden laut. Auf einer hellen, fast glasigen Fläche waren Männer am Werk. Ihnen war nicht kalt, manche trugen nicht einmal eine Joppe. Mit kräftigen Schlägen trieben sie Keile in die Eisschicht eines Teichs, andere setzten ihr Werkzeug an und sägten Blöcke aus dem Gefrorenen. Fuhrwerke standen parat, um die Kühlmasse für die wärmeren Monate zu den Eiskellern der Stadt zu transportieren. Die Blöcke waren recht schmal. Die Winter waren wärmer geworden. Mäuse, Ratten und Kleinstgetier vermehrten sich auch in der kalten Jahreszeit aufs Unangenehmste, dafür begannen mancherorts die Brunnen zu versiegen. Eis war bereits vor dem Krieg teurer geworden. Hoffentlich hielt die Teichdecke dem Werken auf ihrer Oberfläche stand. In der Mitte schimmerte es wässrig. Die Einheimischen hatten den Bereich mit ein paar Pflöcken markiert. – Was bedeuteten hier der Dresdner Hof, die Ruhmessucht des Königs von Preußen? Die schöngeistigen Schriften aus Leipzig?

Wenige kahle Bäume ragten aus dem Weiß.

Die Fahrenden genossen auf ihrem Sitz das Schweben übers Land. Der Klang der Schelle verhallte freundlich. Eine frühere Wagenspur, nicht völlig zugeschneit, gab die Richtung vor. Doch der Bursche und das Ross schienen den Weg zu kennen. Hinter dem Rücken des Lenkers fühlte man sich gut aufgehoben. Ein paarmal ließ er die Peitsche knallen, wie zum Spaß und um sein Können zu zeigen.

«In hundert Jahren kennt uns drei niemand mehr», sagte die Baronesse. «Aber jetzt sind wir da. Und keine anderen.»

Johann Gutbrod ließ den Befund auf sich beruhen.

«Es ist doch ein merkwürdiges Liebesdrama, das Sie mir anvertraut haben», Barnhelm meinte, darauf zurückkommen zu dürfen: «Ältere, verheiratete Frau liebt jungen Mann, aber entscheidet sich schließlich für den Ehemann. Obwohl oder weil er todkrank ist.»

«Man weiß nie, wie lange man um jemand anderen kämpfen muss.»

«Nein, das weiß man nicht. Es gibt nur die innere Stimme und die Leiden.»

«Vielleicht sollte ich nach Freiberg umkehren und mich ihr auf der Straße immer wieder zeigen. Dann weiß Hanna, dass ich da bin und sie liebe.»

«Das tun Sie jetzt nicht, Herr Gutbrod. Sie schreiben ihr aus Manchester und überlassen sich und Ihren guten Willen dem Schicksal.»

«Ich mache mich zum Gespött, Baronesse. Zum Gespött der Anbetung.»

«Ein Liebender wird nicht zum Gespött. In meinen Augen. Er trägt Herzensweh nur deutlicher aus als andere. Er kämpft einen Kampf, von dem andere gerade verschont sind. Wer nie so liebte wie Sie, ach, den möchte ich gar nicht kennenlernen. Waten Sie durch die Kummerbäder hindurch, Sie werden wieder Tritt fassen.»

«Wer weiß? Und vielleicht will ich gar nicht. Jetzt pulsiert meine Seele so unerhört.»

Die reichsgräfliche Kammerfrau grub ihre Hände tiefer in den Muff, den ihr Frau von Brühl für die Fahrt überlassen hatte. Allzu kalt war es nicht, die Stimmen hinterließen nur einen flüchtigen Hauch.

«Wie kann ich Ihnen denn beistehen?», fragte Luise.

«Oh, Sie sind zu freundlich», antwortete Gutbrod, «einfach da sein. Das ist schon viel.»

Kurz zog Luise eine Hand aus dem Pelz. Da sie einander vermutlich nicht liebten, suchte und fand sie die Hand des Bergassessors und drückte sie, drückte sie fest. Er errötete und nahm vorsichtig die ihre.

«Sehen Sie», sagte sie.

«Ja», sagte er, «danke», sie wussten nicht genau, was sie beide meinten, aber das war nicht so wichtig. Sie zogen ihre Hände wieder zurück.

«Bei Zwillingen denkt man, sie wären sich auch innerlich ähnlich», sie räusperte sich.

«Das stimmt nicht immer.»

«Was man auf Reisen alles so erfährt.»

«Man müsste eigentlich überhaupt keine Geheimnisse voreinander haben. Wem nützen Geheimnisse? Geheimnisse nimmt man mit ins Grab. Das war's dann. Der Mensch ist zum Berichten und Erzählen da», behauptete er.

«Oh», sie hielt sich zum Schein die Ohren zu, «alles will man nicht hören und wissen. Die Menschen kämen aus dem Mitteilen gar nicht heraus. Das wäre für jeden zu viel.»

Der Junge auf dem Schlittenbock bekam wohl jedes Wort mit. Doch falls man vergaß, ins Französische zu wechseln, musste man bei Kutschern und Dienstboten darauf gefasst sein; das Lauschen mochte zur allgemeinen Bildung beitragen.

«Ihr Bruder Max …?»

«Schätzt Männer, ja, schon.»

«Sie?»

«Nur einmal.»

«Sehen Sie, die Welt steht Ihnen recht offen.» Flink wandte sie sich ihm zu und küsste ihn auf die Wange.

«Nanu?»

«Wir sind in unserer Familie so. Wilder Landadel.»

«Das ist aber schön», sagte Johann Gutbrod und legte den Arm um Luise von Barnhelm.

«Das darf aber keiner sehen», sie schmiegte ihren Kopf an seine Schulter.

«Das werde ich nie vergessen», sagte er.

«Ich auch nicht», seufzte sie. «Es hat doch so kommen müssen. Was für eine schöne Fahrt.»

Wie zur Bestätigung ließ der Oschatzer Jüngling über dem Fuchs die Peitsche schnalzen.

An einem Waldstück hausten Leute. Vor Bretterbehausungen im lockeren Kreis, Zelten ähnlich, brannte ein Feuer. Männer, Frauen, Kinder in Lumpen, ein paar abgestellte Karren. Fahrendes Volk, das hier überwinterte. Die Blicke folgten dem Gespann.

«Räuber gibt es hier nicht?», erkundigte sich Barnhelm laut beim Kutscher.

«Nur manchmal.» Sein Gesicht unter der breiten Filzkrempe war jugendfrisch. «Letztes Jahr wurden am Butterweg ein Kopf und ein Schuh gefunden. Aber schon vermodert.»

«So», die Baronesse ließ die Mitteilung auf sich beruhen, «die Pistolen hat der Leutnant.»

Der Bursche drehte sich noch einmal um. «Wollen Sie wirklich nach Hubertusburg?»

«Aber gewiss.»

«Ich meine ja nur. Also wirklich das Schloss?»

«Pilze wollen wir hier jetzt nicht sammeln», lachte Johann Gutbrod. Bergassessor und Baronesse machten es sich auf dem Rückpolster wieder bequemer.

Sanfte Hügel wurden zur Ebene. «Die Forste des Königs», erfuhren die Fahrenden von vorn, «sein Jagdrevier.» Der dunkle Saum der Bäume, der Wald, erstreckte sich bis in die Ferne. Alsbald bimmelte der Schlitten zwischen mächtigen Stämmen alter Tannen und Buchen. Der Schnee ruhte auf den Nadelfächern und Ästen. Über der gleitenden Koje wurde es dunkler. Schnurgerade, endlose Jagdwege zweigten unter dem Kronendach ab. Auf einem Sockel erhob sich ein steinernes Ross auf seinen Hinterbeinen, und der Reiter stieß kräftig in sein verschneites Horn. Hier also galoppierten im Herbst die Kavalkaden des Hofs. Das Schlittenpferd trabte gemächlich.

Jeder Ahorn, jede Eibe des Mischwalds war Geld wert. Das Hubertusburger Revier musste Quadratmeilen umfassen. Es ging immer fort zwischen Stämmen und Farn.

Auf dem Muff der Reichsgräfin hatten sich Gutbrod und Barnhelm bei der Hand gefasst.

«Wir könnten uns schreiben», sagte er leise.

«Wir können uns alle unsere Anschriften geben. Das Ensemble der Kriegsfahrt.»

Es tat wohl, die Finger zu verschränken, auch wenn oder gerade weil die Zukunft ungewiss war.

Linden begannen den Weg zu säumen. Der Wald wich zurück. Die Zufahrt wurde zur Allee. Links und rechts tat sich der Park von Hubertusburg auf. Zwischen gestutzten Hecken waren steinerne Vasen und Statuen gegen den Frost mit Strohbüscheln umwickelt. Immer nur für Wochen lebte die Zweitresidenz auf. Der plötzliche Anblick schmerzte zutiefst. Eine Figur war vom Sockel gestürzt oder gestoßen worden und auf einem Brunnenrand zerborsten. Ein Arm mit Pfeil und Bogen ragte aus dem Schnee. Der laubumkränzte Kopf Dianas starrte in den Himmel.

Lange, gelb getünchte Wirtschaftsgebäude zu beiden Seiten kündigten das Schloss an. Die Fenster der Küchen, der Wäscherei, der Unterkünfte von Wachen, Saaldienern und Zofen waren dunkel. Hinter großen, geschlossenen Toren mussten sich der Marstall und die Wagenburg befinden. Das Glas eines Gewächshauses war eistrüb. Gutbrod und Barnhelm saßen aufrecht und erschrocken. Der Raureif bedeutete den Tod von Palmen, Orangenbäumen und Blumen.

Durch ein Gebäudehalbrund erreichte der Schlitten den Vorhof von Hubertusburg. Der Platz war riesig, leer. Flügel des Palasts umschlossen ihn. Alle Fassaden waren von schlichter Eleganz. Darunter mussten sich auf mehreren Etagen Hunderte von Räumen befinden. «Verschwenderisch», urteilte Bürger Gutbrod nachsichtig.

«Bauleute, Dienerschaft, Gärtner, Arbeit für viele», ergänzte die Kammerfrau, «letztlich auch für mich.»

Merkwürdig wirkten die zahllosen Scharniere für Fensterläden, ohne Fensterläden daran. Der Bursche lenkte direkt vor das Hauptportal unter dem Turm. Aus der Nähe entpuppte er sich als Holzgerüst ohne Glocke, eine Kupferplatte hing schief vom Gebälk.

Johann half Luise aus dem Schlitten. Auch während des Winters hatten sie vor dem Jagdschloss Wachen erwartet. Es musste doch voller Kostbarkeiten sein. Der Freiberger drückte die Klinke der mächtigen geschnitzten Portaltür. Sie öffnete sich ohne Knarren. Beide schlüpften in den Palast. Vom ovalen Kuppelsaal führten breite Treppen in die Höhe. Mauern und ein zerkratzter Marmorboden mit zersprungenen Platten verströmten eisige Kälte. Jeder Schritt hallte. Linker Hand, ohne Türflügel in den Scharnieren, öffnete sich die Kapelle, geradezu ein stattlicher Kirchenbau mit Rundbögen, Empore, Königsloge, Stuckranken und kahlem Altar unter einem Deckengemälde voller Wolken und Engel. Feinste Dresdner Kunst im Waldareal.

«Was wollen Sie hier?»

«Schauen», reagierte Barnhelm, noch ehe sie die Frau, die die Frage gestellt hatte, richtig ausgemacht hatte. Eine Alte mit einem Stock, die sich halb hinter einer Säule verbarg. Sie hob den Stock drohend, schien aber selbst am ganzen Leibe zu zittern.

«Der Kaplan hat die Kapelle gerettet. Auf seinen Knien flehend.» Die Frau trug eine weiße Haube mit schwarzem Witwenband. Gutbrod beschwichtigte sie mit den Händen, dass man nichts Böses wolle.

«Den Kellermeister, der sie nicht hinunterlassen wollte, haben sie erschossen. Niemand mehr da. Viele tot. Oder geflohen. Verschleppt in ihre Armee», die Frau trat hinter der Säule hervor; Barnhelm eilte, um sie zu stützen, was diese, leicht gekrümmt in einem guten schwarzen Kleid, erst abwehrte, aber dann zuließ. «Wir wohnten oben, seit zwanzig Jahren, ich hause noch dort, mein

Mann, der Schlosshauptmann Münnich, hat es nicht überlebt. Sein Herz stand plötzlich still. Er fiel und rollte die Treppe hinunter. Noch sieht man sein Blut auf den Stufen.»

«Um Himmels willen, liebe Frau, was ist denn geschehen?», sie ließen die Frau weinen. Auch Gutbrod trat näher, wusste jedoch nicht, wie er ihr helfen konnte.

«Sind Sie Sachsen?», brachte sie hervor.

Sie bejahten. Das schien die letzte Bewohnerin von Hubertusburg zu beruhigen. «Zuerst ging ja alles gut. Wider Erwarten. Alles war voll von Infanterie. Sie kampierten auf dem Hof, in den Gärten. Nachts ihre Feuer.» Mit dem Stock deutete sie vom Eingang der Kapelle bis weit hinaus. «Sie spazierten durch die Räume. Mein Mann und seine Leute versuchten, die Soldaten zu bändigen. Sie öffneten die Türen und erklärten ihnen die Sagengeschichten auf den Wandteppichen, bis es den Füsilieren langweilig wurde. Nur wenige Gobelins wurden abgerissen und verschwanden. Wir ließen im Lager Bier und Wein ausschenken. Dann kam der Befehl zum Plündern.»

Die Witwe stieß ihren Stock mit Nachdruck auf den Marmorboden, das Pochen hallte wider unter der Kuppel des Treppensaals. Sie erstiegen die ersten Stufen. «Den Befehl zum Plündern erhielt ein Generalmajor, ein Johann, Johann Friedrich von der Marwitz.»

«Marwitz?», riefen Gutbrod und Barnhelm gleichzeitig aus.

«Eine weitläufige Familie, ein Mensch mit Ehre im Leib, der Marwitz, er weigerte sich», mühsam erklomm man hinter der Witwe die Stufen der Prunkstiege. «Er erklärte meinem Mann gegenüber: Monsieur, seien Sie ganz beruhigt. Unter meinem Befehl wird es keinen Raub und Totschlag geben.»

«Das weiß unser Marwitz noch nicht», sagte Gutbrod.

«Er wird es bald erfahren.»

«Es wurde nicht geplündert. Aber dieser redliche Mann wurde abberufen. Wohl wegen Befehlsverweigerung.»

Johann Gutbrod schaute hinter der Witwe zur oberen Etage hinauf.

«Die Infanterie zog ab. Ein Freibataillon traf ein, eine verrohte Meute, die wie auf eigene Faust kämpft und lebt. Alles auf höchsten Befehl. Dutzende Fuhrwerke rollten an. Was wollen sie in Berlin mit all unseren Fensterläden? Ich hätte Ihnen jetzt gerne alles gezeigt, aber ...»

Frau Münnich wich nicht nur dunklen Flecken auf den Stufen aus. Passierten sie das Blut ihres Mannes?

Endlose Zimmerfluchten taten sich vor ihnen auf. Sie traten über eine Schwelle. Der ganz Palast wie im Rohbau. Nackte Ziegelwände, aufgerissenes Parkett, da und dort lagen noch ein Hammer, Stemmeisen.

«Nach dem Signal zum Sturm haben sie zum Schluss noch die Glocken und die Uhr vom Turm und das Kupfer vom Dach geholt. Nun wird das Wetter den Rest erledigen. Früher durften mittellose Familien in einem Seitenflügel wohnen. Sie sind fort.»

Keine Wandvertäfelung mehr, kein Spiegel. Sogar das Blattgold war von den Türleisten geraspelt worden.

Frau Münnich blieb zurück. Johann Gutbrod und Luise von Barnhelm stolperten durch Mörtel, Stuckreste und Fetzen roter Wandbespannung.

«Warum, mein Herr, tut er das, warum befiehlt er das?»

«Als Warnung, sich mit ihm anzulegen.»

Das Märchenschloss stand verwüstet und leer.

Neuigkeiten

Das berühmte Aachener Kurleben war fast zum Erliegen gekommen. Wo noch im Herbst zahlungskräftiges Publikum aus aller Herren Länder in den Quirinusquellen und im Kaiserbad gegen Gallenleiden, Melancholie und die Franzosenkrankheit Heilwasser geschlürft, sich in dampfende Bottiche gesetzt hatte, dort herrschte jetzt weitgehend Stille. Keine Prominenz wie vordem Zar Peter aus Russland, Georg Friedrich Händel aus London, Giacomo Casanova und auch Friedrich von Preußen kurierten mehr ihre Gicht, Schlaganfälle und Kräfteschwund im bewährten Dampf der Mineralquellen aus. Ungeheilt schleppte sich Europa weiter, und die Badeknechte standen in verödeten Hallen. Das kleine Orchester spielte an der Kurpromenade nur noch für sich selbst und wenige alte Damen auf, die sich gelegentlich über die Zeitumstände unterhielten: In Versailles hatte ein junger Mann namens Robert Damiens den König von Frankreich, Ludwig XV., zu erstechen versucht. Einen gottgesalbten Herrscher töten zu wollen, eine unerhörte Tat, ausgeführt von einem Eiferer, der für Frankreich das Ende von Misswirtschaft und der Macht von Mätressen wollte und stattdessen Gerechtigkeit und Ruhe für das Land. Ludwig XV. war nach dem Attentat genesen, seine Madame de Pompadour bestimmte wieder die Geschicke des Königreichs, und Damiens war in Paris gevierteilt worden. Erst nach Stunden hatten es die Pferde des Henkers vor einem blutgierigen Publikum geschafft, den Körper des Abgeurteilten zu zerreißen.

Ganz andere Nachrichten kamen aus Russland und luden zur

Verwunderung ein. Wieder einmal war ein Holzpalast der Zarin Elisabeth Petrowna abgebrannt, das geschah offenbar regelmäßig, mitsamt ihrer Garderobe aus etlichen tausend Kleidern. Daraufhin hatte die Alleinherrscherin aller Reußen einen ihrer Anfälle von frommer Zerknirschung gehabt und in einer Kirche auf den Knien betend Gott um Erbarmen für alles Übel auf der Welt angefleht. Was die Zarin befahl, war Gesetz. Doch ihre Befehle versickerten oft genug in Amtsstuben und in den Weiten. Elisabeths Neffe und Nachfolger war verrückt. Und die Zarin selbst? In Kiew hatte sie bei einem Besuch in einem Kloster von Mönchen ein Ballett aufführen lassen. Das nachfolgende Feuerwerk war versehentlich ins Publikum abgefeuert worden. Zählte jemand die Opfer? Nur knapp hatte die deutsche Gattin ihres Neffen, Katharina, mit rasendem Zahnweh die endlose Schlittenfahrt von Kiew zurück nach Moskau überlebt. Bei einem Zwischenaufenthalt der Hofhaltung in einem Landpalais des Fürsten Golizyn war überdies das gesamte Palais einige Meter einen Hügelabhang hinabgerutscht, und wieder hatte es Tote gegeben. Nun ließ Elisabeth ihre Armee gegen Friedrich von Preußen aufrüsten, die Vorhut nahm bereits Ostpreußen ins Visier, die Folge des Überfalls auf Sachsen.

Die wenigen Damen auf der Kurpromenade von Aachen versuchten gelegentlich, die verwickelten Staatsgeschäfte, denen sie ausgeliefert waren, zu erörtern. Denn eines war klar und neu: Nachdem im vorherigen Krieg Preußen mit Frankreich, aber Österreich mit England verbündet gewesen war, so gab es nunmehr eine neue Allianz. Inzwischen an der Seite Preußens stationierte England Truppen in Norddeutschland, und Frankreich eilte Österreich und Sachsen zu Hilfe. Vermutlich würden beim französischen Vormarsch Dörfer und Städte des Moseltals, der ganzen Pfalz ein weiteres Mal in Flammen aufgehen.

Der Krieg ließ bereits jetzt auch die Bäder verwaisen.

Wer hatte die Muße und Ruhe, sich in dieser Lage erholen zu wollen? In den Gasthöfen logierte kaum jemand. Hausgehilfen wurden entlassen. Die Zahl der Bettelnden vermehrte sich sichtlich. Die Preise für alles stiegen.

Auch das Kaffeehaus Theodora unweit der Karlsquelle war spärlich besucht. Ein schwedisches Ehepaar erfrischte sich mit Limonade. Auf mehreren Kissen saß ein kleinwüchsiger englischer Lord, dessen rechter Arm schlaff herabhing, zudem schien eine Gesichtshälfte erlahmt. Er amüsierte sich mit seiner schönen Gattin bei einem Brettspiel. Ihr Hauskaplan, den man bereits von früheren Aufenthalten kannte, ein Reverend Runt, wohnte dem Verschieben der Steine lächelnd bei. Auch ein Nürnberger Wollhändler hatte sich abermals eingestellt. Sein vernehmliches Asthma hatte sich weder gebessert noch verschlimmert. Den Zug aus seiner Tonpfeife genoss der Franke auch jetzt sichtlich.

Einige Passanten warfen durch die Rundbogenfenster unwirsche Blicke in das Kaffeehaus. Ihnen kam es beinahe gotteslästerlich vor, sich tagsüber zum Zeitvertreib auf die gepolsterten Stühle zu setzen und sich mit dem Türkentrank zu berauschen. Menschen und Bürger hatten Pflichten, und gegen den Durst zwischendurch blieb Wasser das Beste.

In einer Nische des Theodora hatten zwei Kollegen und Freunde aus dem Landpflegeamt der Freien Reichsstadt Aachen Platz genommen. Von Sonnenaufgang bis eben hatten sie genug Erben und Nachbarn angehört, Grundbucheinträge vorgenommen oder geändert, Kosten für die Instandsetzung von Brücken nach der Dezemberflut kalkuliert, mit dem Magistrat über die Pflasterung des Hühnermarkts beraten. Trotz der vielen Arbeit in der Amtsstube ließen es sich Baptist Kernfeldt und Johann Alfons Wisseler nicht nehmen, zweimal in der Woche ins Kaffeehaus einzukehren. Die Stunden der Treffen bei anregendem Getränk und zwischen ausländischen Gästen, die nun allerdings rar wurden, glichen immer einer Art von privatem Feiertag, den sich kaum jemand gestatten konnte, außer die Reichen, die in Karlsbad, Pyrmont oder Aachen kurten. Der Mensch arbeitete, bis er umfiele oder ins Siechenhaus käme. Das war in Aachen in einem untadeligen Zustand, recht hell und trocken. Kein Vergleich zum Kölner Melatenhof mit der Feuchtigkeit vom Rhein her.

Kernfeldt und Wisseler ließen sich den Kaffee schmecken, orderten noch Printen dazu und einen Likör. So durfte man, bevor die Laternen angezündet wurden, den Feierabend ausklingen lassen. Die beiden noch unverheirateten Staatsdiener hatten sich zur Genüge über Scherereien im Amt ausgetauscht. Jetzt war es in ihrer Stammnische an der Zeit für andere Geschehnisse, und das Kaffeehaus war, neben der Kaiserquelle, das einzige Etablissement der Stadt, wo die Zeitung aus Wien abonniert war und auslag.

«Und?», fragte Johann Wisseler am kleinen, runden Tisch seinen Kollegen. «Weltbewegendes?»

«Das will ich meinen.» Meist war es Baptist Kernfeldt, der aus dem Nachrichtenblatt vorlas.

«Aber bitte, mein Lieber, nicht schon wieder Meldungen von Mord und Totschlag», sagte Johann Wisseler. «Wer soll die denn verkraften? Das ist auch ein Nachteil der Zeitungen. Voll von Schrecken soll man einschlafen.»

«Nein, es geht auch anders, es gibt manchmal Gutes», beruhigte der Freund, «Friedrich von Preußen hat für Pommern und Schlesien den Anbau von Kartoffeln befohlen. Nachdem seine Bauern zuerst das Kraut gekocht und gegessen haben, wird ihnen nun gezeigt, dass es um die Knollen geht. Ein hervorragendes Nahrungsmittel. Bräuchten wir hier auch.»

Beide tranken einen Schluck Kaffee. Johann Wisseler süßte nach und biss in die Printe.

«Ach, Hamburg», Kernfeldt hatte geblättert, während das schwedische Ehepaar die Limonade zahlte. «In Hamburg ergreifen sie Vorsorge.» Die Zeitung wusste: *«Die herrschende Teuerung und der Winter haben den Hamburger Rat bewogen, zu verordnen, dass am Sonntag zur Unterstützung der Dürftigen vor den Kirchtüren eine Kollekte gemacht werden soll.»*

«Schön.»

«Es wird ein jeder auch diesmal daran denken, dass es Menschen und unglückliche Mitbürger sind, welche unbekleidet des Tags und zum Teil auf bloßem Stroh des Nachts alle Macht der Kälte ertragen müssen. Ein jeder wird sich auch an so viele zarte, unschuldige Säuglinge erinnern, die an den Gliedern erstarrt ohne Hilfe erbärmlich umkommen würden. Gebt nur einen kleinen Teil eures Überflusses.»

«Ja, das machen wir hier ja auch mit der Kollekte», befand der Amtskollege Wisseler. «Sieht es jetzt in Dresden besser aus?»

Baptist Kernfeldt überflog die Spalten und schüttelte den Kopf: *«Da man gemeinet, es würde das sächsische Elend bald ein Ende haben, so vermehret es sich durch die Lieferung von Rekruten. Diejenigen Rekruten, welche man in preußische Dienste zwingt, machen solches Lärmen und wehren sich so verzweifelt, dass man sie auf Wagen binden und fortschleppen lässt; viele werden von Vätern und Müttern begleitet, welche die Luft mit Klagen und Tränen erfüllen. Nichts ist bitterer zu sehen als geschlagene sächsische Offiziere, welche bei den Bürgern um ein wenig Essen betteln.»*

«Eigentlich sollte man Friedrich den Verwüster dafür zur Rechenschaft ziehen», entfuhr es Wisseler.

Sie kippten den Likör.

Die jungen Aachener Beamten grüßten beschwingt zum spielfreudigen Lord, seiner hinreißend schönen Gattin und dem dürren britischen Hauskaplan hinüber. Der Kerzenschein ließ die drei stark geschminkten Gesichter noch kunstvoller wirken. Man hatte den Eindruck, als würde die Lady sich nach frischer Gesellschaft sehnen.

Pleiße-Athen

Diesiger Himmel und laue Temperaturen waren nichts Ungewöhnliches für das Leipziger Becken. Einförmig und graugrün breitete sich die Ebene wie bis in alle Ewigkeit aus. Allein die beiden Flüsschen Pleiße und Parthe hatte die Natur dieser Gegend als Abwechslung gegönnt. Ausgerechnet Brühl, am Brühl, im Brühl hießen hier seit den heidnischen Urzeiten die sumpfigen Auen und feuchten Herrschaftsgebiete, ab Frühjahr gelb von Dotterblumen, die sich im Wind neigten. Auf einem Baumstamm erfreute ein Kiebitz mit seinem frechen steilen Kopfgefieder und dem munteren Ruf die Reisenden. Eine Schar watschelnder Graugänse auf einer Wiese war zu nichts brauchbar und vermehrte sich vermutlich umso geschwinder.

Räder und Fahrgestell übertrugen jeden Kieselstein in die Knochen.

Nur noch zwei Ackergäule waren von Oschatz her der Ordinären Post vorgespannt. Ständig stießen die Reisenden mit den Schultern gegeneinander. Auf Entschuldigung oder Pardon war längst verzichtet worden. Köpfe mit und ohne Perücke, Hut und Haube schaukelten willenlos im Takt, der nicht regelmäßig werden wollte.

Aber es gab Hoffnung und ein Ziel: Leipzig, dreimal im Jahr Messestadt und Sitz des ersten Gerichts der Welt, das über Handelsstreitigkeiten entschied, Meisterin in der Festlegung von Wechselkursen zwischen Dutzenden von Währungen, die vom Messeauftakt bis zum Messeende unverändert bleiben mussten, damit Vertragssicherheit herrschte.

Europas Hauptort für den Pelzhandel von Ost nach West; und bei diesem Kommerz war die Doppelkrone von Sachsen und Polen von unschätzbarem Zollvorteil gewesen.

Leipzig, das Klein-Paris, in dem Galanteriewaren, bunte Bänder, Seidenschirme, all die Modeaccessoires, welche die Dame und der Herr von Welt brauchten oder womöglich nicht brauchten, in hoher Qualität hergestellt wurden: in Paris ausgedacht und in Leipzig nachgemacht.

Nach den Graugänsen tauchten geschnittene Hecken auf, ein winterlicher Ziergarten, an seinem Ende ein kleines Sommerhaus mit Säulenportikus. Die Lust der betuchten Leipziger an grünen Refugien vor der Stadt war bekannt, die Alleepromenaden vor den Toren waren berühmt. Dort tummelte und zeigte sich, konversierte mit anderen Spaziergängern, wer die Muße dazu hatte.

Ein weiterer und weitläufigerer Garten mit dem januarkahlen Gezweig von Laubengängen schloss sich dem ersten an. Wie herrlich, wenn die Rosen blühten.

Leipzig, ein Zentrum von beinahe fünfzigtausend Seelen, fast gleichauf mit Dresden, die beiden Rivalinnen, die sich in ihrer Weise ergänzten: In Leipzig wird das Geld gemacht, in Dresden wird es durchgebracht.

Nun seit dem Einmarsch beides nicht mehr.

Brach lag der Handel, kein Stau von Frachtfuhren aus aller Herren Länder. Keine geschickten Helfer, die verkeilte Kutschen und verhakte Gespanne wieder voneinander trennten. In der Dresdner Oper, dem Notlazarett, beleuchteten letzte Kerzen Feldschere beim Absägen von Gliedmaßen schwer Verwundeter.

Der Krieg.

Die Sommerhäuser lagen unbelebt.

Schau, dort tollten doch einige Kinder mit Schals und Mützen durch einen Garten. Sie wurden von einer jungen Frau, fast selbst noch ein Mädchen, auf die Terrasse gewunken. Die Kleinen kamen herangelaufen. Die Ältere – eher die Schwester, unmöglich die Mutter – hielt sich einen großen Laib Brot vor die Brust, schnitt Scheiben davon ab und verteilte sie unter den unbändigen Kleinen. Die Brotspenderin freute sich mit ihrer Kundschaft. Es war ein bezauberndes geschwisterliches Bild, und ein jeder hätte sich in die fürsorgliche Schöne gewiss sofort verlieben können.

Pleiße-Athen war nicht mehr fern. Eine der ältesten und renommiertesten Universitäten. Außer Handelsplatz für Weine, Tuche, Rauchwaren, Salpeter, Edelsteine auch ein Umschlagplatz des Geistes. Die kaiserliche Zensurbehörde in Frankfurt am Main hatte dort den Verlegern das Leben schwer gemacht. Nur keine aufrührerischen Neuerungen publizieren, eher noch mehr Andachtsfibeln. So waren der Buchdruck und der Buchhandel im freieren Leipzig aufgeblüht. Was in Deutschland an Literatur, Philosophie, an Nachschlagewerken gelesen wurde, das stammte zumeist von hier. *Johann Heinrich Zedlers Universallexicon aller Wissenschaften und Künste* … Ein gelungener Versuch, das Weltwissen einzufangen und es dem Bürger zugänglich zu machen, damit er nicht dumm hinter dem Ofen hockte, sondern sich selbst sein Urteil über Könige, Kriege, den Fortschritt des Geistes und der Technik bildete.

Auf dem Bock neben dem Kutscher blies der Postillon ein Signal. Reiter in Zivil näherten sich von der Stadt. Eine edle Kalesche mit geschlossenen Vorhängen zog an der überfüllten Postkarre mit Weidenumwanderung vorbei. Am unwohlsten darin schien sich die Gräfin Clam-Gallas zu fühlen. Immer wieder beugte sich die Brauersgattin Herzwind aus dem Fenster: «In Dresden kennt man sich aus. Aber Leipzig. Ich weiß nie, welcher der Turm der Nikolaikirche und welcher der Turm der Thomaskirche ist. Beide ähnlich mit ihrer Spitze.»

«Der eine steht eher links, der andere rechts hinter den Wällen», half ihr Max Gutbrod weiter.

«Aber dann ist es doch wichtig, Herr Bergassessor, aus welcher Himmelsrichtung man anreist.»

Gutbrod zuckte die Achseln. Marwitz betrachtete ihn verliebt.

«Was haben Sie eigentlich in Leipzig zu besorgen?», erkundigte sich sein Bruder Johann bei der Herzwind.

«Bei unserem Agenten schauen, ob er Hopfen liefern kann.»

«Friedrich wird Leipzig bis aufs Letzte auspressen, bis sie kein Hemd mehr am Leibe haben», befand ein Herr. Sein Sitznachbar winkte ab: «Einen Tropfen Saft wird er in der Frucht lassen. Sonst bekommt er gar nichts mehr. Noch ist die Messe nicht offiziell abgesagt.»

«Aha», hörte man.

«Wo bleibt unsere Regierung?»

«Sitzt sicher in Warschau.»

Vorwerke von Gutshöfen, grasende Kühe einer Meierei zur stadtnahen Versorgung mit Milch und Butter säumten den Fahrdamm. Ein durchdringender Gestank wehte herein. Gerber walkten Tierhäute an einem Gewässer.

Gertrud Herzwind hielt beim Hinausspähen ihre Haube fest. «Jetzt seh ich sie deutlich. Den Turm von Sankt Nikolai, Thomaskirche, jedenfalls einer links, einer rechts, und den von der Universität in der Mitte.»

Durchs Diesige über Pleiße und Parthe drang kein Sonnenstrahl. Wolken, die sich formen wollten, verloschen wieder in Richtung Erzgebirge. Nach Freiberg, wo Hanna wohnte. Johann Gutbrod seufzte. Zu ihr zurück, sie zwingen, ihn zu lieben.

Luise von Barnhelm biss in einen zweiten Apfel.

«Sie stopfen sich voll, Mademoiselle», mahnte die Reichsgräfin von Brühl.

«Doch nicht mit Obst.»

«Jetzt gehört den Krähen die Luft», raunte Frau Herzwind ins Krächzen über letzten Feldern vor der Stadt. Ein schwarzer Vogel umkreiste das Gefährt mehrmals und so bedrohlich nah, als gäbe es drinnen etwas zu holen.

Preußische Kavallerie galoppierte zu beiden Seiten vorbei. «Unverschämt», schimpfte der Herr mit dem Hut auf dem Schoß.

«Wieso? Sie sind doch immerhin ausgewichen», verteidigte Marwitz seine Landsleute.

Zwei Professoren als Musen, Gottsched und Gellert, vielleicht war das sehr deutsch. Zwei gelehrte Dichter, die vom Besatzerkönig, der deutsche Literatur nicht mochte, empfangen werden sollten. Dermaßen bedeutend waren die beiden also. An Gellert, den Friedensapostel, hatte die Reichsgräfin ja schon seit Dresden gedacht. Als Moralist und Verfechter von Tugend konnte er bei der Audienz vielleicht auch zur heimlichen Tat schreiten. Es zumindest versuchen. Doch der andere, Gottsched, musste den preußischen Militärstaat noch mehr hassen. Herr Professor Johann Christoph Gottsched war als Student aus Königsberg geflohen, weil er wegen seiner Körpergröße hatte fürchten müssen, in die Garde der Langen Kerls gesteckt zu werden. Aus mit den schöngeistigen Neigungen. Leipzig hatte ihm die Freiheit beschert. Ihren geschliffenen Flakon hielt Maria Anna Franziska von Brühl im Muff immer umfasst, manchmal ganz locker, mal fest.

Hier reisten Intrige, Verschwörung, Tod und Befreiung.

Der Gattin des Premierministers war es gleichgültig, wie jetzt jemand darüber befinden würde. Sie kam mit vierzig in ein Alter, in dem sie sich Kaltblütigkeit leisten konnte, ebenso wie der Preuße. Königin Elisabeth von England hatte ihre Cousine Maria Stuart köpfen lassen. Das Haus Brühl war mit den Hohenzollern nicht einmal entfernt verwandt.

Die Gräfin Brühl-Clam-Gallas grübelte, eingezwängt zwischen Dilettanten und arglosen Menschen in schäbigem Gefährt.

Gottsched war – soweit sie wusste und es erfahren hatte – nicht annähernd so beliebt wie Gellert. Gottsched, mit Zugang zum Feind, galt als rechthaberisch und aufbrausend. Geradezu in einem Gewaltakt hatte der nun wohl bald Sechzigjährige vor Jahren, im Zusammenspiel mit der vortrefflichen Schauspieldirektorin Caroline Neuber, durch das Verbrennen einer Strohpuppe Harlekine und Zotenreißer symbolisch von der Bühne verbannt, um den Weg frei zu machen für ein edles, gehobenes deutsches Sprechtheater. Sosehr beide für diesen Coup auch belacht worden waren, im Gefolge ihrer Tat hatte sich das Niveau von Spiel, Sprechen und Darbietung tatsächlich allerorten spürbar verbessert.

Theater war nun nicht mehr Tohuwabohu und Schmiere, sondern eher spielerische Bildungsanstalt für Anliegen, die den Verstand beschäftigten und das Herz berührten. Unleugbar ein Gewinn, auch für die Zukunft. Dankte es irgendwann jemand den beiden?

Wissenszuwachs für Frauen und deren rege Teilnahme am gesellschaftlichen Leben galten dem poltrigen Gottsched als bemerkenswert wichtig. *Die vernünftigen Tadlerinnen* hatte er seine erste Wochenzeitschrift betitelt – abonniert auch von Dresdner Häusern –, ein Blatt, in dem Frauen als kundige Kritikerinnen auftraten. Neuartig. Und mehr als nötig.

Im Grunde entrann niemand, der es mit dem Abc zu tun hatte, dem Sprachforscher, Literaten und Dekan der Leipziger Universität. Stimmige Rechtschreibung und Grammatik – ohne Gottscheds vielhundertseitige *Deutsche Sprachkunst* undenkbar. Der Mann hatte Alleen und Avenuen in den Urwald der Mundarten und des privaten Kauderwelschs geschlagen. Das Mittelsächsische war hochdeutsche Richtschnur geworden. Fast verzweifelt war gegen den Leipziger Imperator, vielleicht in Österreich, Baiern oder Schwaben, die Kampfschrift *Lob der Dialekte* verfasst worden. Gottsched war Utopie: eine Nation mit reiner Sprache, genaue Interpunktion, Theaterstücke in fünf Akten, die sämtliche Weltfragen mit Anstand und in präzisem Versmaß abhandeln sollten. Er bäumte sich gegen die Unordnung auf und die Unordnung gegen ihn. Ein Kampf mit offenem Ausgang.

So weit, so halbwegs geläufig in diesem Winter 1757. Bereits von seiner Statur her, überlegte die Reichsgräfin, wäre Gottsched der idealere Typus, um dem Preußentyrannen den Garaus zu machen. Ein Riese, der Hanswurste, die ins begeisterte Publikum furzten, von den Brettern, die die Welt bedeuteten, verjagte, konnte vielleicht nicht nur den Mumm, sondern sogar die dramatische Wucht dazu haben, als neuer Brutus in die Weltgeschichte einzugehen.

Friedrich der Verheerer, gefällt durch Gottsched.

Pourquoi pas?

L'histoire est pleine des moments imprévus.

Sie musste mit Überzeugungskraft und Willen das Unmögliche, zumindest das äußerst Gewagte, das Epochale versuchen. Geist besiegt Macht. Kultur die Rohheit. Friedrich konnte am Ende vielleicht sogar dankbar dafür sein, im Zenit seines Ruhms verewigt zu werden. Gebrechen des Alters, sonstige Schicksalsschläge, ein übles Dahinsiechen an zu späten Tagen mussten keine Furcht mehr heraufbeschwören, Erlösung. Würde sie ihn darum schließlich gar beneiden können?

«Madame, Sie fiebern.»

«Ich fühle eine große Schwäche, Barnhelm. Solches Reisen, Denken und alles Mögliche.»

Vielstimmiger Glockenschlag vermeldete elf Uhr.

«Am Ziel, jetzt ran an den Hopfen», offenbar wollte Frau Herzwind alle aufmuntern, «wir gehn nun, wo der Dudel-Dudelsack in unsrer Schenke brummt –»

Das prächtige Peterstor, erbaut im Stil der Dresdner Zwingerpavillons, verschluckte Reiter, Wanderer und Kutschen.

Blauer Engel

Die Schaulustigen drängten sich.

Solche Präzision sah man selten. Die Wachablösung war fehlerlos und elegant vonstatten gegangen. Alle im Gleichschritt, keine unsichere Bewegung, beim Kommando «Gewehr über!» zuckten manche Zuschauer zusammen. Die neue Wache hatte Posten bezogen. Durch das Spalier der Neugierigen marschierte die vorherige Wache hinter der preußischen Standarte im Gleichschritt davon. Die Goldknöpfe glänzten, die Stiefel krachten aufs Pflaster. Über dem Leipziger Marktplatz verhallten die Trommeln, Becken und Querpfeifen der Regimentskapelle. Der Stab des Tambourmajors drehte sich einmal über den Köpfen in der Luft.

Die Menge wollte sich nicht auflösen. Zeigte er sich? Würde er aus einem der Fenster grüßen? Und auf welche Weise? Mit einem bloßen Winken? Mit einem leutseligen Winken? Zu freundlicher Eintracht zwischen Eroberer und Eroberten bestand wenig Anlass. Die Blicke hefteten sich auf Apels Haus, das seit den Besuchen Augusts des Starken auch Könighaus genannt wurde, an der Ecke zur Grimmaischen Straße.

«Friedrich!», riefen einige, ganz sachlich.

«Hau ab! Rein in die Spree mit dir!» Blicke spähten nach dem Rufer, er war nicht zu erkennen, jemand rannte zur Börse davon.

«Friedrich!», war wieder zu hören.

«Mach, dass in Sachsen alles gut und ordentlich wird! Mach uns stark wie Preußen!»

Verschwörungstheorien

«Rette uns vor den Papisten! Maria Theresia in Wien, Josepha in Dresden, Frankreich, alle wollen, dass wir vor Rom kriechen. Niemals! Es lebe die Gewissensfreiheit. Rette uns!»

«Bluthund. Gottloser! Kommen deine Freimaurer zum Mittagessen?»

«Gib uns unser gutes Geld zurück …»

Inmitten der Menge, die immer unruhiger wurde, machten sich einige Herren Notizen.

«Lang lebe Friedrich, Held der germanischen Freiheit!»

«Deutschland, rück zusammen», rief es zu den Stockwerken und Erkern hinauf, «nieder mit Österreich und seinen ausländischen Kumpanen!»

«Hol uns Brühl aus Warschau, untersuch seine Kassen und häng den Schurken auf!»

«Auch ohne Untersuchung. Einfach so.»

«Der ganze Krieg ist eine Verschwörung», tuschelte jemand, «auf einem Flugblatt aus Magdeburg steht's: Brühl und Friedrich haben sich verabredet, um noch mehr aus dem Volk herauszupressen.»

«Durch Krieg gegeneinander?», fragte jemand.

«Ist trotzdem so. Ich hab's schwarz auf weiß.»

«Und es gibt weniger Holz zum Heizen, damit es kälter wird», mischte sich jemand ein, «Frost. Weniger Getreide. Höherer Gewinn für die Spekulanten.»

«Weil ich nicht heize?»

«Das sind Tatsachen.»

Fäuste ballten sich. Einige der Männer packten sich gegenseitig am Revers. «Preußensklave!», «Jetzt ist Schluss mit dem Fürstenluxus und dem ganzen maroden Reich!», brüllten sie sich an, «nun kommt frische Kraft aus Berlin.» Frauen zogen ihre Kinder aus dem Haufen heraus, in dem es zur Schlägerei zu kommen schien.

Die Wachen vor dem Königsquartier verzogen keine Miene, die Bajonette blitzten.

Der Galgen, den die Besatzer nach ihrem Einmarsch vor dem Rathaus hatten errichten lassen, tat seine Wirkung. Etliche Bürger entfernten sich. Andere spähten plötzlich zur zweiten Etage hinauf. Dort war ein Vorhang beiseitegezogen worden.

«Friedrich! Zeige dich!»

Ein Fensterflügel wurde geöffnet. Dahinter die Dunkelheit eines Raums.

War er überhaupt gekommen? Einige hatten ihn mit nur zwei Begleitern im Morgengrauen einreiten sehen. Schlief er noch? Unmöglich. Eher war er bereits zu einer Inspektion seiner Truppen aufgebrochen, die dem Reichsheer und den Franzosen entgegentreten sollten. Oder zählte die Wachablösung zu seinen Täuschungsmanövern? Manchmal gab er nur vor, an einem bestimmten Ort zu sein, aber hielt sich woanders auf. Am Fenster erschien eine Gestalt in Livree und schüttelte ein weißes Tuch, offenbar eine Serviette, aus. Das war, wie einige erkannten, sein Kammerdiener Glasow, der Mann, der die Hunde spazieren führte und abends in Gasthäusern gesehen worden war.

Glasow verschwand wieder.

Die Leipziger verzogen sich.

Der Markt mit dem Galgenstrick lud nicht mehr sonderlich zum Verweilen ein.

Die Anwohner der Petersstraße waren viel Kommen und Gehen gewöhnt. Vor dem Blauen Engel fanden Abschiede unter Tränen statt und sanken erschöpfte Reisende den Wartenden in die Arme, wurden abgeküsst oder sogar freudig umhergewirbelt. Die Gruppe, die jetzt aus der Oschatzer Linie kletterte, schien sich vornehmlich sammeln zu müssen. Und niemand harrte ihrer. Postknechte hatten die Planen aufgeschnürt und hievten das Gepäck, Koffer, Reisesäcke, Kisten und Hutschachteln von der Frachtfläche. Die dampfenden Notmähren wurden zu den Stallungen geführt. Kutscher und Postillon genehmigten sich einen Schluck aus einem Trinkhorn. Die noble Dame drückte den beiden Dienstmännern etwas in die Hand, sie lüfteten die Hüte und bedankten sich sehr.

Um die Schar toste das Leipziger Leben, sofern es noch möglich war. Wäscherinnen schleppten Körbe. Burschen, die offenbar nicht die Schulbank drückten, trieben einen großen Holzreif über die Straße. Zwei Thomaner in schwarzem Kittel schauten ihnen hochnäsig hinterher. Ein Kurierläufer hatte sich im Haus geirrt und trat mit seiner Botentasche in den nächsten Eingang. Nur wenige Paare promenierten. Akademische Kräfte erkannte man oft am steifen Gang. Von der ewigen Baustelle des Pfarrhauses von Sankt Peter dröhnten Hammerschläge bis in die Stuben. Eingaben beim Magistrat um Einhaltung einer Mittagsruhe hatten bisher nicht gefruchtet.

Plötzlich fasste Frau Herzwind den Studenten Sebastian Haffner am Arm: «Und Sie, mein Junge, kommen Sie gut weiter. Und wenn es mit Ihren Plänen schwierig wird, melden Sie sich bei mir in Radeberg. Wir brauchen immer Brauergehilfen, aus denen dann auch noch mehr werden kann. Herzwind, merken Sie sich einfach den Namen.» Der dünne junge Mann im geflickten Anzug nickte.

Dicht hinter den beiden näherte sich Luise von Barnhelm dem Schlittengefährten Johann Gutbrod: «So, dann weiter nach England.» An die Wand gelehnt, schloss der Bergassessor die Augen. Die Flecken in seinem Gesicht waren röter geworden. Aber er sah dadurch beinahe noch jungenhafter aus: «Sie können postlagernd nach Manchester schreiben.» «Und Sie nach Dresden, Barnhelm,

Palais Brühl.» Er stutzte, war aber zu erschlafft, um sonderliche Spekulationen anzustellen. «Ihre Hanna sollten Sie besser vergessen. Von dort kommt kein Heil. Spätestens im Seegang nach Dover werden Sie sie mit ihrem Trauerwahn vergessen. So oberflächlich es klingt, die Zeit heilt alles.» Er blickte in die Luft: «Vielleicht heiraten wir einmal.» «Wer?», fragte Barnhelm verwundert nach. Er stieß hervor: «Sie und ich. Sie verstehen mich, und Sie sind bezaubernd.»

«Merci, Monsieur.»

«Vielleicht fallen einmal alle gesellschaftlichen Schranken. Und als Bergwerksdirektorin drüben auf der Insel könnten Sie auch Kalesche fahren.»

«Kommen Sie erst einmal gut an und schreiben Sie mir.»

Beide umschlangen sich.

«Wann geht es weiter?», versuchte sie für eine gewisse Nüchternheit zu sorgen.

«Das weiß Max.»

Der hielt sich zwischen einigen Fußgängern mit Georg Wilhelm von der Marwitz an den Händen. Sie wischten einander Stäubchen vom Revers und blockierten den Bürgersteig.

«Marwitz?», rief es aus der Nähe und kräftig, «der Marwitz!» Ein Offizier der Besatzungsmacht trat hinter einer vorbeifahrenden Kutsche hervor: «Der Herr Adjutant, wo bleibt Er denn? Seine Majestät hat schon nach ihm fragen lassen.»

«Wenn wir selbst den Verkehr erschweren, Herr Major, weiß man nicht, wie schnell man vorankommt.»

Der Vorgesetzte musterte unwillig den Leutnant, der vorstellte: «Gestatten, Max Gutbrod, Fachmann für Stollen und Pumpanlagen. Major Paul Heinrich von Humboldt, kürzlich von Seiner Majestät geadelt.»

«Das ‹kürzlich› könnte Er sich sparen.»

«Ich hatte in Dresden noch das Grüne Gewölbe zu rekognoszieren. Um zu sehen, welche Juwelen zuerst nach Berlin geschafft werden sollten.»

Max Gutbrod trat entgeistert einen Schritt zurück. Marwitz zwinkerte ihm zu. «Gut», befand Major von Humboldt. Der offene lockige Perückenzopf des Leutnants schien ihn partout zu ärgern. Solch eine Frisur war verboten, der Haarschwanz hatte eng und schwarz gewickelt zu sein. Aber einen Günstling Seiner Majestät konnte man nicht mir nichts, dir nichts Spießruten laufen lassen. «Also wenn Er sich sputen wolle!»

«Gleich», beschied Marwitz dem Offizier. Gleich, das war bodenlos. Humboldt holte Luft.

«Ich gehe allein. Ich mag angenehme Gesellschaft.»

Der Major schien seinen Degenknauf zerquetschen zu wollen.

«Ich werde wieder zerrieben werden, Max», seufzte Marwitz vernehmlich, «zwischen den beiden. Aber bald werde ich faltiger sein. Wohl um die Augen. Und dann bin ich frei.»

Sie schüttelten sich so fest die Hand, als wollten sie sich nie wieder voneinander lösen.

«Adieu, mein Freund.»

«Adieu, mein Freund.»

«Manchester.»

«Schick mir Tee, den ostindischen.»

«Wird gemacht. Leb wohl, bleibe heil.»

«Ich achte darauf.»

«Können Männer treu sein, Georg?»

«Manchmal schon. Alexander und Hephaistion. Achill und Patroklos.»

«Hadrian und Antinoos.»

«Prinz Eugen und sein Claude de Bonneval.»

«Hans und Franz.»

«Immer und überall.»

«Wie schön.»

Der Major hatte sich bereits brüsk abgewendet. Aber Marwitz eilte ihm nach. «Ich komme mit, Humboldt, Sie kennen den Weg.»

Der Major ging mit steinerner Miene voraus.

«Ich bin auch noch da, Baronesse», machte die Reichsgräfin von Brühl auf sich aufmerksam, «auf zum Hotel.»

«Welches Hotel, Madame?»

«Wo wir wohnen.»

«Das weiß ich nicht.»

Zurückgelassen und stumm setzten sich beide auf die umfängliche Reisekiste der Ministergattin.

«Schlecht vorbereitet», gestand nach einer Weile Frau von Brühl und ließ Passanten an sich vorüberziehen, die Blicke auf ihren Pelzumhang und das elegante Schuhwerk warfen. «Heineken hätte ein Quartier besorgen können. Aber», überlegte sie, «da man nicht wissen kann, ob er mittlerweile in preußischem Sold steht, ist es vielleicht gut, dass er nicht weiß, wo genau ich abgeblieben bin. Vor dem Blauen Engel.»

Luise von Barnhelm sprang auf und eilte in die Postpension hinein. Sehr enttäuscht kehrte sie zurück. «Nicht einmal ein Verschlag ist frei. Alles voll von preußischen Soldaten, die ganze Stadt. Tausende.»

«Natürlich», die Reichsgräfin suchte in ihrem Pompadourbeutel nach einem Riechfläschchen und fand es. «Fahren wir jetzt wieder zurück?», fragte die Baronesse.

«Nein!», sagte Frau von Brühl entschieden, «von diesem momentanen Ungemach lasse ich mich doch nicht aufhalten.»

Abermals stumm saßen die Dresdnerinnen nebeneinander. Es begann zu nieseln, auch feiner Schnee mischte sich hinein. Die Fußgänger in der Petersstraße zogen die Köpfe ein, drückten sich Hüte in die Stirn, da und dort wurde ein Schirm aufgespannt. Feindliche Infanteristen verschwanden mit Radau im Blauen Engel.

«Ich fühle, dass die Sterne uns günstig sind, Baronesse.»

Luise von Barnhelm musste eher gegen eine gewisse Trübsal ankämpfen. Für eine Vollendung zur Hofdame war sie im Sommer im Palais Brühl eingetroffen. Sie hätte sich in Polonaise, Konversation und Fragen der Etikette vervollkommnen sollen. Bei passender Gelegenheit hätte sie in den Brühlschen Gärten oder bei Maskeraden im Schloss einen standesgemäßen, möglichst wohlsituierten Edelmann kennenlernen sollen, der auch ihr gefiele und um ihre Hand anhalten würde.

Und nun? Sie saß im Graupelschauer auf einem Kleiderkasten vor einer überfüllten Leipziger Kaschemme. Was für eine Zukunft würde sie haben? Ihre rote ungepuderte Nase war ihr gleichgültig. Luise schniefte.

«Alles, was unwahrscheinlich ist, Baronesse», nahm die Reichsgräfin ihren Gedanken wieder auf, «spielt uns in die Karten, ist von Vorteil. Die Preußen glauben, ich wäre im Schloss bei der Königin. Falls sie überhaupt nach mir fragen. Im Krieg gibt es andere Sorgen, als nach einem verlassenen, machtlosen Eheweib zu forschen. Schon, dass ich mit der Ordinären Post zu Friedrich fahre, würden sie kaum glauben. Und wenn ich jetzt hier den Leuten und Soldaten zurufen würde: Ich bin Maria Anna Franziska, Reichsgräfin von Brühl, geborene Kolowrath-Krakowski, die einflussreichste Frau Sachsens!, dann würden sie lachen und weitergehen.»

«Bestenfalls, Madame», Barnhelm blickte betrübt auf ihre Fußspitzen.

«So sind wir freier, als ich es mir je vorstellen konnte. Und wir können fast sorglos handeln.»

«Ich bewundere Ihre Zuversicht, Madame. Mir ist kalt.»

«Mir auch.»

«Aber Sie haben den Muff.»

«Stecken Sie eine Hand mit hinein.» Der Lärm vom Baugerüst war störend. Der Gestank nicht weniger. Ärmliche Gestalten schleppten Kübel von den Sickergruben der Häuser zu einem Tonnenwagen, der nur langsam vorankam.

«Nun wäre eine Portion Palastsülze höchst willkommen, Madame. Warme Salons. Klingelschnur für die Dienerschaft.»

«Wir könnten bei einem Pastor um Unterkunft bitten.»

Barnhelm zuckte die Achseln.

«Und morgen weitersehen.»

«Oder gleich bei Gellerts oder Gottscheds fragen, ob wir dort unterkommen können.»

«Sie machen mich ganz konfus, Barnhelm.»

«Warum?»

Die Reichsgräfin sinnierte noch unter ihrer weiten Kapuze, als sich ein Mann ihnen behutsam näherte.

«Verzeihen Sie, meine Damen. Aber Sie wirken einigermaßen perdues.»

«Wir sind frei. Aber die Gasthäuser und Hotels sind voll», erklärte die Kammerfrau.

«Ja, der Heuschreckenschwarm hat jegliches besetzt und frisst alles kahl.»

Die Reichsgräfin musterte den Fremden. Seine Stiefel waren schlicht und sauber. Unter dem Kragen des taillierten Radmantels zeigte sich ein Stück hellblauer Weste mit dunkelblauer Blumenstickerei. Das nur leicht gepuderte Gesicht war ebenmäßig. Unter

Perücke und Dreispitz überraschte die Nickelbrille durch ihre gleichfalls bläulichen Rundgläser. Man sah die Augen nicht. Der Mann stützte sich auf den Silberknauf eines Stocks. «Die Damen sind von Stand?»

«Merkt man also noch», antwortete Barnhelm. Sie blinzelte zur dunklen Brille hoch. Die Augengläser spiegelten.

«Gestatten Sie, Leisner, Nikolaus.» Die Stimme des ungefähr Dreißigjährigen im nachlassenden Graupel klang überaus angenehm, weich, doch artikuliert. «Rats-Konsulent daselbst.»

«Gräfin von Clam-Gallas», teilte die Kammerfrau mit, «und Baronesse von Barnhelm.»

«Wie schön, wie reizend», der Fremde lüftete den Hut und vollführte eine höfische Verbeugung, «wie erregend sogar. – Und ohne Dach über dem Kopf. Die Einquartierungen betreffen wie üblich die Herbergen und die Haushalte der einfachen Leute.» Er wechselte Stand- und Spielbein. «Meine Muhme wird Abhilfe wissen», das alte Wort war nicht mehr sehr im Schwange: «Kommen Sie, wir gehen zur Muhme.»

Er blickte sich um, spähte und pfiff unvermittelt und scharf auf beiden Fingern durch die Petersstraße. «Unsere Stadtsoldaten sind ein Lumpenpack. Arme Kerle. Meistens hocken sie in ihrer Wachstube, basteln Spielzeug, spinnen Garn oder rauchen für Kundschaft Meerschaumpfeifen ein. So verdienen sie sich etwas dazu.»

Ein paar Männer dieser Truppe hatten den Pfiff gehört.

Die Damen erhoben sich zögerlich.

Auf einen Fingerzeig des Ratsbeamten ergriffen die Stadtwachen, drei mit Schnauzbart und ein Einarmiger, in ihren weiten, ausgeblichenen Uniformen die Bügel der herrschaftlichen Kiste. «Eine Kostbarkeit», sagte Herr Leisner und strich über die edlen Hölzer und die Einlegearbeit aus Elfenbein, «so etwas sieht man sonst zumeist nur in Dresden.» Er befahl den Trägern: «Zum Brühl.»

Die breite Straße bei der Hallischen Vorstadt kannte jeder.

«Sollen wir wirklich?», fragte Luise von Barnhelm die Gräfin bang. Die drückte ihr nur die Hand.

«Auf zur Muhme.»

Die Frauen sahen erst jetzt, dass ihr Helfer hinkte, und blickten sich an. Mit beachtlichem Tempo setzte er den Stock vor sich auf. Der breite Kragen des Radmantels schwang mit, wenn er für jeden Schritt die linke Schulter vorschob.

«Das hat nichts zu bedeuten, Barnhelm.»

«Ja, was auch?»

Hinter ihm, die Soldaten mit dem Gepäck im Gefolge, durchquerten sie die Innenstadt. Kärrner bugsierten ihre Fracht von hier nach dort. In Formation ritten preußische Dragoner im Schritt. Vor Haustoren wurde gefegt. Unter den Laubengängen, wo sich zu Messezeiten die Waren stapelten, parlierten Herren und Damen. Von fern grüßte der Galgen. Aus Brunnen schöpften Mägde Wasser. Vereinzelt waren sogar noch Sänften unterwegs, mit gebückten Trägern, die nicht in die preußischen Bataillone gezwungen worden waren. An einer Gassenecke füllten gute Seelen Suppe in die Näpfe von Bettlern, Krüppeln, Greisen und Kindern. Eine Verlautbarung – wenn nicht sogar noch ein Komödienzettel – wurde an eine Hauswand in der Katharinenstraße geklebt. Stolz und schmuckreich erhoben sich die Giebel der Kaufmannshäuser. In mehreren Etagen erstreckten sich Fensterreihen über die Dächer.

Trotz aller Einschränkungen duftete es aus Kaffeehäusern noch köstlich. Ja, Gesang war aus einem der Leipziger Etablissements zu hören.

«Lebe, Sonne, dieser Erden,
Weil Diana in der Nacht
An der Burg des Himmels wacht …»

Draußen verharrten einige und lauschten dem vielstimmigen Chor, der wegen der allgemeinen Not vielleicht sogar besonders kräftig und aufmunternd sang:

«Weil die Wälder grünen werden,
Lebe, Sonne dieser Erden.»

«Unsere Studenten, sofern noch welche da sind», ließ Herr Leisner sie wissen, «auch der alte Bach hat mit ihnen gern im Zimmermannischen Kaffeehaus geprobt. Jetzt macht's sein Schüler Doles. Solang sie singen, randalieren sie nicht.»

Er hinkte voran.

«Rats-Offiziant», Luise von Barnhelm kam außer Atem, «zuständig für was?»

«Ich?», fragte der Leisner nach hinten.

«Sie.»

Er hielt inne und drehte einmal akrobatisch den Stock. Die Augengläser glänzten dunkel: «Sagen wir mal für die Verbindung, die Streitereien zwischen der Stadt und der Universität.»

Ein ungewöhnliches Amt.

«Und die Tante? Die Muhme?»

«Vielleicht freut sie sich sogar», raunte er.

Die Muhme

Mit dem siebten Schlag einer Kirchturmuhr betraten die Gäste aus Dresden das Speisezimmer. Niemand war zu sehen, doch einige Kerzen waren bereits angezündet. Sie beleuchteten einen sorgfältig gedeckten Tisch, geraffte Vorhänge und etliche Porträts an den Wänden. Die Abgebildeten hatten sich herausgeputzt, sich vor einer Staffelei in Positur gesetzt und lächelten gleichförmig in den Raum. Licht fiel auf eine Harfe mit vergoldetem Fuß und Säulenkopf. Das schöne Instrument schien danach zu lechzen, seine Saiten erklingen zu lassen. Das Zimmer diente offenbar auch als Salon.

Die Reichsgräfin trug dunkelrote Seide mit Schlenderfalte, hatte die einreihige Perlenschnur angelegt und schlug aus Gewohnheit den Fächer auf. Das Malvendekor darauf passte immer. Sie hatte auf Perücke und sogar Haarpuder verzichtet. Die noch naturschwarzen Korkenzieherlocken erinnerten sie selbst an Spanien, an Temperament und gefielen ihr.

Barnhelm spähte aus dem Fenster. Eine Straßenschlucht in mattem Laternenschein.

Sie waren beide annehmbar untergebracht worden und hatten dankbar zu sein. Die Gästeunterkunft diente auch als Wäschekammer, Einmachgläser waren dort gelagert, aber die zwei Betten waren stabil, die Leinenbezüge knisternd frisch.

Das Ticken der Standuhr wurde von einem Gepolter aus einem oberen Geschoss übertönt.

Die Hausherrin hatten die beiden nicht gesehen. Herr Leisner hatte sie in die Wohnung geführt, war in ein Zimmer geschlüpft, und nach einer Weile hatten sie durch den Türspalt eine tiefe, raue Stimme vernommen: «Willkommen!» Die Muhme hatte womöglich Mittagsruhe gehalten.

«Wir bezahlen sie gut», flüsterte die Reichsgräfin, «dann suchen wir uns eine Bleibe, wo wir selbstständiger sind.» Palast oder Kerker empfand die Ministergattin plötzlich, das ist mein eigentliches Schicksal. Mittelgroße Räume, mäßiges Mobiliar, eine gewisse Stickigkeit um einen Nähtisch mit einer Pflanze darauf waren ihr fremd und verursachten ihr Unwohlsein.

Doch sie war insgesamt überreizt.

Ein Dienstmädchen öffnete die Türflügel. Im blauen Anzug, mit blauer Brille schob Herr Leisner die Dame des Hauses herein.

«Bonsoir, Mesdames.»

«Bonsoir», die Dresdnerinnen deuteten einen Knicks an.

«Lass nur, mein Schatz», die Dame winkte ihren Neffen beiseite und griff selbst an die Räder ihres Rollstuhls und fuhr herein.

«Nur ein kleiner Imbiss. Ich habe gerne Gäste. Ich habe zu selten Gäste.» Ihre Stimme war fast ein Bass. Die Tante war in der Tat eher eine Muhme. Das schwarze Kleid war mit schwarzen Glasperlen bestickt. Schwarz war der Fächer auf ihrem Schoß. Gekräuselte weiße Bänder flossen von einer hohen, spitzen Turmperücke bis über die Brust. Die Wangen um den zahnarmen Mund waren eingefallen, aber kräftig mit Rouge versehen. Es war keine Pockennarbe, vielmehr ein Schönheitspflästerchen, das unter dem rechten Auge auffiel. Die Hände steckten in Halbfingerhandschuhen, doch der Hals und ein durchaus mutiges Dekolleté verrieten das Alter der Muhme. Man meinte geradezu, die nach Leipzig verschlagene Witwe des Sonnenkönigs vor sich zu sehen.

«Die Gräfin von Clam-Gallas, die Baronesse von Barnhelm», stellte der Neffe vor.

«Entzückend», die Stimme füllte den Raum, «Merlind von Gerstenkamp. Mein Gemahl war Beamtenadel, nichts Erhebliches und auch nichts Erbliches.»

Man lachte. Leisner hinkte zum Tisch, die Muhme rollte, man nahm Platz, wobei die Gastgeberin bereits saß.

«Die Damen wollen Gellert und Gottsched besuchen», merkte der Neffe an.

«Hatte ich das erwähnt?» Frau von Brühl erinnerte sich nicht daran.

«Oh, oh, oh», rief die Muhme, «ausgerechnet die beiden, das ist heikel.»

Barnhelm wunderte sich über ein Blatt neben dem Teller und las die Menüfolge. *Biersuppe Lausitzer Art, Aalpastete, Pökelzunge in Würzsauce und Quittenschaum.*

«Eine Angewohnheit meines Neffen», klärte Frau von Gerstenkamp auf, «als Rats-Konsulent ist er ein ordentlicher Mensch und notiert gerne, was auf den Tisch kommt. Nichts Luxuriöses mehr.»

«Eine schwungvolle Schrift», lobte die Reichsgräfin.

«Fühlen Sie sich wie zu Hause», die Aufforderung der Muhme erleichterte sehr. Die Dinge nehmen, wie sie kommen. Die Suppe wurde aufgetragen, war schmackhaft und wärmte. Das Kerzenlicht schien alle Konturen und Gesichtszüge zu mildern.

«Zum Wohl. Geselligkeit ist der einzige Weg zur Zufriedenheit», Frau von Gerstenkamp hob das Glas, «und Ihre Reise ist gut verlaufen?»

«Ich könnte ein Buch schreiben», gestand Frau von Brühl.

«Großer Gott!», stöhnte Barnhelm auf, «Es könnte einem schwindelig werden. Leutnant von Marwitz wollte partout seinen Zopf nicht wickeln und vergaß trotz der Räuberwarnung ...»

«Warnung vor Räubern?», erkundigte sich Leisner.

«So ist es … seine Pistolen im Gepäck. Die Gutbrods wollen nach England, aber Johann ist ganz unglücklich in Freiberg verliebt. Schloss Hubertusburg: Eine ausgeplünderte Ruine.»

«Wir hörten davon», die Muhme nickte bitter.

«Im Oschatzer Posthaus war ein Vortrag von Professor Pütter sehr interessant, über das Heilige Römische Reich und dass die Deutschen sich nicht fortwährend beklagen sollten. Wir haben durch den Regensburger Reichstag mehr Parlamentarismus und, ja, Demokratie als andere Nationen. Was bei uns wie ein Durcheinander erscheint, ist auch deutsche Vielfalt …»

«Der berühmte Stephan Pütter? In Oschatz?» Nikolaus Leisner staunte, seine Gläser spiegelten.

«Er wollte ins Thüringische, um irgendwelche Fürsten zu entmündigen und einen Erbstreit zu schlichten.»

«Soso», sagte die Muhme.

«Und dann! Furchtbar!» Barnhelm schüttelte den Kopf: «Aus der Dunkelheit, im Schnee, zuerst fern, dann immer näher, ein Zug von Flüchtlingen aus dem Spreewald, Höfe und Dörfer niedergebrannt, mit ein paar Kühen und Karren zogen sie in die Nacht.»

«Kind», die Muhme legte der Baronesse die Hand auf den Arm.

«Und aus dem Dunkel genau aus der anderen Richtung kamen die Juden, die die Kaiserin aus Prag vertrieben hat. Hunderte von Elenden, und wir versteckt hinter den Bäumen.»

Die Reichsgräfin hob den Kopf und seufzte: «Das machen der Krieg und die Willkür.»

«Unser guter Gellert war einer der Ersten», sagte die Muhme, «der gegen den Judenhass anschrieb.»

«Mit Romanen kommt man gegen vorgefasste Meinungen nicht an, Tante.»

«Gellert hat immer und unverdrossen für Tugend, Vernunft, Mitgefühl und Andacht gekämpft, Niki.»

«Aber, Tante, komm bitte nicht mit Gellerts alten Schriften. Vor lauter Vernunft und Redlichkeit schläft man ein.»

«Niki!»

«Das ist alles so unglaublich anständig, Tante.»

«Besser Anstand als Verrohung. So sieht es Gellert. Und er hat recht.»

«Und über ihre Hochzeitsnacht», sagte der Neffe, «erklärt seine Gräfin, dass das Beilager sehr still, aber vergnügt vollzogen wurde. Da geht es in Paris, in London und in der Wirklichkeit aber anders zu. Da ist am nächsten Morgen die Bettwäsche hin.»

«Nun, du wirst es ja wissen.»

«Gebet vor den Freuden der Nacht. Das ist Lektüre für Pfarrhäuser geworden.»

«Zu meiner Zeit war es revolutionär, mein Schatz, dass und wie Menschen ihre Gefühle offenbaren. Bei Gellert. Kein höfischer Schnickschnack, sondern Herzen auf der Suche nach … Herzlichkeit. Und dass die Gräfin eine Zeitlang mit ihrem Gemahl und mit einem Freund zusammenlebt, vielleicht auch das Bett teilt … das ist schon Zunder, nicht kleinkariert. Da verbinden sich Tugend und Lust aufs Schönste.»

«Das gebe ich zu», kam es ein wenig zerknirscht vom Neffen in Blau, «trotzdem: scheues deutsches Bürgertum.»

«Wir sollen nicht alles kritisieren», warf Barnhelm ein, «meinte Herr Pütter. Den Deutschen geht es gut, wenn es ihnen eigentlich nicht schlecht geht. Und sie sind nicht altmodisch, sondern so wie alle anderen.» «Steckt in Ihnen eine Philosophin, Barnhelm?», staunte die Reichsgräfin über den Schwung ihrer Kammerfrau. «Wir sind oft munter. Das reicht.»

Über den Köpfen begann es erneut zu poltern. Vielleicht stiefelten Preußen durch ihr Quartier. Die Gastgeberin hob entschuldigend die Hände: «Das Haus stammt von 1750. Da wurde nicht mehr so solide gebaut wie früher. Und die Frau von Herrn Schober ist gestorben. Seither ist er manchmal wie von Sinnen. Er stellt die Stühle und Sessel um, damit sie bequem sitzen könne … wenn sie ihn aus dem Jenseits besuchen würde.»

«Der arme Mann.»

«Er grüßt nicht mehr. Er beschimpft auf der Straße Kinder, Leute, völlig ergrimmt. Und geht fast in Lumpen. Manchmal sitzt er auf einem Eckstein und weint.» Es wurde ruhiger. «Jetzt hat er wohl einen Platz gefunden, wo seine Frau sitzen kann. Er macht ihr Tee.»

«Himmel», flüsterte Frau von Brühl. Ansonsten unterhielt sie sich viel angeregter, als sie es anfangs vermutet hatte. Sie erfuhr Neues, und im Speisesalon war es behaglich. Die Bürgersleute lebten in ihrer eigenen Welt. Und sie waren sehr viele. Womöglich beanspruchten sie eines Tages die Macht. Unausdenkbar. Was würde aus dem Hof, den Krönungen und den Beschlüssen im Geheimkabinett?

Die Aalpastete wurde aufgetischt. Sie duftete köstlich, im selben Moment wusste man, solch gehaltvoller Zwischengang könnte dem Magen zusetzen. Bevor es wieder verschwand, schnäuzte das Hausmädchen mit der Dochtschere die Leuchterkerzen auf der Kommode. Gewiss wegen des zunehmenden Wachsmangels brannten nur zwei. Gute Beleuchtung war schon in Friedenszeiten oft das Kostspieligste, und ein strahlendes Souper verschlang Unsummen.

«Gellert lässt, meine Damen», die Muhme wandte sich Brühl und Barnhelm zu, «Frauen in seinen Vorlesungen zu, falls im Gedränge bei ihm – manchmal ein paar Hundert Studiosi – noch ein Platz zu finden ist.»

«Jetzt sind die Studenten vor der Rekrutierung geflohen», warf Leisner ein.

«Ich habe mich gelegentlich hinfahren lassen.» Sich die pompöse Muhme zwischen Studentenscharen vorzustellen war allerdings schwer. «Natürlich sind mir nicht alle seine Worte mehr in Erinnerung», sagte sie mit ihrer rauen Stimme, «doch unser Gellert, und darauf können wir stolz sein, pflanzt den Geist der Milde in die Gemüter.» Sie besann sich: «Ich fange meine Vorlesungen, sagte er ungefähr, mit dem herzlichen Wunsche an, dass sie Ihnen in Ihrem ganzen Leben nützlich und heilsam sein können. Das gebe der Urheber aller unserer Weisheit, Glückseligkeit und Moral. Er lasse in unserer Seele die Liebe zum Guten und die Abscheu vor dem Bösen täglich lebendiger und kräftiger werden zur Verherrlichung seines Namens und zu unserer immerwährenden Wohlfahrt!»

«Makellos», sagte jemand.

«Das Fundament einer gedeihlichen Zeit und Welt, in der Menschen sich hilfreich begegnen», kurz streifte ihr Blick ihre Gäste, die sich mit einem Nicken bedankten.

«Christian Fürchtegott Gellert ist das bürgerliche Zeitalter, etwas ganz Neues und Offenes, verstehen Sie mich bitte richtig, Frau Gräfin.»

«Ich habe gerade andere Sorgen und Pflichten, Madame.»

Man kostete vom Aal und genoss ihn.

«Gut, dass er Sittlichkeit predigt, Tante. Aber rund um die Uhr Sittsamkeit, da graust es mir. Es muss auch ein Toben, Ausbruch und Wildheit geben, Sturm und Drang.»

Vonseiten eines Mannes, der ein Bein leicht nachzog, dachte

Barnhelm, war dieser Wunsch nach einem ungestümen Leben verwunderlich; andererseits besonders verständlich. Und was ist denn mit Ihren Augen?, brodelte die Frage in ihr, nehmen Sie doch endlich dieses Gestell aus dem Gesicht!

«Mein teurer Neffe, mein Ein und Alles», Madame de Gerstenkamp legte ihr Besteck beiseite und tupfte sich die Lippen ab. Ihr Lächeln konnte auf ein bewegtes Leben schließen lassen, «Nikolaus neigt zu Exzessen.»

Der Neffe rührte sich nicht. Die Dresdnerinnen hatten dringend Abwechslung gebraucht, diese war denn aber doch verblüffend.

«Seinen Gehfehler haben Sie bemerkt.»

Die Gäste lächelten gezwungen.

«Das Hinken hat ihm in seiner Kindheit viel verleidet. Aber es ist zu Nikis Trumpf geworden.»

Der Rats-Konsulent zuckte die Achseln.

«Niki, sonst gut gewachsen, fällt sofort auf. Andere junge Männer müssen sich erst darum bemühen. Er hinkt gekonnt durch die Straßen und Cafés, und die Blicke der Damen und minderer Subjekte haften auf ihm. Dazu gesellt sich wohl eine Art von Mitgefühl für meinen Schatz. Die Frauenherzen schmelzen. So hübsch und mit einer kleinen Schwäche. Den muss man lieb haben und behüten. Dazu sein geheimnisvoller Blick.»

«Blick?», fragte Barnhelm nach.

«Kurzum, ich kümmere mich längst nicht mehr darum, wie viele Schäferstündchen er in unseren Gärten und Parks verbringt oder nachts außer Haus. Aber ich bin als seine Tante besorgt.»

«Musst du nicht», winkte Leisner ab, «das Leben ist kurz.»

Ein mehrfaches Räuspern beschloss das heikle Kapitel. Auch die Pökelzunge wurde auf Zwiebelmuster serviert. Aus der Sauciere bediente sich jeder selbst. Eher ungeschickt wechselte Barnhelm das

Thema: «Herr Gellert würde wohl niemandem nach dem Leben trachten. Nach dem, was Sie sagten.»

Frau von Gerstenkamp hatte bon appétit wünschen wollen, Frau von Brühl erstarrte.

Neffe Leisner kaute langsam und sagte gelassen: «Höchstens dem König von Preußen. Friedrich hat ihn zur Audienz gebeten, ja befohlen, aber Gellert hat ihm ausrichten lassen, er sei unpässlich. Ein Affront dem Herrscher gegenüber. Gellert missbilligt Krieg zutiefst. Dann hat er allerdings auch Angst vor Friedrich. Sie kennen Gellerts Husarenbrief.»

«Nein.»

«Der Husarenbrief war nicht zur Veröffentlichung bestimmt. Wurde aber heimlich abgeschrieben, gedruckt und kursiert mittlerweile in ganz Deutschland.»

«Das erzählst du jetzt, Niki?»

«In dem Brief schildert Gellert die Geschichte, wie ein preußischer Husar ihn besucht, der sein Werk bewundert. Zum Dank für seine Schriften will der Husar ihm Kriegsbeute und ein paar Pistolen schenken. Der Professor führt ihn vor seine Bücherschränke und sagt: *Dieses ist mein Gewehr*. Die Unterhaltung endet mit Gellerts Aufforderung an den Krieger: *Empfehlen Sie Ihrem König den Frieden in meinem Namen fußfällig.*» Das lesen nun alle. Seitdem fürchtet Gellert Friedrichs Rache oder Ungnade.

«Wie sollte er jemanden angreifen, Niki? Gellert ist zu gebrechlich, um jemanden zu erdolchen oder zu erschießen.»

Das Quittenschaumdessert hob sich ideal von der Zunge in Würzsauce ab und erfrischte. Der Mieter oben blieb ruhig. Er kostete vielleicht vom Tee, den er seiner verstorbenen Frau zubereitet hatte.

«Es wundert einen», meinte die Baronesse, «dass August der Starke in Leipzig immer in einem Bürgerhaus am Markt logiert hat.

Sonst musste überall, wo er den Fuß hinsetzte, ein Palast entstehen.»

«Oh, das hat der gloriose August versucht», erinnerte sich die Tante, «für sein Leipziger Versailles ließ er schon das Rosental vermessen. Unser Rat bekam es mit der Angst, denn wer sollte das alles bezahlen? Doch recht geschickt wurde ein Memorandum ums andere nach Dresden geschickt. Das Rosental wäre zu abschüssig. Die Gegend wäre zu sumpfig. Die Fundamente würden versinken, die Säulen bersten und die ganze Pracht würde im Morast enden. August nahm Abstand von dem Plan.»

So wie es bereits zuvor dezent und ohne viel Geräusch serviert und abgeräumt hatte, bot das Dienstmädchen nun Kaffee und Heidelbeerlikör an. Sie war eine hübsche Person. Ihr nur knöchellanges Kleid war blau-weiß gestreift, die Schürze schmuck, die kleine Haube zierte hinten eine Schlaufe mit zwei Bändern. Die Magd lächelte natürlich, und ihre Hände waren fein.

«Nanette», Frau von Gerstenkamp räkelte sich kaum merklich in ihrem Zwangsstuhl. «Du weißt schon. Nach der Mahlzeit.» Binnen Kurzem war Nanette mit dem Gewünschten wieder da. «Wir können ein Fenster öffnen», erklärte die Hausherrin sonor. Mit einiger Verwunderung registrierten die Dresdnerinnen, wie sich die Gastgeberin eine Holländerpfeife stopfte, mit langem Span anzündete und schmauchte. «Gut gegen die Schmerzen.»

Die Damen nickten.

Merlind von Gerstenkamp gab ihrer Zofe ein Zeichen. Sie rollte die Greisin ein Stück zurück ins Halbdunkel. Die Glasperlenstickerei funkelte auf Schnürbrust und Kleid. Der Tabaksqualm stieg am Frisurkegel empor und verlor sich. Aus der Tante wurde wieder die Muhme, wenn nicht sogar eine in die Jahrzehnte gekommene Königin der Nacht. Sie ließ sich das Likörglas reichen. «Meine Finger können es nicht mehr», vernahm man sonor, «aber Nanette ist begabt, und ich habe es ihr beigebracht.»

Die Zofe machte einen Knicks.

«Das gehört zu einem gelungenen Abend dazu, nicht wahr, Niki?» Leisner legte den Kopf schräg.

Nanette setzte sich auf den Hocker und zog das doch riesige Instrument an sich. Nach nur kurzem Horchen an den Saiten und Regulieren von Stimmstiften der Harfe zupfte sie ein Vorspiel. Sie schaute zur Hausherrin und die zu ihrem Neffen. Die Damen aus Dresden applaudierten lautlos und auf gut Glück –

«Rosen pflücke, Rosen blühn,
morgen ist nicht heut!»,

sang Nanette piano, aber bewegt zu ihrem Spiel,

«Keine Stunde lass entfliehn –
flüchtig ist die Zeit!»

Kleiner Auftrag

Die Nacht war unruhig verlaufen. Die Knochen schmerzten zu sehr noch von der Kutschfahrt, und zu heftige Eindrücke schwirrten ihr durch den Kopf. Barnhelm wälzte sich hin und her, wurde aber die Bilder von Männern mit blauer Brille nicht los. Mal trug Johann Gutbrod diese Augengläser und hämmerte an die Türen in Freiberg, *Ist Hanna hier? Lasst mich zu ihr. Sie braucht mich …* Mal schoss Marwitz dunkel bebrillt mit beiden Pistolen auf Vogelscheuchen, die um Windmühlen tanzten, dann beugte sich der Rats-Konsulent von außen zum Fenster herein und flüsterte: *Die Damen, weit gereist, haben Heimliches im Sinn, das sehen wir genau*, dazu summte Nanette.

Die Reichsgräfin sah Königin Josepha vor sich, wie sie auf den Knien den Turm der Hofkirche anbetete, und weckte sich durch den Ruf «Majestät!» selbst. Doch sogar noch als sie auf der Bettkante saß, um sich zu sammeln, ließen sie die Traumbilder nicht los. Soweit sie es beim dritten Glockenschlag endlich wahrnahm, befand sie sich in einer Kammer mit Tisch und Stuhl und Kompottgläsern im Regal. Sie legte sich wieder hin und sagte: «Ich zähle euch nicht», die Nachtgeister verflüchtigten sich unwillig.

Nanette klopfte, hoffte, wohl geruht zu haben, und stellte das Tablett mit Kaffee und zwei Hörnchen ab. «Die gnädige Frau ruht noch. Der junge Herr ist aufs Amt.»

Es war eisig. Das Waschwasser aus einem Krug erfrischte umso schärfer. Barnhelm wischte Reif von einer Scheibe und schaute über

Straßen und rauchende Kamine hin zu den Türmen. «So viele Menschen unter den Dächern, Madame», murmelte sie.

Nach der ersten Stärkung erklärte Frau von Brühl: «Wir sind fast am Ziel. Es gibt kein Zurück, Mademoiselle.»

«Welches Ziel denn genau, Madame?»

«Passen Sie auf, Barnhelm», Frau von Brühl brach eine Hörnchenspitze ab und tunkte sie ein, «was auch immer geschehen wird. Sie haben mit nichts etwas zu tun, mit gar nichts. Sie haben mich nur begleitet. Auf meinen strikten Befehl.»

«So ist es ja auch», kam es etwas bang.

«Sie wissen, dass ich diesen Flakon mitführe, Barnhelm. Und doch wissen Sie nichts von einem Flakon.»

«Nein. Es ist ja nur eines Ihrer Parfüms.»

«Ja und nein, meine Liebe. – Auf ein Zeichen von mir, Barnhelm, und spätestens wenn Alarm geschlagen wird, *Der König, der König!*, sehen Sie zu, dass Sie mit Ihrem Passierschein rasch nach Dresden kommen. Und von dort am besten nach Warschau. Wer kennt Sie? Wer wollte Sie aufhalten? In Warschau werden Sie bis zum Frieden in Sicherheit sein. Und Sie werden reich belohnt.»

«Ich bestaune Sie, Madame. Was haben Sie denn nun vor?»

«Ich will Ihnen nur so viel verraten. Jemand, der vom König empfangen wird, muss dieses Parfüm bei sich haben, und er muss den rechten Moment abpassen.»

«Madame?»

«Der Plan ist unerhört. Aber er wird gewiss noch gepriesen werden.»

Marianne von Brühl ließ sich das Etui mit der eingeprägten Grafenkrone und dem vergoldeten Reisenecessaire reichen. Beim Frisieren und Schminken bat sie: «Fragen Sie nach einer Apotheke. Wir brauchen, ich brauche zwei Fläschchen. Ich kann den Herren nicht die ganze Portion überlassen. Für den Notfall muss ich selbst einen Teil behalten.»

«Madame!» Barnhelm stützte sich am Tisch ab.

«Madame? Madame was?, mein Kind?» Mit dem Spiegel in der Hand legte Marianne von Brühl den Arm um die Hüfte ihrer Kammerfrau und schmiegte die Wange an sie.

Allons enfants de la patrie

«Gellert wohnt im Schwarzen Brett», wusste Nanette. «Aber ob er jetzt dort ist? Er versucht zu kuren, wann immer es geht. Das weiß man. Oder hält sich auf dem Gut von Freunden in Bonau auf. Krieg verträgt er ja nun gar nicht. Er wird in Bonau Milchbrei löffeln und das Bett hüten.»

«So leidend?», hatte Madame Brühl nachgefragt.

Frau von Gerstenkamps Zofe hatte an der Wohnungstür genickt: «Der Gute. Ausgezehrt seit seiner Kindheit. Eines von zig Kindern in einem armen Pastorenhaushalt. Aber er hat sich emporgearbeitet. Und er liebt die Tugend und das reine Gewissen.»

«Das kommt uns zupass», hatte die Gräfin erklärt. «Im Schwarzen Brett?»

«Der alte Universitätsbau. Da wohnt er.»

«Au revoir.»

«Au revoir», hatten sich die Frauen verabschiedet.

«Gellerts Bruder ist Fechtmeister. Für Studenten.»

Dieses Wissen nützte jetzt nicht viel. Nanette hatte die Tür geschlossen, um sich um ihre Hausherrin zu kümmern, Harfe zu üben oder auch um das Bett von Nikolaus Leisner frisch zu beziehen.

Der Wintermorgen war trübe.

In Umhängen, die weiten Kapuzen locker über dem Kopf, standen die Dresdnerinnen unschlüssig vor dem Haus Am Brühl. Wo ging es zum Universitätskolleg Im Schwarzen Brett?

«Madame, was Sie vorhaben, es wird ein Fiasko.»

«Erst das Ende wird es lehren, mein Kind. Wer im Stillen handelt, tut es doch vor Gott und der Welt. Unsere Ziele sind hehr.»

«Hehr?»

«Nennen Sie's, wie Sie wollen.»

«Madame», Barnhelm senkte den Blick und hob wieder den Kopf. Sie klang verzagt: «Ich bin nicht mehr ganz jung, aber doch noch jung. Ich möchte das Leben genießen. Will keine Sorgen, die zu groß für mich sind. Die Politik, das Elend der Welt. Ich konnte Ihnen bisher vielleicht hilfreich sein, und was man überlebt hat, ist auch ein Abenteuer. Unsere Zusammenkunft im Belvedere, den Besuch in Hubertusburg werde ich nie vergessen und vielleicht einmal meinen Kindern davon erzählen: Hört, wie eure Mutter im Winter 1757 neben dem Geliebten von König Friedrich und seinem Bruder Prinz Heinrich, dem schönen Marwitz, in einer Kutsche fuhr … Doch dieses Gift», beide wandten sich rasch nach möglichen Lauschern um, «bis jetzt ging alles gut. Ihr Plan, Madame, gleicht bereits einer Befreiungstat. Sie haben, pardonnez-moi, üppig und glanzvoll gelebt. Ich nicht. Soll ich auf einem preußischen Schafott enden? Ach, wohin sind mein Mut, viel eher mein Übermut, meine Gedankenlosigkeit? Ich will lieber unbekannt leben und auf einem Gutshof die Hühner füttern.» Sie zitterte.

«Mein Kind», die Reichsgräfin dämpfte abermals ihre Stimme, «niemand kann sich aussuchen, welche Forderungen das Schicksal an einen stellt. Sie sind plötzlich da, wie Gespenster aus der Nacht. Man kann sich immer ducken, gewiss. Das Unheil schlägt dann umso heftiger über einem zusammen. Der Krieg. Oder etwas ähnlich Fürchterliches. Gleichgültigkeit wird zur Schuld. Wollen wir am Grab der Welt schaufeln oder ein wenig Licht bringen? Mit unserer ganzen Seele, Kraft und Verantwortung.»

Barnhelm ließ sich gegen die Hauswand sinken.

«Schauen Sie, Mademoiselle. Die Gräfin Cosel, die Geliebte Augusts des Starken. Vor gut einem halben Jahrhundert, als die Schweden das Land erobert hatten und es aussaugten –»

«Immer diese sinnlosen Metzeleien.»

«– da entschloss sich die Gräfin Cosel, den König der Schweden, Karl XII., auf einem seiner übermütigen Ritte durch Sachsen gefangen zu nehmen oder zu erschießen. Das Attentat war gut geplant, und sie saß wahrscheinlich genauso gut zu Pferd wie er, eine Amazone.»

«Dafür, Madame, büßt die Gräfin Cosel seit Menschengedenken allein und verlassen in einem Turm der Festung von Stolpen.»

«Ach was, nicht dafür. Nachdem sich August der Starke von ihr getrennt hatte, wollte sie sein schriftliches Heiratsversprechen nicht herausgeben, das wurde ihr zum Verhängnis. Das Attentat kam August allerdings zu ehrlos vor.» Madame de Brühl räusperte sich.

«Eine Furie», hörte sie.

«Wie klein gedacht, Barnhelm. Eine Frau von Prinzipien und mit Willensstärke. Nach fünfzig Jahren Haft in Stolpen will die Cosel übrigens gar nicht mehr hinaus. Mein Gemahl hat ihr die Freiheit geschenkt. Aber sie hat sich in der Burg ja längst dem ägyptischen Glauben hingegeben und zelebriert die Feste von Isis und Osiris. Mit Teilen der Wachmannschaft. Mit fast achtzig soll noch immer ihre einst große Schönheit zu erahnen sein. Die Cosel – ein Vorbild für Courage.»

«Das will ich auch nicht, Madame.»

«Was?»

«Im Kerker enden.»

«Sie können nach Warschau.»

«Das wird mir nicht gelingen.»

Die Reichsgräfin zögerte. Dann trat sie vor ihre Kammerfrau und nahm sie an den Händen. Leise erklärte sie: «Fräulein Luise von Barnhelm. Unbeabsichtigt sind Sie mir beinahe zur engsten Freundin geworden.»

«Madame?»

«Hören Sie. Ich gebe Sie frei. Werden Sie glücklich. Bringen Sie sich in Sicherheit. Finden Sie einen getreuen Gefährten, sei er auch Preuße, wie der Ihrer Schwester. Werden Sie Mutter einer munteren Kinderschar. Reisen Sie ab. – Hier ist Gold.» Von ihren Reserven an August d'or zog die Reichsgräfin einen gut gefüllten Beutel aus dem Muff.

«Küssen Sie mich zum Abschied.»

Lippen und Wangen berührten sich.

«Wo mag nur diese Professorenbehausung sein?» Frau von Brühl taxierte die Straße und schlug gekonnt den Umhang enger um sich.

«Ich werde mich noch prüfen.» Die Baronesse trottete ihrer Herrin hinterdrein. «Mitunter löst sich alles wie von selbst.»

Ein zerlumptes Paar, das an der Hauswand hockte, hatten sie zuvor nicht bemerkt. Schmutz und Kälte hatten die nackten Füße der beiden rot und schrundig gemacht. Eine Tonkruke zwischen ihnen verströmte Schnapsgeruch. Filzkrempen hingen schlaff in die Gesichter. Offenbar waren es Mann und Frau. Wie alt sie waren, ob sie schliefen, ließ sich nicht erkennen. Mit den Schultern und Köpfen ruhten sie aneinander. Auf einen Wink Madames fingerte Mademoiselle in der Reisebörse und ließ aus Handschuhen zwei Doppelgroschen in den Rockschoß fallen.

«Zum Schwarzen Brett, bitte?», erkundigte sie sich bei einem Passanten mit Spitz an der Leine.

«Beim Fürstenkolleg.»

«Und wo?»

«Na, gleich hinter Sankt Nikolai. Wenn Sie sich rechts halten, müssen Sie nicht am Galgen vorbei.»

Ein wenig verborgen in der Ecke eines Treppenzugangs stillte eine junge Mutter ihr Kind. Falls es sämtlichen Gefahren entkäme, könnte es noch gut das nächste Jahrhundert, das neunzehnte, erblicken, ging es der Reichsgräfin durch den Kopf; geboren 1756, gestorben 1825; wie mochte das Kleine später auf seine Kindheit, seine Eltern, deren Sorgen und Freuden, auf die damalige, also jetzige Zeit zurückschauen? Nun sah und spürte es die Brust und die Hand der Mutter.

Sie gerieten wieder in ein Gedränge, die meisten waren wahrscheinlich seit Tagesanbruch auf den Beinen. Beim Barbier harrte Kundschaft vor dem Laden. Ein Perückenmacher war vor seine Werkstatt getreten, um eine Lieferung Haare, zum Gutteil gewiss aus Nonnenklöstern in katholischen Landen, besser nach Farben sortieren zu können. Wasserträger, die vornehmere Häuser belieferten, waren immer interessant zu beobachten. Sogar wenn sie in Eile um Hausecken bogen, verschütteten sie aus den vollen Eimern an ihrem Schulterjoch nie auch nur einen Tropfen. Die Männer waren Jongleure. Laufburschen fanden an Buden und Pfützen vorbei ihren Weg. Hufgetrappel ließ Leute auseinanderstieben. Manche Fußgänger blieben plötzlich ängstlich oder neugierig in Hofeinfahrten stehen. Eine beachtliche Schar von Leipzigern zog in geschlossener Formation die Ritterstraße entlang. Hüte, Hauben oder barhäuptig. Einheimische wussten es; die Mitbürger und einige Bürgerinnen zogen zur vormittäglichen Friedensandacht in die Nikolaikirche. Die Fürbitte war den Besatzern ein Dorn im Auge, eine Abteilung preußischer Dragoner mit den Händen am Säbelknauf folgte scheinbar gelassen den Protestierenden. Alle in der Straße und rundum vernahmen den Ruf, den der württembergische Reichspatriot Carl

Friedrich von Moser in Umlauf gebracht hatte: «Wir sind Ein Volk!» Dem Ruf folgten da und dort andere Devisen der revolutionären Flugschrift aus dem Südwesten: «Ein Volk von Einem Namen und Sprache.» – «Unter Einem gemeinsamen Oberhaupt» … «Ein Volk unter Einerlei Verfassung.» – «Zum großen Interesse der Freiheit!» Von den Zuschauern stimmten ein paar Mutige mit ein: «Wir sind Ein Volk!» Das war Protest nicht nur gegen Preußen, sondern gegen sämtliche Fürsten. Es klang auch nach einer Aufhetzung aus Wien zu einer Reform des gesamten Reichs mit dem Kaiser an der Spitze. «Einerlei Verfassung», hallte es durch Pleiße-Athen, «der Freiheit …» Mit ihren Pferden schoben die Dragoner die Kirchgänger zusammen, einige Berittene ließen ihre Tiere in Richtung der Gaffer ausschlagen. Perückenmacher und Losverkäufer brachten sich in Sicherheit. Der Zug erreichte Sankt Nikolai, wo die Besatzer schon einmal die Kollekte beschlagnahmt hatten.

Furchtsam und erregt warteten beide Frauen das Geschehen hinter einer Säule ab.

Ein Herr beugte sich zu ihnen vor, stutzte, wollte gehen, wandte sich ihnen wieder zu: «Gräfin von, Reichsgräfin … Ihre Exzellenz? … von Brühl?»

Ein Schock. Unter dem Puder war nicht zu erkennen, wie die Dresdnerinnen erbleichten. Der Umhang verbarg ihr angstvolles Atmen.

«Auf der Empore habe ich Sie gesehen. Zwischen dem Minister und dem Kurfürsten. Bei der letzten Messe. Welcher Glanz. Die Brillanten funkelten durch die Nacht, im Fackelschein –»

«Nein, nein, nein», beeilte sich Marianne von Brühl zu widersprechen.

«Ja, damals», der ältliche Herr roch aus dem Mund, sein Blick war stechend, «mit dreihundert Karossen war der Hof angereist.

Wie immer. Spektakel. Aber das Publikum zog's an, aus nah und fern.» Er wich nicht zurück und musterte das Gesicht unter der Kapuze. «So schlicht heute? Noch Geschäfte abwickeln? Es hieß, Sie wären fein heraus, bei Seiner Exzellenz, dem Minister, und Seiner Majestät in Warschau.»

«Mein Herr!» Barnhelm schob sich so gut es ging zwischen den Fremden und die Reichsgräfin: «Clam-Gallas. Eine Verwechselung. Wir sind aus Prag.»

«Na, na», zweifelte der Müßiggänger, «die Crème de la Crème, die Hautevolee, die Sahnehäubchen aus Elbflorenz plötzlich unterm Laubengang.»

«Sie bedrängen fremde Damen mit einer Unverschämtheit.»

«Tereza von Clam-Gallas», fuhr Frau von Brühl in einer Mischung aus Furcht und Widerwillen den Mann an. Er zog seinen Gehrock straff und betrachtete die vermeintliche Böhmin und ihre Begleiterin ein wenig unsicherer, «da muss ja einiges im Busche sein. Habe die Ehre, bonjour.» Er verschwand nach einer unangenehm beflissenen doppelten Verbeugung.

Sie sputeten sich. Verirrten sich in den Gewölbegängen der Kaufmannshäuser, wo spärliche Ware gelagert war. Sie gelangten abermals auf die Ritterstraße. Die Kolleggebäude waren grau und schmucklos. Fensterreihen, renovierungsbedürftige Dächer erstreckten sich bis zum nächsten Stadttor, wohl dem Grimmaischen. Der Gesuchte, Christian Fürchtegott Gellert, grüßte unversehens. Allerdings nicht er selbst. Luise von Barnhelm war vor einem Aushang stehen geblieben. Die Reichsgräfin ging ein paar Schritte zu ihr zurück. «Besonders in schweren Zeiten wollen Menschen an anderes denken und Unterhaltung.» Die beiden Damen staunten. Der wöchentliche Spielplan der Kochschen Schauspieltruppe im *Commödienhaus auf der Rannischen Bastei* war reichhaltig. Natürlich überwog die unverwüstliche Kost aus Frankreich. *Phädra oder wie das königliche Mutterweib sich unglücklich in ihren Sohn verliebete*, von Jean Racine. Dann Voltaires Tragödie *Mahomet, der Prophet*, ein besessener.

«Sind Sie auch aus Halle?», wurden die Frauen von der Seite angesprochen.

«Aus Böhmen.»

«Wir dachten nur. In Halle ist Theater verboten, als Sünde. Wir kommen, fast heimlich, öfter herüber.» Das freundlich wirkende Ehepaar musterte den Programmzettel: «Christian Felix Weiße ist immer amüsant. Den spielen sie hier rauf und runter. Am Freitag *Der Teufel ist los*.»

«Stimmt», entfuhr es Barnhelm.

«Ich habe erst kürzlich erfahren», der Hallenser lächelte, «dass der Spruch *Morgen, morgen, nur nicht heute, sprechen immer träge Leute* von Weiße stammt.»

«Ein Stück Ewigkeit», gestand die Reichsgräfin zu.

«*Der Freigeist* von Lessing, Kurt.»

«Das kurze Ding haben wir früher schon gesehen, Käthe», tauschten sich die Gäste neben den Gereisten aus. «Warten wir mal ab, ob der Lessing mal was Neues schreibt. Begabt ist er ja.»

«Eine deutsche Komödie bräuchten wir.»

«Reicht Ihnen Weiße nicht?», fragte Barnhelm.

«Und ein solides bürgerliches Schauspiel mit unseren normalen Sorgen. Ehe, Steuern, störrische Kinder.»

«Alles muss reifen, Kurt. Wir schaffen schon das jetzige Angebot nicht, Gottscheds *Die parisische Bluthochzeit*, Ulrich Königs *Der Dreßdner Frauen-Schlendrian* –»

«Wohl nur eine Albernheit», warf Frau von Brühl ein.

«Und Johann Schlegels *Orest* soll nach allen Regeln der Kunst erschütternd sein. Wissen Sie, ich weine gerne im Theater.»

Die beiden waren mitnichten Dilettanten, sondern auf dem Quivive. Was in Halle untersagt war, reizte umso stärker.

Und da war er, stand er, für den Sonntagnachmittag, der Gesuchte, sogar recht groß ausgedruckt. *Das Orakel. Deutsches Singspiel mit Ballett in zwei Aufzügen. Musik: Johann Adam Hiller. Libretto: Christian Fürchtegott Gellert.* Vier Augenpaare versuchten, die Inhaltsangabe des *Orakels* zu entziffern. *Die Oberzauberin hat die Prinzessin Lucinde entführt und von Automaten aufziehen lassen. So wähnt Lucinde, dass alle Männer Automaten wären. Alcindor aber lässt sie sein pochendes Herz fühlen. Und also erfüllt sich in Liebe und Glück der Spruch des Orakels.*

Leicht vorgebeugt schauten die Hallenser und die Dresdnerinnen einander an. Das war der neueste Coup der Leipziger Theaterbefeuerer: Gesang in deutscher Sprache, die als holprig verschrien war.

«Männer als hüpfende Automaten. Das möchte ich sehen, Kurt.»

Glücklich über den Vorschlag wirkte der Gatte nicht. «Am Sonntag nicht in den Gottesdienst, Käthe? Wir fallen in Halle auf.»

Von der Nikolaikirche her waren die letzten Rufe «Wir sind Ein Volk» verstummt. Die Friedensandacht mochte begonnen haben.

Der Hinweis eines traurigen Stadtsoldaten, der ohne Gewehr vor der Universität patrouillieren musste, führte weiter. Das Schwarze Brett befand sich in einem Innenhof und war ein Gebäude, so krumm und schief, als wäre es in eine Walkmühle geraten. Keine Wand erhob sich lotrecht, aus einem Kamin im Spitzdach quirlte Rauch, die Schritte von zahllosen Studenten und Ordinarien hatten die Steinstufen ausgehöhlt. Es fehlte nur der Märchenwald drum herum, und auch das Schwarze Brett hätte sich als Hexenhaus für eine Zauberoper geeignet. Das alte Kolleg, in dem offenkundig auch Professoren wohnten oder vielleicht eher hausten, wirkte gleichwohl ehrwürdig. Grundwissen und Feinheiten der Mathematik, Theologie, der Historie, Moral, Physik und Astronomie waren hier über die Jahrhunderte gelehrt und sodann in die Welt hinausgetragen worden. Unter den bemoosten Schindeln hatte sich durch Zuhören und Debatte der Geist der Menschheit beharrlich weiterentwickelt. Und das Schwarze Brett schien zudem eine alltägliche Bedeutung zu haben. An das Fachwerkgebälk waren Zettel mit Fragen und Auskünften geheftet, *Suche Kammer im Petersviertel. – Caedes mutua Graecorum bellum Peloponnesiacum inter se gerentium. Leider propter morbum locum non habet.* So fiel denn die Vorlesung über den Kampf zwischen Athen und Sparta im Peloponnesischen Krieg bedauerlicherweise wegen Erkrankung aus. Viele Zettel hingen ausgeblichen und lappig da; Studenten hatten das Weite gesucht, der Krieg lähmte das akademische Leben.

«Professor Gellert arbeitet», erklärte ein Hausfaktotum den Damen recht schroff.

«Ob Sie uns trotzdem melden würden?»

«Er ist spazieren.»

«Ja, was denn nun?», fragte Barnhelm.

«Beides.» Der schmutzige Bedienstete wollte mit Eimer und Schrubber weiter. Sie bekamen noch das Nötige aus ihm heraus.

«Also Dresdner Manieren sind das nicht.»

«Der Firnis der Gesittung ist hauchdünn, Baronesse.»

Der Seidenfabrikant Andreas Dietrich Apel stand sogar noch viele Jahre nach seinem Tod in höchsten Ehren. Sein Domizil am Markt war eine Pracht und zum bequemen Quartier für die namhaftesten Gäste der Stadt geworden, für Fürsten und Könige. Aber noch weitaus beliebter lebte der Menschenfreund Apel durch eine andere Schöpfung fort.

«Wie groß! Wie herrlich!», rief die Kammerfrau von einem Aussichtspunkt vor der Stadtmauer aus. «Das muss man sich mal im Sommer vorstellen.»

Die Füße schmerzten vom morgendlichen Marsch, das Schuhwerk verlor seine Fasson, und an den Rocksäumen schleiften sie Straßenkot mit sich herum. Dennoch konnte auch die Reichsgräfin nicht umhin, die Sehenswürdigkeit, die fast bis zum Horizont reichte, zu bestaunen. Apels Garten war ein Wunderwerk. Das Lustareal breitete sich als ein Fächer von Alleen aus, mit Bassins und Pavillons. In dieser Parkanlage konnten die Leipziger Kraft schöpfen und auf schöne Gedanken kommen. Wenn Bäume und Blumen alsbald grünten und blühten, taumelte man schier durch ein Reich der Düfte, Schatten und Farben. Apels Geschenk an die Mitwelt und deren Nachfahren. Längliche Gebäude im Vordergrund, erinnerte sich die Gattin des Ministers an eine frühere, kurze Visite, beherbergten die Werkstätten des Unternehmers. Doch nicht nur das. Für seine Arbeiter und Arbeiterinnen an den Spulen und Webstühlen hatte Apel luftige, sonnige Wohnungen am Park errichten lassen. Beschämt hatte nicht nur der Dresdner Hof von solcher Fürsorge und Nächstenliebe erfahren. Wie lange konnten die Erben des Kaufmanns sein Vermächtnis noch pflegen? Der Seidenhandel lag brach, aus der beinahe gläsernen Manufaktur drang kein Laut.

«Wir stapfen dahin wie Trojanerinnen nach dem Fall ihrer Stadt», Frau von Brühl atmete schwer. Sie schien ans Ende ihrer Kräfte zu geraten, «Kann denn dieser Mann nicht zu Hause sein?» Barnhelm stützte sie.

Vor einem Torhaus, vor zwei Kieswalzen und ein paar Sänften vertrat sich augenscheinlich ein Parkaufseher, wenn nicht der Oberaufseher die Beine. Seine Uniform war passend grün mit grünen

Epauletten. Die Perücke hatte die Amtsperson allerdings eher hastig als korrekt aufgestülpt. Der Zopf gehörte nicht hinter das Ohr.

«Herr Professor Gellert soll sich hier aufhalten», rief die Baronesse.

«Spazieren und arbeiten», ergänzte die Gräfin.

Der Torwächter lachte: «Numero drei. Wenn Sie ihn finden wollen», hörten die Damen. «Numero vier ist noch in Betrieb.» Der Mann überlegte nicht lange: «Kommt mal raus, Veit und Michel.» Es dauerte zwar einen Augenblick, doch dann traten zwei Gestalten, gleichfalls in grüner Montur, allerdings ohne Schulterstücke, aus dem Torgebäude und strafften sich. «Kundschaft, wenn ich recht vermute. Mehr Träger haben uns die Preußen nicht gelassen. Aber Veit und Michel sind zäh. Haben früher Wettrennen gewonnen.»

Die beiden Sänftenträger grüßten freundlich. Jung waren sie nicht mehr. Und Kräfte zeigten sich nicht immer durch auffällige Muskeln. «Bitte sehr», sagte einer, «wenn Sie etwas zusammenrücken, beide Damen, wenn's genehm ist. Mademoiselle ist ja noch ein Federgewicht.» Die beiden Sachsen – oder woher die Träger auch stammen mochten – hatten bereits die Tür einer Portechaise geöffnet und zogen den Hut. Sie schienen dringend Geld verdienen zu müssen.

«Wie», fragte die Reichsgräfin den Aufseher, «was?»

«Der Professor», erfuhr sie, «lässt sich in stille Winkel tragen oder pausiert in einem Rondell. Manchmal sinniert er auch im Labyrinth. Sie können nicht durch den feuchten Park irren, um ihn irgendwo aufzustöbern. Veit und Michel kennen die Stellen.» Beide nickten, und einer schob schon die Ärmel hoch.

«Auch das noch. In Gottes Namen», Madame de Brühl, aller Macht und Grandezza beraubt, bestieg die Sänfte und nahm Platz. Die Art des Transports kannte sie zur Genüge, auch die Schlosstreppen hinauf zur Königin. Mit der Baronesse zur Seite wurde es eng.

«Haben Sie die Portion für Gellert dabei?», fragte die Kammerfrau sicherheitshalber nach. «Ein Achtel aus dem Flakon», Frau von Brühl fasste auf ihre Rocktasche. «Das reicht für den Abgang.»

«Auf, sucht den Professor», vernahmen sie von draußen, «irgendwo wird er husten.»

Die Chaise wurde angehoben, und los ging es.

Hätte jemand die Perspektive eines Vogels, Milan oder Saatkrähe, eingenommen, so hätte er aus der Höhe nun ein merkwürdiges Spektakel beobachten können. Nur wenige einheimische Spaziergänger und preußische Offiziere zu Pferd belebten das fächerförmige Paradies aus Promenaden, Bänken zum Verweilen und Reitwegen, um den schwachen Sonnenschein zu genießen. Zwischen diesen Ausflüglern, langen Hecken und Kanälen schob sich die grüne Sänfte voran. Abrupt verharrte sie. Die Träger verschnauften und spähten in die Ferne. Der Kasten wurde wieder in Bewegung gesetzt, bog in den Zugang eines Rondells und kam wieder zum Vorschein. Reiter grüßten aus dem Sattel, Herren lüfteten den Hut. Die Sänfte umrundete einen Säulentempel und verschwand in einem immergrünen Labyrinth. Geraume Zeit blieb sie verborgen. Vor dem Ausgang des Irrgartens wurde sie erneut abgestellt. Eine andere Sänfte kreuzte ihren Weg, die Träger wechselten Worte, die Pfade beider Chaisen trennten sich wieder. Vor der trockenen Kaskade drehte sich die unstete Sänfte einmal im Kreis. Die Dienstleute forschten in sämtliche Richtungen.

«Ich steige aus. Ich bin gut zu Fuß. Das kann ich niemandem zumuten», Barnhelm schlüpfte aus dem lackierten Gehäuse und begleitete es nun auf eigenen Beinen.

«Numero drei! Jan und Walter mit dem Professor», rief der hintere Träger.

«Langsam», ordnete von innen die Reichsgräfin an, «ich muss mich noch sammeln.» Die Numero vier schlich sich von hinten peuà-peu an die drei heran, die gemächlich das Ufer eines Schwanenteichs passierte. Gestänge, Träger und Fenster gerieten nebeneinander.

«Quel plaisir! Enfin, c'est lui, c'est vous, Monsieur Gellert! Savant et poète de renommée mondiale. Welche Freude, Sie gefunden zu haben.» Mit ihrem verbindlichsten Lächeln grüßte sie in die Nachbarsänfte hinüber. Der Mann darin schreckte zusammen. Ein Hustenstoß lenkte ihn von seiner Überraschung ab, er tupfte sich die Lippen ab.

«Tereza von Clam-Gallas, direkt aus Dresden.»

Christian Fürchtegott Gellert grüßte zurück. Trotz seiner Verwirrung strahlte er etwas Weltläufiges, ja auch Anmut aus. Die gepuderte, fast symmetrisch gelockte Perücke rahmte ein längliches, doch fein geschnittenes Gesicht. Der Anzug aus einem Taftgemisch schimmerte blassviolett. Um den Hals hatte der Autor erbaulicher Fabelgeschichten, Das Pferd und der Esel, Das Land der Hinkenden ..., der Verfasser rührender Lustspiele und Romane, der Befreier der deutschen Sprache von überzähligen Schnörkeln und Wust einen cremefarbenen Schal geschlungen.

«Madame?», er duftete nach einem Veilchenwasser.

Guter Rat für ein Gespräch war teuer, im Grunde unbezahlbar, aber Frau von Brühl versuchte es: «Der Dresdner Hof, Monsieur Gellert, sehnt sich nach Frieden. Die ganze Welt tut es. Wohlfahrt, Glück und Ruhe sind zunichte.»

Der gelehrte Dichter horchte wachsam. Er behielt die Gänsefeder in der Hand, mit der er auf einem Kniepult geschrieben hatte. So promenierte und arbeitete er.

«Vor allem unsere gefangene Königin, eingesperrt im Schloss, vergeht vor Kummer. Sie hat mich nach Leipzig geschickt.» Das war mutig gesprochen, führte aber noch zu nichts.

«Madame?», der berühmte Mann blieb reserviert.

«Die Künste, die Dichtung, ach was: die Seele sollte zum Guten führen. Was aber wird der Königin in die Hände gespielt?», sie holte Luft: «Eine Schmiererei Ihres, pardon, Kollegen Ludwig Gleim, die überall verbreitet wird. Da feiert er die Kriegsmuse, die einen Berg von Leichen sehen will. Sollen die Musen jetzt so handeln?»

Gellert zeigte Abscheu. «Gleim hat sich schrecklichst verirrt. Lessing betrachtet es genauso. Gleim will mit den Siegern marschieren. Viele Stubenhocker wittern just die Gelegenheit, mit Feder und Tinte zu preußischen Grenadieren, gar Schlachtenlenkern zu werden.»

Die Sänften schwankten nebeneinanderher. Auch Gellerts Gesicht war näher ans Fenster gerückt: «Verrat am Geist. Verkehrung von Tugend in Kadavergehorsam. Wir werden solche Beispiele noch öfter erleben.»

«Sie aber, Herr Professor», die Reichsgräfin legte einen Arm auf die Fensterleiste, «Sie aber haben einer Freundin einen Brief geschrieben, der nun auch überall kursiert. Ein Husar hat Sie besucht, teilen Sie darin mit, der Ihnen Kriegsbeute und Pistolen schenken will. Sie aber bitten ihn um Frieden. Alles, was Sie je verfassten, großer Gellert, ist eine Mahnung an das Gewissen.»

«Dieser Husarenbrief, nun verfolgt er mich Tag und Nacht», Gellert hustete und legte sich die Hand auf die Brust, «die Advokaten des Krieges wollen nichts von Frieden und Liebe wissen. Mich erreicht Post, in der ich als ängstlicher Weichling beschimpft werde», Gellert hustete noch heftiger, hielt sich das Batisttuch an den Mund. «Aber wir sind in Gottes Hand, Madame. Ich bin es auch. Gott verteilt Glück und Leid. Im Herrn sind wir trotz aller Anfechtungen geborgen: Bet oft, wenn dich Versuchung quälet, Gott hört's, Gott ist's, der Hilfe schafft. Bet oft, wenn innerer Trost dir fehlet, Er gibt den Müden Stärk und Kraft.»

«Was ist Gott, Monsieur?»

«Eine innere Stimme.»

«Nichts Genaueres?»

«Ich wüsste nicht, Madame. Die Rituale der Völker, ihn zu ehren, sind Zutat.»

«Wie modern.»

«Nur aufgeklärt. Wie es sich für unsere Zeit gehört.»

An sich war die Wegführung reizend. Die Portechaisen bogen aus dem Rosengarten in eine Platanenallee. Die winterliche Kahlheit besaß ihren eigenen herben Zauber.

«Der preußische Tyrann», flüsterte die Gräfin hinüber, «ist eine Geißel. Er will Siege und sich in der Weltgeschichte aufblähen.»

Christian Fürchtegott Gellert lehnte sich scheu zurück. «Und passen Sie auf, Monsieur, wenn viel zu spät Frieden einkehren sollte, wird er sein durch ihn selbst zerrüttetes Land wieder aufbauen und obendrein noch als der gute Friedrich, wenn nicht sogar der alte Fritz gelten. Auf dem Leid und den Trümmern, die er selbst verursacht hat. Das Gedächtnis der Menschen ist kurz, und die Sieger bestimmen die Erinnerung. Der blutige, alte Fritz. Solch ein Mann müsste entsetzt doch beizeiten die Erde verlassen und vor Gott treten.» Die Reichsgräfin war selbst verblüfft, in welchen gedanklichen Regionen sie sich nun bewegte, doch auch Gespräche in ihrem Salon waren selten belanglos verlaufen.

Es schaukelte ein wenig und knirschte zart. Die Träger setzten ihre Fracht auf dem Kies ab. Barnhelm musste sich in der Nähe befinden. Gellert wunderte sich nicht. «Madame», er zierte sich sichtlich, doch räusperte sich nur. Flink schaute er zum anderen Fenster hinaus, ob Veit und Walter, Jan und Michel außer Hörweite waren. Sie erholten sich auf einer Bank. Dann wandte er sich wieder zur Besucherin um: «Friedrich, den Sie eine Geißel nennen, ist gleichwohl einer der geistreichsten Herrscher auf Erden. Was Esprit, Bonmots und Intelligenz angehen, kann ihm kaum jemand das Wasser reichen.»

«Monsieur Gellert!», Frau von Brühl stemmte beinahe den Türschlag auf. «Ein intelligenter Tyrann ist noch schlimmer.»

«Wir sind der Wahrheit verpflichtet. Friedrich hat in seinen Staaten die Folter gemeinhin abgeschafft, bis auf politische Angelegenheiten ist die Presse bei ihm frei, jeder Untertan darf sich persönlich an ihn wenden. Er schmückt sein Land mit reizender Architektur, die Oper in Berlin, Sanssouci und ein Drachenhaus in Potsdam.»

«Drachenhaus, was sonst. Und?»

«Keine Unterhaltung mit ihm wird man je vergessen, Madame. Er kennt die französische Literatur, die neue Philosophie, er komponiert und musiziert, wie wir wissen, recht vorzüglich. Seine Dichtungen sind, nun, oft mehr als würzig. Es wird von einem Poem gemunkelt, in dem er Madame de Pompadour und die Jungfrau Maria zusammentreffen lässt und worin die Marquise es bedauert, dass der arme Zimmermannssohn sich für Gottes Sohn gehalten hätte und deswegen sich sogar habe kreuzigen lassen. Zudem erkundige sich die Französin in dem Gedicht, wie die jungfräuliche Geburt vonstattengegangen wäre. Wahrlich bleibt es eine interessante Frage.»

«Herr Gellert, Sie stammen, soweit mir bekannt ist, aus einem Pfarrhaus.»

«Dort wird oft am meisten gegrübelt. Wenn Friedrich nicht Eroberer wäre, so wäre er einer der anregendsten Freigeister. Wahrscheinlich am liebsten von Paris.» Die lilafarbene Kleidung des Leipziger Dichters hob sich schimmernd vom Polster ab. Die schmale Hand war beringt.

«Wollen wir ein Stück gehen, Monsieur?»

«Gerne», sagte er und klopfte mit seinem Stock gegen das Chaisenholz, auf diesen Befehl griffen die Träger wieder zu. So hatte es die Gräfin mit dem Promenieren nicht gemeint gehabt. Die Sänften schwankten wieder nebeneinander her.

«Frische Luft ist das Einzige, was mich am Leben erhält. Und die Milchkur auf Gut Bonau. Es ist immer wieder das Rippenfell.» Sie bewegten sich langsam. «Befinden Sie sich wohl, Madame?», fragte von der offenen Seite Fräulein von Barnhelm herein. Der Sonnenschein wärmte kaum. Trotzdem schlug Frau von Brühl ihren Fächer auf. Wie war dem edlen Gelehrten beizukommen und er zum Anschlag anzustiften? Die Fähigkeiten und Finessen seiner Zauberin im Singspiel wären vonnöten. Wie gebrechlich war er? Der Allmächtige mochte ihn der Nation erhalten.

Im verschlungenen Gartenwunder von Herrn Apel passierte die gemischte Schar in zwei Sänften und zu Fuß einen künstlichen Wasserfall. Dem plätschernden Nass und den Muschelgrotten folgte ein weitläufiges Badehaus, zumindest dessen Reste, Mauerwerk, schwarze Eingangssäulen und dahinter das zerplatzte Mosaik leerer Becken. Beim Einmarsch hatte die Kavallerie, wie Veit es der Baronesse berichtete, das öffentliche Bad als Tränke benutzt, alsdann hatte eine betrunkene Nachhut Feuer gelegt.

«Sie lieben den Frieden?», fragte die Gräfin.

«Über alles. Wer nicht?», antwortete Gellert.

«Manchmal muss man für den Frieden etwas Unerhörtes tun. Courage haben. Großen Mut und Entschlossenheit. Nur so kommt wieder Freude in die Welt.»

Der Dichter nickte, beugte sich vor und legte gleichfalls den Arm auf die Leiste seines Türschlags. Wie eine Sahnehaube schmückte ihn seine Lockenperücke. Nun sprach man eher von Angesicht zu Angesicht.

«Madame, Sie überfallen mich gewissermaßen beim Nachsinnen.

Weshalb schickt Sie Königin Josepha? Mit dem Dresdner Hof hatte ich bisher wenig zu tun. In Dresden denkt man wohl eher nicht.»

«Mehr, als Sie meinen.» Maria Anna Franziska von Brühl beugte sich noch ein wenig weiter vor. «Friedrich von Preußen leidet bekanntermaßen unter heftigen Koliken. Wäre eine umfassende Abhilfe nicht ein Geschenk?» Sie musste mit einer deutlichen und zumindest offiziellen Ablehnung des violett Gewandeten rechnen. Zu ihrer Überraschung und Freude lächelte der Philosoph aus seiner Sänftenluke und schien sich eine Welt ohne Raubüberfälle, Brandschatzung und Tausenden von Leichen und Verstümmelten auf den Äckern vorzustellen.

«Falls Sie seinen Tod meinen? Wenn es Gottes Wille ist.»

«Manchmal muss man nachhelfen. Und was ein Mensch tut, ist auch Gottes Wille, nicht wahr?»

«Er würde ein sehr schönes Staatsbegräbnis bekommen», sinnierte der Professor.

«Der Dresdner Hof, ach was, auch Wien, Paris und Petersburg –»

«Seine Feinde –»

«Würden denjenigen, der ihm zu dieser großartigen Bestattung in der Hohenzollerngruft verhilft, reichlich, überreichlich belohnen. Vielleicht mit einem Schloss in Karlsbad, wo der Kränkste wieder gesundet, seine Freunde um sich versammeln oder in Abgeschiedenheit sich seinem Schaffen widmen kann.»

Gellert blickte verdutzt.

«Gift könnte, als Gottes Ratschluss, das Ende des irdischen Tumults für den König von Preußen erheblich beschleunigen.»

«Madame», nun zuckte Gellert doch zurück. «Sie vertrauen mir heikle, ja unfassliche Gedanken an. Will Königin Josepha zur Giftmischerin werden?»

«Sie liegt aus Kummer über alle Schrecken im Sterben.»

«Wer sollte solchen Giftmord wagen?» Gellert spähte immer wieder nach vorn und nach hinten. Die Träger plauderten miteinander.

«Wie ich merke, Monsieur, gewöhnen Sie sich bereits an den Gedanken.»

«Welchen?»

«Dass jemand, der Zutritt zum König von Preußen hat und der ihm zum Beispiel bei einer Audienz und der Betriebsamkeit im Hauptquartier, wo auch noch seine Hunde herumtollen, zehn, zwölf Tropfen einer tödlichen Flüssigkeit in die Schokolade träufelt. Vielleicht auch gleich in die Kanne, an welcher der Gast kurz und genussvoll schnuppert, ah, wie köstlich. Aus dem Ärmel, unter der Spitzenmanschette hervor die nötige Dosis. Das Werk eines Wimpernschlags. Und doch ein Werk für das Heil der Menschheit und die Zukunft. – Er wird Sie, den Dichter des Volks, sehen wollen, Monsieur Gellert. Das hat sich herumgesprochen.»

«Und Gottsched.»

«Ja, den auch. Fritz hat die Neigung, Berühmtheiten einzubestellen und auszuhorchen.»

«Er macht sich einfach kundig, Madame. Die Mächtigen in Dresden haben mich nie empfangen.»

«Das wird sich ändern. Vielleicht wollte Dresden die schöne Literatur sich ohne Einmischung der Politik frei entwickeln lassen. Das ist doch klug.»

«Mir, Madame, ließ Friedrich keine Schokolade servieren. Es wurde Kaffee gereicht. Ohne meine Magentropfen vertrage ich ihn nicht.»

«Was? … – Sie … waren … schon bei ihm?»

Barnhelm drängte sich zwischen den Sänften hindurch zur Gräfin, die halb im Freien schwebte. Im Schock hatte sie die Türklappe aufgedrückt. Den Rock zog sie rasch wieder herein und starrte Gellert an.

«Und er will mich wiedersehen. Ach, ich möchte nicht. Ich brauche Ruhe. Ich habe schon den ersten Besuch abgelehnt. Vergebens.»

«Und Sie haben nichts gegen ihn unternommen? Haben nicht die Hand erhoben, Waffenstillstand, ein Ende der Gemetzel eingefordert, Sie Friedensfreund?»

«Bevor Sie mich einholten, Madame, und meine Muße störten, habe ich das Gespräch mit ihm protokolliert. Für die Nachwelt.»

«Geben Sie her.»

Gellert zögerte.

«Im Namen der Königin. Und allem, was Ihnen heilig ist, Monsieur. Her damit.»

«Warum nicht auch schon für die Mitwelt?» Von seinem Kniepult reichte er die Blätter durchs Fenster. Frau von Brühl stieg mit dem Papier aus. Ihre Erregung musste sie jetzt durch Gehen meistern. Mit Gellerts Aufzeichnung wanderte sie im kahlen Park neben den Sänften auf und ab. Scheu wichen die Träger vor ihr zurück, und der Blick des Professors folgte ihr durch das Fenster. Dabei stärkte er sich mit einer Makrone. Sie las leise und auch laut:

Der König: Ist Er Professor Gellert? Der Englische Gesandte hat mir seine Schriften noch heute sehr gelobt. Sind sie denn wirklich schön? Gelehrt mögen die Deutschen wohl schreiben, aber sie schreiben nicht nach meinem Geschmack.

Ich: Ob meine Schriften schön sind, das kann ich selbst nicht sagen, Sire; aber ganz Deutschland sagt es und ist mit mir zufrieden; ich selbst bin es nicht.

Der König: Er ist sehr bescheiden.

Ich: Diese Tugend, Ihre Majestät, ist mir natürlich, und ein guter Autor kann niemals glauben, dass er schön genug geschrieben habe.

Der König: Aber warum nötigen uns die deutschen Skribenten nicht, dass wir ihre Schriften lesen müssen, so wie es die Franzosen mit ihren Werken tun?

Ich: Das kann ich nicht beantworten, Sire; als die Griechen schön schrieben, führten die Römer noch Krieg, als die Römer gut schrieben, hatten die Griechen aufgehört zu schreiben.

Der König: Er hat recht. Er mag wohl ein guter Mann sein. Aber weiß Er, was ihm fehlt? Er sollte reisen und die große Welt kennenlernen, dieses hilft schreiben.

«Ah, er benutzt gerne noch das alte *Er*. Er beharrt auf dem Standesunterschied.»

«Je nun, Gewohnheiten.»

Sie nahm das nächste Blatt.

Ich: Ich glaube es sehr wohl, Ihre Majestät. Aber ich bin zu alt und zu krank zum Reisen und auch nicht reich genug dazu.

Der König: Ja, die deutschen Dichter mögen wohl selten unterstützt werden. Es ist nicht gut. Vielleicht fehlen uns noch Kaiser wie Augustus und der Sonnenkönig. Aber Sachsen hat ja in jüngster Zeit schon zwei Auguste gehabt. Einer ist jetzt in Warschau.

Ich: Und wir haben auch in Sachsen schon einen sehr guten Anfang in den schönen Wissenschaften gemacht. Ich rede nicht von Sachsen allein, Sire, ich rede von ganz Deutschland.

Der König: Will Er denn, dass ein einziger August ganz Deutschland regieren soll?

«Das will dann wohl er selbst sein! Preußens Gloria», die Reichsgräfin machte auf dem Absatz kehrt und zog wieder ihre Bahn.

Ich: Das will ich eben nicht, Sire. Aber ich wünsche nur, dass die großen Könige in Deutschland die Künste aufmuntern sollen und uns bessere Zeiten geben.

Der König: Sind jetzt böse Zeiten?

«Fragt der Brandstifter!» Aufgebracht schwang die Reichsgräfin, die Comtesse imperiale, die Bögen durch die Luft.

Ich: Das werden Euer Majestät besser bestimmen können als ich. Ich wünsche ruhige Zeiten. Geben Sie uns nur Frieden, Sire.

Der König: Kann ich denn, wenn Dreie gegen Einen sind?

«Unerhört. Erst durch seinen Überfall, bei dem wir unter die Räder kamen, wurde ihm der Krieg erklärt. Er verdreht alles zu seinen Gunsten.»

«Wer nicht?», hörte sie aus der Sänfte.

Sie las laut. «*Ich*, sagen Sie, *wenn ich König wäre*, *Sire, so hätten die Deutschen bald Frieden.*»

Sie hielt im Gehen abrupt inne. «Bemerkenswert, Gellert. Ihre Sehnsucht können Sie Wirklichkeit werden lassen.»

Der Dichter zitterte.

Laut fuhr sie mit der Lektüre fort.

Der König: Warum ist Er denn krank? Er scheint mir die Hypochondrie zu haben.

Ich: Leider, seit zwanzig Jahren.

Der König: Ich habe sie gehabt und ich will ihn kurieren.

Ich: So werde ich in mein Tagebuch schreiben können, dass mich der König von Preußen kuriert hat. Dies wird mir viel Ehre bei der Nachtwelt machen.

Der König: Erstlich muss Er alle Tage eine Stunde reiten, und zwar traben.

Frau von Brühl lachte. «Empfindungsvermögen und Humor hat er … Sie in Apels Garten hoch zu Ross im leichten Trab. – Und was haben Sie geantwortet?» Sie sah es jetzt schwarz auf weiß.

Ich: Wenn das Pferd gesund ist, so kann ich nicht fort; und wenn es krank ist, wie ich, so kommen wir alle beide nicht fort.

«Sie haben sich ja verdächtig gut verstanden.»

«Geist auf ähnlichem Niveau.»

«Herr Gellert», mahnte sie, «seine Lobeshymnen sollen andere singen. Gleim.»

Der König: Weiß Er keine von seinen Fabeln auswendig?

Ich: Nein.

Der König: Besinne Er sich. Ich will etliche Mal im Zimmer auf und ab gehen. – Wie aus Protest blieb die Gräfin stehen.

Ich: Nunmehr kann ich Ihrer Majestät eine sagen. Ich sagte ihm die Fabel vom Maler in Athen. Als ich zur Schlussmoral kam, sagte er: Nun die Moral? Ich rezitierte ihm die Moral: Wenn deine Schrift dem Kenner nicht gefällt: So ist es schon ein böses Zeichen; doch wenn sie gar des Narren Lob erhält: So ist es Zeit, sie auszustreichen.

Der König: Das ist gut; das ist sehr gut! Ich muss ihn loben. Das habe ich nicht gedacht; nein, das ist sehr schön, natürlich, gut und kurz. Wo hat er so schreiben gelernt? Es klingt fein; sonst hasse ich die deutsche Sprache.

«So, so, das sollten die Patrioten wissen –». Sie las Gellert seine eigene Antwort vor: *Das ist ein Unglück für uns, wenn Sie die deutschen Schriften hassen.*

Der König: Nein, ich lobe ihn.

Ich: Das Lob eines Kenners und Könners ist eine große Belohnung.

Er: Der König wird wohl nicht viel dazu beitragen.

Links und rechts von Barnhelm standen je zwei der grünen Träger. Alle fünf hatten die ungewöhnliche Lesung beim Wandeln auf dem Kies verfolgt. Doch durch den Wechsel zwischen laut und tonlos hatte sich ihnen nichts Genaueres erschlossen als *Der König* und *Ich*. Nun wunderten sie sich über einen Jubel im Gesicht der Lesenden, die ihre Umhangkapuze vollends abstreifte. Das dunkle Haar über dem schlanken Hals glänzte in der Mittagssonne. *«Der König»*, hörten sie alle, *«Wenn ich hierbleibe, so besuche Er mich wieder und stecke seine Fabeln zu sich und lese mir welche vor.»*

Sie verharrte einen Augenblick inmitten von Hecken und fahlem Rasen, den Maulwürfe aufgewühlt hatten. Plötzlich raffte sie Umhang und Kleid und schritt selbst geradezu majestätisch vor das Fenster der Portechaise, in der Christian Fürchtegott Gellert sich in die andere Ecke verkriechen wollte.

«Er hasst die deutsche Sprache. Das wäre für Sie schon Antrieb genug.»

«Aber mich hat er gelobt.»

Sie fasste wie nebenher in eine ihrer Rocktaschen. «Hier.» Das Fläschchen mit Tufania drückte sie ihm in die widerstrebende Hand, «für den Frieden, Sachsen und Josepha.» Gellert schien das Fläschchen hinauswerfen zu wollen, ließ es nach kurzem Nachdenken aber im violetten Taft verschwinden. Er wand sich geradezu.

«Das wäre auch eine Methode», flüsterte sie ihm deutlich zu: «Sie vertragen Kaffee nur mit Ihren Magentropfen. Muss scheußlich schmecken.»

«Halbwegs.»

«Wegen seiner Magenkrämpfe können Sie auch ihm von Ihrem bewährten Mittel anbieten. Er sammelt Erfahrungen und vertraut Ihnen, möglicherweise. Vielleicht mehr als seinen Ärzten.»

Madame de Brühl ließ alle Scheu fahren.

«Sie selbst rühren Ihre Tasse nur zum Schein an. Wenn er dann verschieden ist, wird man auch Ihren Kaffee untersuchen. Aber wer würde je vermuten, dass Sie sich auch selbst vergiften wollten?»

«Ja», stammelte der Dichter, «wer?»

«Eben. Gewiss werden Ihr Apotheker, sein Koch oder sein Kammerdiener verhört werden. Glasow heißt er, glaube ich, ja, Glasow. – Aber Sie sind frei.»

«Nehmen Sie das Gift wieder an sich, Madame.»

«Jamais, Monsieur, nein. Sie handeln vor der Ewigkeit und einem gerechten Gott, dessen Wille geschehe.»

Sie reichte ihm sein Protokoll.

«Und denken Sie an Ihr Schloss in Karlsbad. Mitsamt Leibarzt nach eigener Wahl.» Der Park war auch an einem Wochentag im Winter durchaus belebt. Auf der Holzbahn am Ende einer der Fächeralleen maßen sich vor Zuschauenden einige Einheimische mit Besatzern im Kegeln.

Durch die Gassen

«Limburger Käse, Schwarzgeräuchertes, lassen Sie es sich schmecken.» Nanette, die Zofe der Muhme von Gerstenkamp, hatte den Abendimbiss in der Gästekammer aufgetischt. «Der Lindenblütentee wird Ihnen guttun.»

Nach einem dieser neuartig aufwühlenden Tage hatte die Reichsgräfin von der kalten Platte nur Happen zu sich genommen und sich hingelegt. Immer wieder ging es ihr durch den Kopf, an ihren Gemahl, den Minister in Warschau, zu schreiben … Très cher Heinrich, mon trésor et père tendre de nos enfants, ich hoffe, Du und der Kurfürst-König sind wohlauf … Ich, Heinrich, besorge nun Deine Geschäfte. Ich versuche, das Land zu retten. Ich befinde mich in Leipzig. Die Umstände kann ich Dir kaum schildern. Ich teile eine Kammer mit der tapferen Luise von Barnhelm, Du wirst Dich an das junge Ding erinnern. Nach etwas Schwarzbrot und Käse lege ich mich in ein bürgerliches Bett und muss geschehen lassen, was geschieht. Leipzig gleicht, wie unsere übrigen Städte, einer Gruft. Der Krieg macht das Leben immer unerschwinglicher. Ich wusste nicht, dass in Halle das Theaterspielen verboten ist. Wie dumm! Ich habe keine Feder zur Hand, ich liege, tausend Gedanken wühlen mich auf, ich kann Dir nicht schreiben, sämtliche Post nach Polen wird vom Feind abgefangen und sorgfältig untersucht. Ein Brief bedeutete meine eigene Verhaftung, Verhöre, Erniedrigungen, wenn nicht Schlimmeres. Ich bin bisher nur einmal erkannt worden, auf der Straße, von irgendjemandem. Ich hoffe, ich konnte seinen Verdacht zerstreuen … Herr Leisner trägt eine blaue Brille, er ist mir nicht geheuer. Gewähren er und seine Muhme uns Unterkunft, um uns umso sicherer verraten und ausliefern zu können? Gegen eine schöne Belohnung? … Es ist kühl, mir ist heiß, ich weiß gar nichts mehr … Grüße die Kinder. Umarme sie für mich mit …

Über nicht geschriebenen Mitteilungen schlief Maria Anna von Brühl ein, es war ein leichter Schlummer, immer wieder fuhr sie auf und murmelte: «Gellert ist bereit» … «Das habe ich gut gemacht» … «Nur noch einen Schritt und es wird Licht.»

Die Kompottgläser auf den Regalen glänzten.

Der Holzboden knarrte.

Der Nachtwächter rief von der Straße die achte Stunde aus.

Luise von Barnhelm fand in der Doppelkammer noch weniger Ruhe als ihre Herrin. Bald saß sie wieder auf der Bettkante.

Der Abend hätte völlig anders verlaufen können. Frau von Gerstenkamp und ihr Neffe, die Muhme und Niki, waren zu einer befreundeten Frau Bach eingeladen worden und mit Turmfrisur im Rollstuhl und hinkend längst aufgebrochen. Frau Bach lebte, wie die Muhme erzählt hatte, als sogenannte Almosenwitwe, aber von der Stadt gut und mit einer komfortablen Wohnung versorgt, ganz in der Nähe. Frau Bach, Mutter von dreizehn Kindern, soll, hatte die Muhme sie gepriesen, eine hervorragende Sängerin gewesen sein. Nach dem Tod ihres Mannes vor wenigen Jahren, eines bekannten Thomaskantors und Organisten, der auch manches komponiert hatte, das nun wohl zumeist in Vergessenheit geriet, belebte die Witwe alte Freundschaften neu, um Stille und Trübsinn zu verbannen. Bei Anna Magdalena Bach wurde Dame gespielt und wetteiferten die Gäste rund um den Tisch in Scherenschnitten. In dieser Kunst war sie, Barnhelm, geradezu eine Meisterin und hätte es beweisen können. Heute Abend nun, so Frau von Gerstenkamp, erwartete Frau Bach ihren Stiefsohn Friedemann. «Organist in Halle, ein genialischer Musiker, der mit seinem aufbrausenden Temperament viele vor den Kopf stößt. Mir scheint er in einer lebenslangen Gegnerschaft zu seinem Vater zu leben. Aber was weiß man? Vielleicht spielt er uns auf dem Cembalo etwas vor, und Frau Bach wird gar aus dem Notenbüchlein, das ihr Mann ihr gewidmet hat, ein Lied wagen.» – «Kommen Sie doch mit», hatte auch der Rats-Konsulent aufgefordert, «nicht mehr viele Menschen werden mit Frau Bach plaudern können. Und Friedemann! Ein Griff von ihm in die Tasten fegt das meiste Geklimper dieser Zeit beiseite. Eine ganz neue Spezies von Mensch, macht oft, was er will und wie ihm gerade zumute ist, und pfeift auf die Regeln der Kunst. Wie Friedrich von Preußen als Stratege und Person; greift unerwartet von der Seite an, redet mit Bauern und tanzt nachts zu seiner Querflöte vor dem Lagerzelt. Friedemann Bach war auch schon bei uns. Nanette hat Angst, dass er ihr eine Komposition für die Harfe widmet und sie nicht einmal den Auftakt meistert. Sie habe schließlich nur zehn Finger.»

Gerne hätte die Baronesse, auch als Ablenkung von Giftflakons, bei der Witwe gesessen und dem furiosen Stiefsohn gelauscht.

Wenn schon die jungen Männer fehlten.

Was konnte es Schlimmeres geben?

So geräuschlos wie möglich schlüpfte sie in ihre Kleidung. Sie brauchte Luft, Alleinsein und hegte doch eine unbestimmte Sehnsucht nach den Mitreisenden aus der Kutsche. Nach den freundlichen Zwillingen Gutbrod, nach der Bräugartin Herzwind mit ihrem wogenden Busen, an den sich die Bedrängten schmiegen konnten, nach dem Leutnant. Sie griff nach ihrem Umhang. In dem rumpelnden Fahrkasten war Nähe entstanden. Schenkel an Schenkel, dösende Blicke, die einander streiften, das lustige Vorlesen schöner Literaturpassagen. *Wer etwas Neues sehen will, muss etwas Neues machen*, von Herrn Lichtenberg. Wo sonst als in der Ordinären Post schwebte man so entbunden über die Erde? Sie tappte zur Tür. Im Grunde hätte sie ihr Leben damit zubringen wollen, von Poststation zu Poststation kutschiert zu werden, zu träumen, zu reden, neue Reisende zusteigen zu sehen, mit ein paar Vertrauten bis ans Ende zu schaukeln. Immer Anderes und den Reichtum der Welt einsaugen. Sie besann sich und zog den zweiten Schuh an. Die Besatzer hatten die Ausgangssperre ab zehn Uhr verhängt, sie konnte noch Luft schnappen und warf den Schal um.

«Gehen Sie, fühlen Sie sich frei», hörte sie aus dem zweiten Bett, «Sie müssen nicht Teil des Verhängnisses werden.» Die junge Kammerfrau wandte sich im Zwielicht der Reichsgräfin zu. Und das Unerhörte geschah. Sie küsste die Gattin des Ministers auf die Stirn. Die Stirn war heiß.

Die frische Nachtluft Am Brühl tat gut. Kaum noch eine Gestalt bewegte sich auf den Straßen. Schummeriges Licht von Kienspan flackerte hinter einigen Fenstern; Talglicht konnten sich viele Leipziger nicht mehr leisten. In der Dunkelheit wirkten die Gebäude noch mächtiger. Die ungewöhnliche Silhouette konnte Barnhelm sofort deuten und verbarg sich in einem Eingang. Früh kehrten die Besucher von Frau Bach zurück. Unter seinem großen Dreispitz und mit Mantelschößen bis über die Waden schob der Konsulent Leisner seine Tante über das Pflaster. Frau von Gerstenkamp wurde geschüttelt wie die Flüssigkeit in einer Phiole, aber sie hielt sogar einen glitzernden Fächer in der Hand. Das Gespann wurde vom Eingang des Wohnhauses geschluckt. Barnhelm wollte sich müde laufen und marschierte in Richtung Markt. Berittene kamen vom Hauptquartier des Königs. Wie zur Unzeit harrte ein ziemlich vermummter Mann mit kleinem Bauchladen vor einem Gasthof. «Extrakt aus Plauen, mein Fräulein, aus Hafer, Knolle der Topinambur und Essenz der Ringelblume!», pries er die Ampulle in seiner Hand an, «für ein langes Leben, ein gesundes Leben, fort Gicht und Zahnschmerz, böse Gedanken und Pein in den Eingeweiden! Mit Garantie des Doktors Zamenius. Bloß zwei Groschen.»

Ein wenig verwundert schaute Barnhelm den Händler an. «Diesen Quacksalber kennen wir», vernahm sie von einem älteren Paar, das an ihr vorbeihastete, «verheißt das ewige Leben und hat selbst schon die Gallsucht oder stürzt morgen in die Pleiße. Hat aber seine Kundschaft.» Barnhelm drückte dem Retter der Menschheit einen Groschen in die Hand.

Den Lockenzopf über dem Uniformmantel kannte sie.

«Marwitz!», rief sie.

«Luise?»

Sie stürmte auf den Leutnant zu, er kam ihr einige Schritte entgegen. «Wie geht es Ihnen?», fragte er.

«Wir wohnen Am Brühl. Die Angelegenheiten der Gräfin sind vermutlich bald geregelt.»

Die beiden schauten sich an. Georg Wilhelm von der Marwitz fasste die Hand der Baronesse. «Ich muss noch heute Nacht zu Prinz Heinrich. Er bereitet die Abwehr gegen die Franzosen und die Reichsarmee vor. Damit verrate ich kaum ein militärisches Geheimnis.»

«Leutnant Marwitz», sie trat dicht vor ihn, und ihr Kopf reichte ihm bis fast an die Nase, «ich habe Sie schon in der Kutsche darum gebeten. Küssen Sie mich.»

«Sie wissen, dass es zu nichts führt.»

«Doch. Und ich brauche es.»

Sie hob den Kopf und zog seinen zu sich.

Er legte seine Arme um sie, und ihre Lippen berührten sich. Küssend umschlang er sie fester, sein Degen schrammte über das Pflaster, und der Offizier und die Baronesse schienen trunken.

Zum Abschied griff sie die Hände des Preußen. «Und Sie passen auf sich auf! Sie werden nie ganz vorne reiten und kämpfen. Bleiben Sie beim Prinzen. Wir brauchen Sie, Marwitz.» Beide trennten sich unter seltsamem Weh. Der Schritt seiner Stiefel verklang in der Nacht, sie machte einen großen Bogen um den Galgen auf dem Markt. Der Nieselregen, der einsetzte, war ihr gerade recht. Es war ihre Leipziger Nacht. Am Blauen Engel, nicht weit weg, waren sie eingetroffen. Dort harrte eine nächtliche Extrapost mit Fackeln neben dem Kutschbock. Vor der Wirtsstation bewegten sich Leute, Gepäck wurde verschnürt, Reisende hüllten sich so warm ein, wie es ging, das Feuer ließ die Pferde unruhig schnauben. War es das greise Ehepaar, das klein und krumm die Fuhre bestieg?

Wer schlief, den weckte rundum das Posthorn. Getrieben vom Lodern der Fackeln zogen die Pferde heftig an. Auch die Stadttore würden gleich schließen.

Handel

Tief ging es hinab.

Nur durch einen Türspalt fiel Licht auf die Stiege.

Aber der Mann kannte sich aus. Vorsichtig setzte er einen Fuß nach dem anderen auf die ausgetretenen Stufen. Hier unten existierten weder Tag noch Nacht, nicht Winter oder Sommer. Die Kellergewölbe von Apels Haus waren ständig dunkel und feuchtkühl. Normalerweise wurden Waren, Fässer, Säcke, Flaschen, Viktualien für die Gäste im Fackelschein in den gemauerten Buchten und zahllosen Kammern eingelagert. Und die waren für den Aufenthalt des Königs bis unter die Decke gestapelt. Es duftete nach Schinken und Käse. Der König speiste Feineres, aber die vielköpfige Begleitung musste abgefüttert werden. Noch herrschte oben Ruhe. Nur die Wachen vor dem riesigen Haus blieben auch um vier Uhr früh auf ihrem Posten.

Der Mann legte die Last unter seinem Arm auf einer Truhe ab. Er zog eine kleine Öllampe und Schwefelhölzer aus seiner Rocktasche. Im Nu sah er den Gang, die Abzweigungen zu Nebengewölben, das Labyrinth unter der Wachstube und Etagen des Königshauses deutlicher vor sich. Er ergriff erneut seine Fracht und ging zügig weiter. Einmal nach links an Holzgattern vorbei, dann in einen schmalen Tunnel aus grobem Stein, wo er achtgeben musste, sich nicht am Gerümpel aus Urzeiten, einem Spinnrad, einem Stuhl mit nur einer Lehne zu stoßen. Er war elegant gekleidet, ganz Kavalier, der in Kürze seinen Dienst beim Monarchen antreten musste. Friedrich verlangte ein schmuckes Erscheinungsbild seiner Pagen und Kammerdiener. Sie standen vor aller Welt im Dienst eines Herrschers von Geltung, des Königs von oder in Preußen, des Kurfürsten und Markgrafen von Brandenburg etc. etc.

Selbstverständlich waren auch die Hintereingänge des Quartiers bewacht. Doch den Schlüssel zur kleinen Holzpforte in den Keller des Nachbargebäudes, kaum mehr als ein Schlupfloch, hatte sich der Kammerdiener schon am zweiten Tag in Leipzig verschafft. Nicht einmal entwendet oder nachmachen lassen, sondern das rostige Ding hatte annähernd unsichtbar in der dunklen Tür gesteckt. Wenig verwunderlich, aber ein Glücksfall.

Christian Friedrich Glasow tappte voran. Er war völlig übernächtigt. Der Dienst beim König von fünf Uhr früh bis zu seiner Bettruhe um neun war aufreibend. Immer zur Stelle sein, meistens lächeln, auf die Launen des Herrschers verständnisvoll, jedoch zurückhaltend reagieren, die Suppe ohne Spritzer aus der Kelle in den Teller fließen lassen, den Kaffee mit Bergen von Zucker servieren – gegen den Rat der Ärzte – und sich wieder bereit und guter Dinge in die Ecke stellen. Ein privilegierter Dienst für kargen preußischen Lohn; und wenn man nicht mehr beliebt war, konnte man zum Schreibstubendienst in die Festung Spandau abgeschoben werden. Und war er noch beliebt? Der feingliedrige Glasow wurde bereits fülliger und vor allem unruhiger. Er stieß gegen einen maroden Vogelbauer, den er zuvor nicht gesehen hatte. Schweiß stand ihm auf der Stirn. Die kleinen Raubzüge – und er war nicht der Einzige, der sich an königlichem Kleinbesitz bediente – zerrten an seinen Nerven. Er konnte jederzeit mit seinem Privathandel aufhören oder aber noch eine Weile weiter das Geschirr des Königs, seine Handschatulle im Auge behalten und dann und wann eine Mokkatasse oder einen Gulden verschwinden lassen. Zum Begleichen von Schuldscheinen, die er in manchen Quartieren hinterließ, in Magdeburg, in Breslau, reichten die kleinen Nebengeschäfte ohnehin kaum aus. Der König raubte in unvergleichlich größerem Maßstab. Nicht nur einmal war Friedrich bislang so gnädig gewesen, angemahnte Schulden seines Dieners höchstselbst aus der Welt zu schaffen. Eine bemerkenswerte Großzügigkeit und Nachsicht. Allerdings ging Glasow mit den Hunden des Königs am geschicktesten von allen um. Er kredenzte dem König das Fleisch für Biche und Süperb, so schmachteten die Windspiele ihn natürlich an, aber Glasow streichelte sie niemals, um dem König seine Lieblinge keinen Moment lang abspenstig zu machen. Biche, Süperb und Friedrich waren eine Dreieinigkeit, und niemand hatte sich dazwischenzustellen. Die Strafe konnte gefährlich ausgefallen.

Christian Friedrich Glasow zog den Schlüssel aus einer Mauerhöhlung. Für die Pforte ins Nebenhaus musste er sich ducken. Vermutlich war der Durchgang für den Fall eines Feuers, gar eines Stadtbrands, angelegt worden oder als ehedem die Schweden die Stadt beschossen hatten. Mit der Öllampe in der Hand und dem Ballen unterm Arm zwängte sich der Kammerdiener in den Nebenkeller, wo jetzt Sternenlicht durch eine Fensterluke zusätzlich die Leere erhellte. Pharao war die ärgste Sucht. Zwar waren Glücksspiele fast allerorten verboten, strengsten. Aber in jeder Stadt, in jedem Feldlager fanden sich geheime Runden, die sich vom Bankhalter die Karten austeilen ließen. Bei einem idealen Blatt und dem Ruf *Sept et le va!* durfte man das Siebenfache seines Einsatzes einstreichen. Leider war Glasow dies nur einmal in Magdeburg gelungen. Sogar die fromme Kaiserin Maria Theresia war versessen auf Pharao, obgleich das Spiel auch in ihren Landen sonst untersagt war. Hier war der Wunsch Vater des Gesetzes. Friedrich rührte weder Ass noch Pik Dame an; er verpönte Karten und Würfel.

Mochten die Mätressen des Königs von Frankreich und andere Gemüter am Spieltisch ihr Land oder sich selbst zugrunde richten.

Preußen war anders. Oder wollte es sein. Ehrbar, effizient, gerecht und zuverlässig an Haupt und Gliedern. Wo dies noch nicht vollkommene Wirklichkeit war, war es Programm und ein Modell für jedwede staatliche Zukunft.

Eigentümlich wie Kellerwände riechen konnten. Säuerlich wie wahrscheinlich auch eine Gruft.

«Ist Er da?»

Glasow nickte nervös, was draußen allerdings niemand sehen konnte, und zog das Kellerfenster auf.

«Endlich», hörte er leise.

«Was hat Er heute?»

«Erlesene Ware», antwortete der Kammerdiener, «Kerzen von reinem Bienenwachs. Drei Löffel zu den Silberbestecken vom letzten Mal.»

«Mehr nicht?» Der Gehilfe eines Pfandleihers, den er in einem Laden an der Stadtmauer kennengelernt hatte, kniete vor dem Fensterschlund.

«Werden Untersuchungen angestellt?», fragte die Stimme von oben nun scharf.

«Nein», Glasow fror, «wahrscheinlich kämen bis auf die Generäle viele in Verdacht.» Er schob sein Bündel mit teurem Kerzenlicht und ertastbaren Löffeln aus reich verziertem englischem Silber aus dem Fenster die Mauerschräge hinauf. Dort zählte der Hehler Münzen ab und ließ den Beutel mit Geld nach unten gleiten.

«Hörst Du, Herr Sekretär oder Leibdiener oder was Du in Wirklichkeit bist. Eine Schnupftabaksdose, eine der berühmten Tabatieren Friedrichs, will ich, hübsch mit Rubinen oder Smaragden besetzt, am besten in Gold mit seinem Porträt, die kauft jeder von Stockholm bis

Lissabon. Eine Tabaksdose vom Helden des Nordens. Dann wirst Du saniert sein. Dann kannst Du dein Glück in der weiten Welt suchen.»

«Unmöglich», sagte Glasow.

«Friedrich hat ein paar Hundert. Nur Brühl besaß mehr. Unverzeihlich.»

«Die, die er gerade nicht benutzt, sind unter Verschluss.»

«Dann eine, die er benutzt.»

«Es sind meistens noch andere Leute zugegen.»

«Umso besser. Rasch rein in die Tasche. Wer wird's gleich merken? Und wer war's?»

Glasow stand verzagt unter dem Fensterloch, unschlüssig; er musste zurück.

«Eine Tabatière», wurde abermals von oben gefordert. Fort war der Mann, verschwunden in den Leipziger Innenhöfen.

Der Stich

Vor dem Prunkbett mit seinem Baldachin stand das Feldbett. Ein Lakai schüttelte das Kissen auf und zog eine dicke graue Wolldecke über das Nachtlager. Mehr ließ sich nicht wahrnehmen. Der Lakai schloss die Türflügel zwischen dem Schlafgemach und dem Salon.

Noch war die Sonne nicht aufgegangen. Erst langsam erhellte Dämmerung die Stadt. Das Pflaster des Marktplatzes glänzte feucht. Schwaches Licht begann sich in den Fenstern des langen, imposanten Rathausbaus zu spiegeln. Sein Turm hatte nun sein Gegenüber im Galgen auf der Platzmitte. Apels Haus und die übrigen Domizile, ja Residenzen, der Kaufherren umgaben mit ihren Erkern, Ziergiebeln und Stuckengeln das weite Zentrum. Wasserträger waren beizeiten auf den Beinen, Pferde trabten vom Hauptquartier zur Garnison in der Pleißenburg.

«Nichts hat mehr Ähnlichkeit mit dem Tod als der Müßiggang.» Trotz der Bemerkung des Königs begann der Tag verhältnismäßig ruhig. Eine Meldung von Katastrophen, aber auch von eigenen Triumphen stand nicht zu erwarten. Zu dieser Jahreszeit überwinterte das Gros der Truppen in Festungen, Ortschaften und, am ungeschütztesten, in Biwaks unter freiem Himmel.

Die Pagen lösten ihr Spalier auf. Generalleutnant Fouqué hatte mit seinen Adjutanten und einer neuen Order den Salon verlassen. Fouqué würde sich an die sächsisch-böhmische Grenze begeben und Vorbereitungen für einen Angriff auf Prag im Frühjahr treffen. Hätte man Prag den Österreichern entrissen, wäre der Weg nach

Wien frei, dann mochten das Kaiserpaar, Maria Theresia und ihr geliebter Franz, packen lassen und in ihr Ungarn oder die Walachei fliehen. Friedrich gefiel die Vorstellung, wie die zähe, aber geschlagene Habsburgerin sich auf den Zinnen einer ihrer Balkanburgen das Haar raufte und um Frieden bitten müsste. Nach drei blutigen Anläufen, 1740, 1744 und im vergangenen Herbst, würde das fruchtbare Schlesien endgültig preußisch werden. Den übrigen Gegnern und Alliierten, den von Anfang an kriegsmüden Schweden, würde er andernorts eine Lektion erteilen. Die Russen mit ihren Soldatenmassen, oft ohne Verpflegung, sammelten sich angesichts einer verwirrenden Befehlslage nur mühsam. Die Wutausbrüche von Zarin Elisabeth Petrowna über ihre Generalität und Truppen ersetzten kein einziges gut gegossenes Geschütz. Ja, Frankreich, das mächtige, ebenso hochgemute wie fast schon bankrotte Frankreich – Sachsen im Großen – blieb ein besonderes Risiko. Aber vielleicht am meisten für sich selbst. Madame de Pompadour und ihr König Ludwig XV., in dieser Reihenfolge, schickten ihre Armeen tief nach Deutschland hinein, die hohen Offiziere aus Paris und Limoges mit eigenem Koch und eigener Küchenkutsche. Diese Streitmacht war schwer zu versorgen und konnte sich in Deutschland regelrecht verlaufen. Gleichzeitig kämpfte das Reich der Bourbonen auch in Amerika, Indien und in der Karibik um seine Weltmachtstellung. Überdies konnten Madame de Pompadour und ihr Anhang an einer völligen Zerschlagung Preußens nicht interessiert sein. Solch ein Sieg würde Österreich zu stark werden lassen. Also griff die Grande Armée de Versailles zwar in geballter Pracht, jedoch nur halbherzig an. Ein Sieg über die Franzosen würde wiederum ganz Deutschland für ihn, für Friedrich, begeistern. Zu oft schon waren weite Landschaften der französischen Raubgier zum Opfer gefallen. Die Regionen längs der Mosel, des Rheins erholten sich kaum von den Invasionen, und das Heidelberger Schloss mahnte als Ruine. Friedrich, der Franzosenbezwinger – einen wirkungsvolleren Ruhm konnte er kaum erlangen.

Ein Kammerhusar löschte einige Lichter, die sich einsparen ließen.

Kammerdiener Glasow mischte sich unter die Pagen, Lakaien und Adjutanten, die am Kamin miteinander flüsterten und der Befehle harrten. Sie durften einige Kekse zu sich nehmen. Heute wollte der König die Leipziger Spitäler besichtigen und einen Ausritt in Apels Garten unternehmen. Darüber hinaus war die Audienzliste lang: Bürgermeister Küstner, Oberpostamtsdirektor Welck, der durch einen Preußen ersetzt werden sollte, der Botaniker Bose, der viel beschäftigte Gelegenheitsdichter Picander, welcher auch Verse für den Thomaskantor Bach arrangiert hatte – *Preise Dein Glücke?* … in einem gemeinsamen Empfang und Aufwasch mit dem Singspielkomponisten Hiller, dessen Lieder an jeder Ecke gepfiffen wurden. – Seine Majestät interessierte sich für vieles. Leider manchmal für alles.

Der Salon glich beinahe einem Saal.

Nicht das Geheimste wurde hier besprochen, doch viel Vertrauliches. Wer in der Nähe der Majestät Dienst tat, der gehörte zum engeren Kreis, zu den Favoriten und hatte einen Eid geschworen. Längs der Wandtäfelung reihten sich Tische, auf denen die Landkarten Hessens, der Lausitz, Böhmens und Westfalens ausgebreitet und mit Markierungen versehen waren. Auf einer gesonderten Ablage stapelten sich aus dem Reisegepäck des Königs jene Bücher, die er allerorten griffbereit haben wollte. Die Tragödien Jean Racines, die *Réflexions et maximes morales* von Monsieur de La Rochefoucauld, die *Selbstbetrachtungen* Kaiser Marc Aurels und selbstverständlich eine Sammlung der Werke Voltaires, des Gefährten im Geiste. Aber der Ausdruck ‹Gefährte› wollte, wie jeder wusste, nicht recht passen. Manchmal hätte man das Paar aus Fürst und Pariser Juristenspross, das wie im Duett sämtliche Autoritäten bekrittelte und die Freiheit des Denkens pries, als Ehepaar bezeichnen können. Dann wieder krachte es zwischen ihnen gewaltig. Der König fand den Spitzen-Philosophen anmaßend und heimtückisch, etwa beim verbotenen Handel mit Staatspapieren. In Frankfurt hatte Friedrich den Verräter von Potsdamer Intimitäten sogar verhaften lassen, entgegen dem Recht in der Freien Reichsstadt. Voltaire wiederum, erfuhr die wissbegierige Öffentlichkeit, empörte sich nun über Friedrichs Soldaten, die er Mörder in blauen Kitteln nannte. Die einst Vertrauten schrieben sich nicht einmal mehr. Doch es war keineswegs ausgeschlossen, dass sich beide irgendwann wieder um den Hals fallen würden, um einander zu versichern: O Salomon des Nordens, Sie sind das einzige Licht auf einem Thron! – O nein, Sie Sokrates dieses Jahrhunderts, was hell in einem Menschengeist ist, strahlt von Ihnen aus! – So war doch der Ton zwischen zwei ebenbürtigen Freigeistern, die sich im Tiefsinn und in den Eitelkeiten zu ähnlich waren, um ohne Streitlust unter demselben Schlossdach wohnen zu können. Voltaire weilte im Genfer Exil, der preußische Freund frühstückte als Besatzer.

«Sire, mäßig, wenn Sie bitte erlauben», Leibarzt Doktor Johann Leberecht Schmucker war immer wieder versucht, dem König die Zuckerdose aus der Hand zu nehmen.

«Lauere Er nicht schon wieder hinter mir. Setze Er sich dahinten hin. Wenn mich der Schlagfluss niederstreckt, wird Er's schon merken.»

Der Arzt nahm in einem Sessel vor der Karte Westfalens Platz, wohl dem Aufmarschgebiet der Franzosen unter Marschall d'Estrées.

Seine Majestät tunkte ein Stück Brioche in den Kaffee; das weiche Gebäck war leicht zu kauen. Krümel, die auf seine Uniformaufschläge fielen, blieben unerheblich. Der dunkelblaue Stoff war stets bekleckert von spanischem Schnupftabak. Manchmal entfernten die Kammerdiener auch Flecken von Bouillon. Neben seinen Beinen gierten Biche und Süperb immer nach Futter. Der König nahm Rindfleisch vom Hundetablett und ließ sie die saftigen Happen aus der Hand fressen. Er streichelte seinen Hündinnen über die schmalen Schädel. Als gewöhnlicher Sterblicher hatte man die beiden Windhunddamen mit «Sie» anzureden, *Biche, würden Sie bitte meine Schuhschnalle in Ruh lassen! Merci, Mademoiselle.* Süperb und Biche mochten einige Jünglinge und Männer der Entourage und beschnüffelten sie, doch den Doktor oder andere Bedienstete kläfften sie unversehens an. Es war bemerkenswert, dass der König sich durch solche Zeichen instinktiver Sympathie oder Abneigung nicht beeindrucken ließ. Er bildete sich unabhängig von Mensch und Tier seine eigene Meinung und setzte sie in Taten um. So kam es oft zu einsamen und strikten Entscheidungen. *Sire, Sie können nicht gegen die halbe Welt in den Krieg ziehen. – Soll ich Däumchen drehen? Ich werde. Das Ende macht uns klug.*

Seine Majestät hatte nach der Nacht auf dem Feldbett bereits ein ganzes Arbeitspensum erledigt. Pagen trugen die drei Körbe mit Post, Bittschriften und Anfragen zu den Sekretären in einem Kabinett des Hauptquartiers. Sämtliche Schreiben hatte der König nach dem Aufstehen zumindest überflogen und in die Körbe sortiert. *Nicht zu beantworten* galt für die eine Ladung; *Antwort entwerfen* für die andere und *Antwort nach Rücksprache* für den wichtigsten Korb. Im Kabinett schrieben die Sekretäre eifrig auf Französisch, auf Deutsch, Italienisch und manchmal auch Lateinisch.

Der König erhob sich.

Alle erhoben sich.

Die Pagen in der Salonecke waren erlesen uniformiert, mit roten Manschetten, weißen Ledergamaschen und Silberkordeln an der Schärpe. Der Umgang mit Frauen war ihnen untersagt, zumindest durfte über solche Verhältnisse nichts verlauten. Worüber die Schar der Halbwüchsigen, die unter dem Dach einquartiert war, jetzt lachte, war unklar.

«Das Spital?»

«Um zehn Uhr, Euer Majestät.»

Heute trat der König mit Krückstock an ein Fenster zum Markt. Sein Adjutant folgte ihm in gehörigem Abstand. Marwitz, der hübsche Kindskopf, fehlte Friedrich gerade ein bisschen. Aber Bruder Heinrich hatte ihn für sich reklamiert.

«Die Moritzbastei», sinnierte der König, «kann man abreißen. Typisch sächsischer Plunder. Durch die Festungsmauern pfeift der Wind, aber der Herr Kommandant hatte einen Wintergarten.»

«Soll der Befehl gegeben werden, Majestät?»

«Ach was, das sollen sie später selbst machen. Alles, was entsteht, ist auch wert, dass es zugrunde geht, Schöning. Das gilt für Festungen, Systeme, Pulvermühlen, neueste Errungenschaften, Familie und ganze Staaten. Alles Tand, mitunter reizvoller. Wir bäumen uns gegen unsere Nichtigkeit und gegen unser Vergehen auf. Doch keine Kraft vermag etwas dagegen, dass Zeiten und ihre Schauspieler hinweggefegt werden wie Figuren vom Schachbrett. Nach uns die Sintflut, vielleicht das Beste, was die Pompadour je von sich gegeben hat … Aber nein, die Marquise, dies Lotterweib, ist natürlich auch eine ganz kluge Person, wie hätte sich das Bürgermädel sonst zur heimlichen Königin Frankreichs aufschwingen können? – Egal. – Auch sie wird zu Staub zerfallen wie alles, was sich jetzt herausputzt, marschiert, Brot bäckt, sich verliebt. Dennoch, zu Lebzeiten hat jeder sein Mögliches zu geben, wohin auch immer das Schicksal ihn gestellt hat.»

Friedrich II. von Preußen war heute gemischter Stimmung.

Der Mittvierziger gab es allmählich auf, sich kerzengerade zu halten. Darin mochte nicht allein eine Schwäche liegen, sondern nunmehr die Botschaft: Ich werde krumm, alle werden krumm, ich toleriere es und regiere trotzdem.

Leutnant Albrecht von Schöning versah erst seit Kurzem den Dienst als Adjutant. Gewiss, er war gut gewachsen, aber er hätte sich gewünscht, geistreicher und auch gebildeter zu sein. Auf manche Bemerkung des Königs … *Es ist besser, dass ich meine Pflicht tue, als dass ich mir eine Predigt über meine Pflichten anhöre* … war ihm nur eingefallen: *Das sollte ich mir merken, Majestät.* Am meisten fürchtete Schöning – und da war er nicht der Einzige –, dass die Majestät auf Französisch zu parlieren begann. *D'abord il faut se rendre avec toute notre puissance vers Magdebourg pour confondre l'ennemie. Puis Hanovre. Mais n'importe ce que je fasse, que se soit l'horreur pour Versailles, Vienne et Saint-Petersbourg* … Welcher Brandenburger sollte das sofort und gänzlich verstehen? Der Hohenzoller war auch ein Franzose. Mit Rücksicht auf seine Umgebung sprach er jedoch auch Deutsch. Der Berliner Tonfall war beileibe nicht so stark, wie ihm oft nachgesagt wurde. Gelegentliche Notizen des Monarchen in seiner Muttersprache waren allerdings mitunter mühsam zu erfassen. Man las sich die Zeilen am besten laut vor: *Di Ferde ham umm vynf Ur vrü berayd zuseyn, abents wil ick Dresdn Ereychn.*

«Biche, nicht, lassen Sie das», der Adjutant stolperte fast und versuchte, das Windspiel zu vertreiben, das sich abermals zwischen seinen Stiefeln hindurchzwängte, nur um sich kraulen zu lassen, «Biche, leisten Sie doch bitte Süperb Gesellschaft.»

«Schöning.»

«Sire?»

Der König nahm eine Prise Schnupftabak. «Ich werde den Plan aufgeben, in Kassel oder Mühlhausen einen eigenen protestantischen Reichstag einzuberufen. Man könnte mir vorwerfen, Deutschland spalten zu wollen. Dieser Anschein darf nicht erweckt werden. Wer weiß, wozu man Baiern noch gebrauchen kann?»

«Sehr wohl, Sire. Ein Reichstag in Regensburg reicht ja vielleicht auch.»

Der König nieste, prustete. Sei es wegen der Prise, sei es wegen der Anmerkung. «Ein Schwafelverein in Regensburg. Immerhin ermannen sie sich dort, wegen Landfriedensbruch die Reichsexekution gegen mich zu beschließen. Viel Feind, viel Ehr.»

«Auch das trifft zu, Majestät.»

Ein wenig enttäuscht maß Friedrich seinen Adjutanten. Ein geistvoller Widerspruch und erst danach die Zustimmung wären ihm lieber gewesen. Die Saphire der Tabaksdose in der schmalen Hand Friedrichs blitzten. Weitere der kostbaren Tabatieren lagen auf einem Kartentisch und sogar neben der Flöte auf dem Notenständer. Glasow hatte sie bereits einsammeln und dem Quartiermeister übergeben wollen.

«Überall macht die Vernunft Fortschritte, wobei ich Baiern und Polen ausnehme», der König lachte, «das habe ich einmal Voltaire geschrieben. Die Schnattergans plaudert das natürlich überall aus. Und nun sind sie in Baiern und Polen böse auf mich.»

«Und Bremen?», rutschte es Schöning aufs Geratewohl heraus. Sein Herrscher blickte ihn verständnislos an. Dann seufzte er: «In den Weiten Sarmatiens, an den Alpen und sonst wo grassiert der römische Aberglaube. Entlang der Weser weniger. Bei einer meiner Tafelrunden hätten wir auf Ihn und seinen Esprit eher verzichten müssen.»

«Sehr wohl, Majestät.»

«Im Übrigen bleibe Er vor einer Religion auf der Hut, bei der man zum Abendmahl seinen Erlöser verspeist. Und alsbald wieder ausscheidet. Solche Unart ist einmalig. Halte Er sich Kopf und Herz frei. Es kommt noch genug krauses Zeug hinein. Sei Er einfach ein guter Mensch. Jeder weiß, was das heißt.»

«Ich lerne, Sire.»

«Sagte Marwitz auch.»

Albrecht von Schöning fiel es schwer, nicht immer wieder strammzustehen und die Hacken zusammenzuschlagen. Aber dergleichen war auf dem edlen Parkett, über das sonst die eigentlichen Landesherren, die Kurfürsten von Sachsen und Könige von Polen, geschritten waren, vielleicht weder erwünscht noch nötig.

«Aber es geht vielleicht um Nahrung für die Seele, Sire.»

Seine Majestät murmelte etwas Unverständliches.

Die Stunde nach dem Sortieren der Post und dem Aufbruch von General Fouqué zum südlichen Kriegsschauplatz verlief ungewöhnlich ruhig. Doktor Schmucker war im Sessel eingeschlummert; der Leibarzt streckte die Beine von sich, sein Zwicker saß auf der Nasenspitze. Pagen falteten die Zeitungen und Journale zusammen, aus denen der König sich gelegentlich vorlesen ließ, der *Mercure de France*, *Neue Erweiterung der Erkenntnis und des Vergnügens*, natürlich die *Berlinischen Nachrichten von Staats- und gelehrten Sachen*, oft nur teilweise verständlich waren die Artikel im *British Magazine*. Aber der König von England war immerhin sein Neffe. Biche und Süperb jagten einem Lakaien nach. Kammerdiener Glasow räumte das Frühstücksgedeck ab. «Bring Er mir noch eine Tasse Kaffee!», befahl der König vom Fenster aus. Der Kammerdiener eilte mit dem Getränk herbei, das er, wie es ihm längst geläufig war, gesüßt hatte. «Er schwitzt jetzt immer so», der König sah seinen alten Vertrauten an. «Die vielen Treppen im Haus, Euer Majestät.» Der König stutzte. «Ich hoffe, Er führt ein anständiges Leben. Ich mag Glücksspiele nicht. Wenn es die Influenza ist, halte Er sich fern.» Christian Friedrich Glasow trat mit einer Verbeugung zurück. Andere Bedienstete hätte der König durchaus mit einem Stockschlag aus dem Zimmer getrieben.

An diesem Morgen wurde er aber geradezu leutselig.

Mit dem kleinen Finger winkte er seinen Adjutanten näher zu sich heran.

«Dieses Sachsen hat mich verhext.» Friedrich II., immer öfter der Große genannt – oder bei seinen Feinden nur der böse Mann –, zog das Fenster einen Spalt auf. «Vielleicht steht der Galgen auch deswegen da. Ich muss zerstören, was ich nicht haben kann.»

Traumtrüb erwachte der Platz zum Leben. Marktfrauen zogen an ihren Buden Planen beiseite. Das Turmtor des Rathauses wurde geöffnet. Gestalten mit Hut und Umhang begaben sich von ihrem Zuhause in die Kontore und Amtsstuben. Aus Kaminen stieg Rauch.

Albrecht von Schöning unterdrückte sein Entsetzen.

«Vergiss Er das», beruhigte ihn der König, «aber ein wenig mag das zutreffen.»

Der Adjutant wusste, dass sich der Herrscher, der oft recht einsame Herrscher, seiner Umgebung gegenüber unvermittelt völlig offenherzig äußerte. Das war Teil seiner Magie.

«Als junger Prinz, wisse Er, Schöning, nahm mich mein grausamer, mein tüchtiger, mein fast herzloser Vater mit zum Staatsbesuch nach Dresden. Ihn ekelte vor dieser Reise in das Sündenbabel Augusts des Starken. Ich war ein recht hübscher junger Fant, der die Musik liebte, die Literatur, ja, der Schmetterlinge beobachtete. Für mich war das sogenannte Babel ein wahrgewordener Traum. Viele schöne Menschen, heiter, Tänze im Zwinger, Bootspartien mit Fanfaren auf der Elbe, die Kunstschätze überall, und König August war liebenswürdig wie ein wahrer Vater zu mir. Dort hätte ich leben mögen. Daheim, in Wusterhausen, mussten ich und meine Geschwister zum Abhärten Mahlzeiten auch bei Regen draußen einnehmen, unsere Füße standen im Wasser. Wir hätten am liebsten in die Suppe geweint, wagten es aber nicht.»

«Majestät», Schöning ahnte, dass er nichts weiter sagen, nur da sein musste.

«Aber, die Geburt, die Pflichten, das, was man sich abverlangen muss. – Ich schwelgte damals, mit allem gebotenen Anstand, in den Freuden unseres Empfangs. Wohl auf Geheiß meines Vaters, meines leiblichen, wurde mir Sechzehnjährigem eine der jungen Schönen des Hofes zugeführt, die mir … die Künste der Liebe beibringen sollte. Wie von Casanova arrangiert. Das war unerfreulich, ließ mich kalt, meinem Freund Katte habe ich davon berichtet. Nach unser beider Fluchtversuch einige Zeit später ließ mein Vater den Gefährten vor meinen Augen erschießen … Was musste ich alles Grässliches erleben. Aber Dresden blieb mir in Erinnerung, blieb ein Stern an meinem Himmel, vielleicht auch nur eine Chimäre. Nicht, dass ich die unglückliche Politik der Sachsen, all das Gepränge, wollte, aber ich wollte und will meine Völker ins Glück führen.»

«Sie werden es, Majestät.»

«Sachsen und ich können so wenig getrennt existieren wie Mond und Sonne, wie Frankreich und Paris, Romeo und Julia, Sachsen ist ein sprödes Weib, ich werde es bezwingen. Der Turm der Hofkirche besitzt eine Grazie wie sonst keiner.»

«Ich bin nicht so kundig, Euer Majestät.»

«Schon damals in Dresden wurde mir jener Graf Brühl vorgestellt. Damals noch Kammerjunker oder dergleichen. Der wendige

Heinrich. Begabt, glatt, schmeichlerisch, unermüdlich um seinen Aufstieg bemüht. Und dieser kleine, intrigante, eitle Graf, der die Verwaltung schleifen ließ, der aus Geldnot abrüstete, anstatt mich aufzuhalten, wagte es, sich Sachsen zu unterwerfen. Meine Schätze und Kunstsammlungen überflügelte der Schmarotzer. Aber jetzt bin ich hier. Und das Land wird mir gefügig. Nach allen notwendigen Härten werde ich es gesund bearbeiten. Es wird der intakte, schönste Teil meiner Staaten werden. Nach dem sicheren Sieg.»

«Immer voran, Majestät.»

Der König sank ein wenig in sich zusammen, die Schultern hingen. «Fortuna.» Den Namen der Glücksgöttin sprach er sehr langsam aus.

Die Wachen stießen von außen die Türflügel auf.

«Emissär des Grafen von Finckenstein!», wurde gemeldet: «Herr Geheimer Kammersekretär Gerber.»

Allzu oft geschah es nicht, dass ein Zivilist Zutritt zu diesen Räumen erhielt. Überdies ein bürgerlicher. Einige der Militärs und Pagen aus adligem Haus rangen sich Respekt ab. Der Mann in dunklem Rock mit Hut und Mappe unter dem Arm schien sich für angedeutete Verbeugungen jedoch nicht zu interessieren und hatte keine Zeit dazu. «Pardon, Sire, für die Verspätung. Ein Achsenbruch. In der Dübener Heide.» Der vielleicht Dreißigjährige wischte sich eine Perückenlocke von der Wange.

Friedrich II. trat neben den Sessel hinter seinem Schreibtisch.

Der Geheime Kammersekretär senkte den Kopf und musste, da er sich so beeilt hatte, erst noch zu Atem kommen.

Ein Wink des Königs genügte, und alle übrigen Anwesenden hatten den Salon zu verlassen, was wortlos und zügig geschah.

Der König setzte sich, wegen seiner Gliederschmerzen, ein wenig ungelenk. Melchior Gerber blieb vor dem Tisch stehen.

«Wie geht es Finckenstein?», erkundigte sich der Monarch.

«Überarbeitet, Sire.»

«Das braucht er. Wie der Ochs den Karren.»

Der Kammersekretär lächelte bemüht. Das Befinden des Grafen von Finckenstein in Berlin hatte die allergrößte Bedeutung. Bis auf die rein militärischen Belange liefen bei Finckenstein alle Fäden der Verwaltung des Königreichs zusammen. Der rundliche, agile Finckenstein war des Königs zweites Selbst. Der Kabinettsminister an der Spree sorgte für den Nachschub an Furage, Munition und Mannschaft. Unter seiner Leitung und strengen Aufsicht machte sich, soweit es sich erkennen ließ, keinerlei Schlendrian unter der preußischen Beamtenschaft breit. Trotz der Nöte und des Blutzolls im eigenen Land versuchte der Graf, einigen Handel über den Krieg zu retten, und ließ nicht von der Trockenlegung von Sümpfen im Oderbruch ab. Er empfing Gesandte und Geschäftsträger. Karl Wilhelm Graf Finck von Finckenstein dachte zweckmäßig und lebte persönlich bescheiden. Der oberste Minister war die Säule des Staats. Während der schier endlosen Abwesenheit des Herrschers, der von Hauptquartier zu Hauptquartier zog, fungierte der Graf als inoffizieller Vizekönig.

«Die Geheime Konvention, Euer Majestät.» Finckensteins Kammersekretär zog aus seiner Mappe ein mehrfach versiegeltes Dokument. «Seine Exzellenz, der Herr Minister, schickt es zum Unterzeichnen.»

Friedrich ließ die Hand des Emissärs mit dem Schriftstück einen Moment lang über dem Tisch schweben.

Die Übereinkunft, die er mit dem Minister getroffen hatte, war von unabsehbarer Wichtigkeit. Im Falle seines Todes auf dem

Schlachtfeld oder wenn er, Friedrich, von seinen Feinden überwältigt jene Kapseln, die er am Halsband trug, öffnen und das tödliche Gift schlucken würde, sollte Finckenstein, gemäß der Vereinbarung, in Berlin sämtliche Staatsgeschäfte übernehmen. Der Graf sollte die Kapitulation in die Wege leiten, um Friedensverhandlungen ersuchen und, wenn nichts anderes mehr möglich wäre, die Zerschlagung Preußens akzeptieren. Sieg oder Untergang, alles dazwischen war lau. Der Selbstmord eines Königs. Wann hatte es so etwas je gegeben? Wäre der Freitod das Eingeständnis des Scheiterns? Ein Zeichen des äußersten Eigensinns? Oder ein philosophisches Finale? Sollten doch andere noch ihre paar Jahre lang durch die Trugbilder des Lebens geistern. Friedrich nahm das Dokument an sich. «Ich unterschreibe», er bedachte sich, «morgen. Er wird warten.»

Gerber nickte. Die Locke fiel dem Emissär wieder auf die Wange.

«Seine Exzellenz schickt noch dies, Euer Majestät. Der Stich wurde in Halberstadt, in Berlin und in Braunschweig beschlagnahmt. Wahrscheinlich kursiert das Machwerk auch bereits im Ausland. Es richtet erheblichen Schaden an, meint Graf Finckenstein, würde Empörung stiften und alle Welt gegen Euer Majestät aufbringen.» Der Kabinettssekretär händigte dem König ein großes Flugblatt mit einem ungewöhnlichen Stich aus. «Eindeutig ein bösartiges Erzeugnis der sächsischen Reste in Warschau. Eine Verzweiflungstat des … Grafen Brühl.»

Es war nicht ungefährlich, von sich aus diesen Namen vor Seiner Majestät auszusprechen. Mit seinem Stock hieb Friedrich auf den Schreibtisch, und Papiere flatterten herunter. Er besah den Kupferstich:

Friedrich stieg Zornesröte ins Gesicht. Den Stock fasste er wie einen Speer und schleuderte ihn an Gerber vorbei gegen die Wandpaneele, dass es schepperte. «Diese ekelhafte Brut. Gibt keine Ruhe. Aber ich werde ihr das Maul noch stopfen.»

Der Geheimsekretär trat einen Schritt zurück. Eine Wache spähte zur Tür herein.

«Hinaus!» Der König musterte die Flugschrift genauer. Unter den Trümmern des Belvederes in Dresden stand die Anklage.

BELVEDERE
das Seine Exzellenz der Premierminister
Graf von Brühl im Jahr 1751 erbauen ließ.

Dieser Schmuck Dresdens, dies kostbare Musterwerk
der Baukunst wurde auf Befehl Seiner Majestät
des Königs von Preußen bis auf die Grundmauern zerstört,
nun seinem gänzlichen Ende entrissen
und in Kupfer gestochen von
Michel Keyl, Zeichner der Militärischen Adels-Akademie zu Dresden.

Bauten, die der Menschheit zur Ehre gereichen, und sämtliche Werke,
die wegen ihrer Schönheit
zu achten sind, verdienen Schonung.
Was gewinnt man durch ihre Zerstörung?
Man erklärt sich zum Feind der menschlichen Gattung,
indem man ihr die Herzensfreude nimmt,
die Kunstwerke, die den Geschmack formen.

Vattel

«Haben wir es dermaßen zerstört?»

«Ich war nicht dort, Majestät.»

Der König grübelte über dem Stich. «Der Vorwurf ist nur halbwegs beeindruckend, Gerber.»

«Wie meinen?»

«Nun, die sogenannte vornehme Gesellschaft versteht dies Lamento mitsamt Zitat, aber weiß längst Bescheid. Die Menge hingegen versteht kein Französisch. Wieder ein Irrweg Brühls. Kein Bauer, kein Handwerker wird mit ihm sympathisieren. Die Leute sehen eine Ruine und begreifen nicht, was das soll.»

«In der Tat», der Geheimsekretär schien applaudieren zu wollen.

«Noch besser, Gerber.» Friedrich lehnte sich beinahe behaglich im Sessel zurück: «Einer unserer Kupferstecher soll das Bildmotiv kopieren. Wir setzen dann darunter:

BELVEDERE

Lusthaus des Grafen Brühl,
erbaut mit dem Schweiß und Blut
eines Landes, das er sich unterwarf,
zerstört auf sein eigenes Geheiß durch seine Schergen,
um dem Ruf Seiner Majestät des Königs von Preußen,
Befreier von Blutsaugern und Misswirtschaft,
Retter Deutschlands und seiner Ehre,
heimtückisch zu beflecken.
Preußens Glorie besteht aus Kraft
und Liebe zum Schönen.

Was glotzt er so, Gerber? Es geht um die öffentliche Stimmung. Kümmere Er sich darum. Und komplett auf Deutsch.» Friedrich lachte. «Das verlangt man doch immer von mir.»

«Äh, dann noch», stotterte der Emissär, «... Brühl.»

«Genug», drohte der Monarch.

«Aber unsere Spione –»

«Was?»

«Haben Graf Finckenstein wissen lassen –»

«Was?»

«– dass die Reichsgräfin von Brühl wie vom Erdboden verschluckt ist.»

«Da gehört sie hin.» Friedrich wand sich vor Unwillen: «Die tut Dienst im Schloss, wie uns berichtet wurde, und weint mit der Königin. Ich hätte beide mit nach Warschau expedieren sollen. Jetzt wanken sie wie die Klagegeister durch die Dresdner Gemächer. Vermutlich in großer Robe und mit Trauerflor.»

«Im Schloss wurde sie nicht gesehen.»

Im Kabinett

«Alas, my love, you do me wrong to cast me off discourteously», summte sie vor sich hin, «for I have loved you well and long delighting in your company.» Auf den Refrain kam es an, bei dem Refrain konnte sie tief ausatmen und die Seele entspannen, «Greensleeves was all my joy», sie stützte sich mit beiden Händen auf dem Tisch ab und sang über die Papierstapel hinweg zu den Porträts an der Wand, «Greensleeves was my delight, Greensleeves was my heart of gold …»

Luise Adelgunde Victorie Gottsched, die Gattin des hochmögenden, höchstgelehrten und allerhöchstbedeutsamen Professors Johann Christoph Gottsched, ließ sich gegen die Stuhllehne sinken. Sie war mit Mitte vierzig gründlich erschöpft bis ins Mark. Und weiter abgemagert. Sehr lange, viele Jahre konnte es mit ihr nicht mehr währen. Der Auszehrung kam niemand auf den Grund. Das endlose Arbeiten trug dazu bei. Obendrein die Führung des Haushalts, die Festlegung der Einkäufe, das Sortieren der Wäsche für die Waschtage, das Nachprüfen vor den zahlreichen Besuchen, ob die Gläser poliert waren; auch ein Nervenübel, sodass manchmal die Hände zitterten, ein Arm taub wurde, konnten Ursache dieser Lebensermattung sein. Mitunter, nein, gar nicht so selten erschien ihr der Tod als der glückhafteste Moment des Lebens.

«But my heart remains in captivity …»

An sich war es unerwünscht, in diesem Haus Englisch zu singen. Auch Unterhaltungen auf Französisch, die kleinen französischen

Einsprengsel – Bonne nuit, Monsieur – Vous êtes trop charmante, Madame – waren verpönt. Im Haus und Universum des Herrn Professor Gottsched, dem Rector magnificus der Universität Leipzig, bestand man auf reinem und modernem Deutsch, das gemäß den Regeln, die in diesem Haushalt bestimmt worden waren, geschrieben und gesprochen werden sollte. Die Neigung der Deutschen, sich mit Latein, Französisch und mit italienischen Ausdrücken aufzuplustern, hatte lange genug den Schatz der deutschen Sprache überdeckt. Nun wurde *Vortrag* statt *oratio*, *der Apfel fällt nicht weit vom Stamm* statt *tel arbre, tel fruit* gesagt und wieder das angestammte *Milchkaffee* benutzt anstelle des modischen *caffè latte*. Die Sprache, so der gelehrte Hausherr, verband die Menschen am tiefsten im zerrissenen Heiligen Römischen Reich Deutscher Nation, und die Aufmerksamkeit für die Sprache schärfte in jeder Hinsicht den Verstand, meinte und hoffte er.

Es war später Nachmittag, und das Schreibkabinett von Frau Professor Gottsched lag im Halbdunkel. Dem war auch gut so. Bei Tageshelle wurde sie selbst von der Masse an Büchern in den Regalen, aber vor allem von den Papierstößen noch unerledigter Briefe und den Bergen an Manuskripten auf dem Tisch neben ihrem Schreibsekretär geradezu erschlagen. Nie war ein Ende der Antworten, Korrekturen, der Zeilen und Buchstaben abzusehen. Wie vortrefflich, dass ihr ein findiger Schreiner in Halle einen Stuhl gebaut hatte, auf dem sie sich von einem Tisch zum anderen drehen konnte, ein idealer Bürostuhl oder wie sie jetzt eher sagen müsste: *Amtsstuhl.*

Leicht, wie sie inzwischen geworden war, drehte sich Luise Gottsched mit dem Sitzmöbel und zu ihrem Vergnügen, pausierte noch ein wenig, und andere englische Lieder kamen ihr in den Sinn, *King Henry* und *Blow the wind southerly*. England und das Englische liebte sie – ebenso sehr wie anderes. England bedeutete Wildheit, sturmumtoste Küsten, die Brandung, Geruch von Teer und tausend Düfte in den Häfen, unheimliche Gestalten auf Landstraßen, Ruinen im Mondschein und immer wieder Brandung. Die Seele war befreit unter Winterwolken in England, sie konnte sich in alle Träume schwingen und zwischen den Hügelkämmen im Nebel Abstürze in das Reich der Dämonen erleben. Gottsched mochte diese englische Regellosigkeit und das Delirium der poetischen Gemüter auf der Insel gar nicht. Sie aber brauchte auch das Abgründige und Freie und bewunderte Edward Youngs *Nachtgedanken*, die überall im Land einen geradezu unabsehbaren Englandrausch, ein schrankenloses Sinnieren ausgelöst hatten: «Auf Erden ist, behauptest du, nur ewig Fluten ohnmächt'gen Seins / im Sturme fortgetrieben durch den empörten Wogenkampf der Zeit / nach tiefer, bodenloser Finsternis ...»

In Doktor Youngs Visionen rumorten die Elemente, anders als in den hundertsechzigtausend oder zehn Millionen Versen des eigenen Gatten.

Sie verharrte auf dem Drehsitz.

Aber Gottsched, der Teure – längst der Gewohnte –, hatte sich in allem immer die erdenklichste Mühe gegeben. Er hatte jahrelang um sie geworben und war niemals so dumm gewesen, Frauen als mindere Geschöpfe zu betrachten und zu behandeln. Jeder in solchem Gemeinwesen hatte, Titel hin, Abstammung her, gewissenhaft zu sein. Frühe Liebesbekundungen des jungen Mannes, manche Beweise seiner Zärtlichkeit, damals, hatte sie rahmen lassen und beim Bücherschrank aufgehängt.

Das war doch bezaubernd gewesen:

Victoria! du hast gesieget,
Ich bin dein Knecht, Victoria!
Den seine Dienstbarkeit vergnüget,
Sobald er deine Schönheit sah.
So lass mich denn die Fessel küssen,
Die deine Macht mir angelegt.

So gesehen und trotz des klassischen Versmaßes doch auch freie Fantasien.

Die Sorge wegen seiner Schüchternheit und leider auch einiges vom früheren Feuer hatten sich erledigt. Lange schon beglückte oder überrumpelte Gottsched manche willige Leipzigerin und versuchte das deutsche Sprachreich zu ordnen und zu regieren. Allmählich zollten auch Süddeutschland und Österreich, die katholische Sphäre, der schlüssigen Rechtschreibung und Grammatik aus Leipzig Respekt. *372.§.IX. Regel. Wenn zwei Hauptwörter zusammenkommen und das eine in der zweiten Endung (Genitivus) voransteht, so verliert das folgende sein Geschlechtswort. Zum Exempel: Gottes Wort und Luthers Lehr.*

Was bedeutete ein Sieg von Friedrich dem Friedensbrecher im Vergleich zur ebenso durchdachten wie klaren Verständigung zwischen Wien und Elmshorn?

Aus der Abenddämmerung kratzte vom Alten Neumarkt die Fidel des sorbischen Bettlers herauf. Manchmal schickte sie Wilma hinunter, um dem verstümmelten Armen ein paar Münzen in den Hut zu werfen. Im Krieg wurden auch die Almosen für die Notleidenden noch kärglicher. Die eigene Laute verstaubte in der Ecke neben der Tür. Ehedem hatte sie mit ihrem Spiel Gesellschaften unterhalten und sogar Selbstkomponiertes zum Besten gegeben. *Eine ganz reizende Melodie, Frau Professor. Klingt ein wenig spanisch. Ein Fandango? Was können Sie eigentlich nicht, Frau Professor?*

Luise Gottsched seufzte. Nun lag alles brach, sie und das Land. Auch das bisschen Rüsche um das Dekolleté, das dezente Blumenmuster ihres Kleids, die Stoffrosette auf ihren Schuhen passten schlecht zu ihrem Zustand. Aber die Mode der Zeit nahm keine Rücksicht auf Krankheit oder Alter. Sogar eine alternde, nicht ganz gesunde Frau musste sich die Taille schnüren lassen und den welken Hals zumindest mit einer schwarzen Spitzenkrause schmücken. Zierliches und Sterbliches, bunte Seide und das Leichentuch, koketter Tanzschritt und Leichenstarre waren in diesen Jahren eng verflochten. Das Leben, die Freude, die Lust, der Wissendrang begehrten auf; die Grabsteine bewahrten für eine Weile die Namen.

Hörte der Sorbe draußen auf dem Pflaster überhaupt noch, dass er auf seiner Fidel kaum einen Ton traf? Fenster wurden offenbar ärgerlich geschlossen. Dabei ertönte dort unten, falls man neugierig horchte, ein ganz urtümliches Klanggemisch, Schrilles und Rhythmen, wie sie vielleicht wilden Völkern gut gefielen.

Der Sorbe wurde leiser, und sie musste dringend nach dem Coiffeur schicken. Das Haarband mit einer Mohnblüte aus Taft – hatte sie bereits vor Tagen bemerkt – hielt eher Strähnen als Locken zusammen. Dazu brauchte sie Tönung gegen das Grau. Hoffentlich war Monsieur Beaulâtre, der bewährte Figaro, nicht mit anderen Ausländern aus Leipzig geflohen.

Der Drehstuhl knarrte. Philo hielt seinen Kopf meist schräg. Von seiner Stange aus beobachtete der kleine, gelbe Freund sie bei ihrem stillen Tun, dem Blättern, Nachschlagen und Eintunken der Feder ins Tintenfass. Wenn Philo Ausflug hatte, flatterte er wilde Runden durch das Kabinett, bevor er über den Schreibtisch hüpfte. Gerne krallte sich der Kanarienvogel, den sie von der Zieglerin geschenkt bekommen hatte, um ihren Federkiel fest. Philo schien es zu genießen, mit dem Schwung ihrer Schrift über den Papierbögen zu schaukeln. Sie konnte dabei sein zartes Gefieder und sein Köpfchen küssen. Sie beide verstanden sich prächtig, und Philo musste der gebildetste Vogel weit und breit sein. Bei seinem Gesang hielt sie inne und applaudierte, wenn er ihr seine Geheimnisse vorgeträllert hatte. Nun hatte er von ihr Greensleeves gehört und beschäftigte sich vielleicht noch mit der Melodie. Philos Bauer auf der Konsole war zugesperrt, und nach der Arbeit würde sie ihn in den Salon tragen, damit er vor seiner Nachtruhe etwas Abwechslung hätte. Wie konnte der Gefährte aufrecht auf einer Stange schlafen? Es war dem hellgelben Gesellen angeboren.

Luise Adelgunde Victorie Gottsched erhob sich einigermaßen mühsam. Das lange Sitzen und die Kopfarbeit quälten. Sie füllte aus einem Kännchen Wasser in den Trinknapf des Bauers. Philo beäugte sie.

Und sie nahm wieder Platz und richtete ihren Rock.

Klagen über ihre Art von Gefangenschaft, über die Ehe, in der sie zur Zuarbeiterin des Gemahls geworden war, über ihre Auszehrung versuchte sie zu vermeiden. Was nicht immer gelang. Und andere Menschen erduldeten ein ungleich schwereres Los. Der Fiedler, der im Abenddunst mit klammen Fingern immer leiser spielte, die Nachbarstochter Johanna, deren Keuchhusten ihr absehbares Ende ankündigte. Die Verlobung der Achtzehnjährigen war bereits abgesagt worden. Die Soldaten, die auf den Äckern verbluteten. In der Schlacht von Lobositz sollen sogar noch Sterbende versucht haben, sich gegenseitig mit den bloßen Zähnen totzubeißen. Unsägliches Grauen.

Sie versuchte, solche Bilder wegzuwischen.

Es dauerte eine Weile und gelang nicht ganz.

Sie selbst, Luise Victorie, konnte frische Luft hereinlassen, besuchte gelegentlich Hauskonzerte, küsste Philo auf den Kopf und bewegte durch ihre Arbeit immens viel. Im Verlauf ihrer staunenswerten Audienz bei Kaiserin Maria Theresia in Wien hatte die Kaiserin sie als «die gelehrteste Frau Europas» gewürdigt. Die gelehrteste war sie womöglich nicht, doch als die Gottschedin war sie wohl zu einem Inbegriff geworden. Mit ihren frühen Komödien, *Das Testament*, *Die ungleiche Heirat* … tja, wohl wahr … mit ihrer Religionskritik in *Die Pietisterei im Fischbein-Rocke* hatte sie das deutsche Lustspiel auf neue und elegante Höhen gebracht. Sie hatte französische Philosophie und englische Dichtung übersetzt und bekannt gemacht. Immer galt es, Wahn und Tyrannei zu bekämpfen. Sie hatte Wissen vermehrt und konnte stolz auf sich sein, wenn auch ein Teil ihrer Arbeit unter dem Namen ihres Mannes veröffentlicht wurde. Immerhin bedankte er sich – was ungewöhnlich genug war – in seinen Vorworten bei seiner *geschickten Freundin*.

Philo raschelte vor seinem Wassernapf im Bauer.

Vor der Tür lärmte Wilma. Wie oft war es der Magd bereits untersagt worden, in Holzpantinen durch die Wohnung zu poltern. Die Lausitzerin vergaß es immer wieder. Und sie konnte nicht kochen, bestenfalls sämige Eintöpfe. So ließ man sich die Mahlzeiten aus dem Goldenen Bären heraufbringen. Die Wohnung war schön, geräumig und kostenlos. Der Verleger Breitkopf, dem das Haus gehörte, hatte sie dem Autorengespann Gottsched und Gottschedin auf Lebenszeit mietfrei zur Verfügung gestellt. So sollten Verleger sein.

«Wilma», rief die Gottschedin durch die Eichentür, «Ruhe! Nimm die Filzlatschen!»

«Sehr wohl, gnädige Frau», kam es fast mit Bassstimme zurück. Zumindest hatte Wilma gelernt, dass in Professor Gottscheds Bleibe die schöne Anrede *Madame* als unnötig frankophil galt. Schade.

«Und meinen Tee, Wilma!»

«Mach ich, gnädige Frau.»

Wie geschah ihr hier?, Luise Adelgunde dachte auf ihrer Galeere nach, die zugleich ihr Refugium war. Über sich selbst nachzugrübeln führte selten zu etwas Gutem. Hätten ihre Eltern in Danzig sie doch nur anders getauft. Ihr missfiel der gespreizte Klang ihrer Vornamen, und sie hatte sich ihrer Herzensfreundin Dorothee von Runckel in Görlitz gegenüber freimütig beklagt: *Wenn ich an meinem Tauftage ein Wort dazu hätte sprechen dürfen: so würde ich meine drei Namen verboten haben. Der frei geborene Mensch muss gleich in den ersten Tagen seines Lebens seinen Willen anderen unterwerfen und erfährt den meisten übrigen Teil seiner irdischen Wallfahrt fast ein gleiches Schicksal.* –

Trost gab es in beinahe jeder Situation und Stimmung. Die Freundinnen, deren lieber Blick aus den kleinen ovalen Porträts über dem Schreibtisch sie Tag für Tag begleitete. Manchmal lächelte sie zurück. – Die drei waren großartige Menschen und dabei so unterschiedlich. – Christiana Mariana von Ziegler wohnte nahebei. Die Leipzigerin war eine der gebildetsten Damen der Stadt. Als erste Frau hatte sie, wie Frauen in Paris, einen Salon mit regelmäßigen Gesellschaften eröffnet. Bei der Zieglerin wurde musiziert, vorgelesen und philosophiert. Wer in Leipzig oder von auswärts mit Gleichgesinnten frei nachdenken wollte, der drängte sich zu den Soireen der weltkundigen Gastgeberin. Und nicht nur ihr wacher Geist und ihre Großzügigkeit zeichneten Christiana Mariana aus. Als Frau mit eigenem Willen lud sie zu *Picknicks*, wie man wohl in England sagte, in Apels Garten mitsamt Wettkampf im Pistolenschießen und sogar mit der Armbrust. Ein Gast hatte vor Jahren mit seinem Bolzen ausgerechnet die Sänfte des schreckhaften Gellert getroffen. Was spazierte der Hypochonder in einem Tragstuhl auch fortwährend hinter den Hecken umher? Das Geschrei war groß gewesen. Munter und mit üppigem Dekolleté blickte Christiana Mariana von Ziegler aus dem Goldrahmen in den Schreibkarzer der

Freundin Gottsched. – Trauriger oder eher gezeichneter sah Caroline Neuber die Weggefährtin am Sekretär an. Ihr schweres und bewegtes Leben war der großen Schauspielerin und Schauspieldirektorin anzusehen. Die Narbe von einem der Peitschenhiebe, mit denen der Vater das Mädchen gezüchtigt hatte, war vom Porträtisten weggelassen worden. Ihre zweite Flucht gelang der jungen Caroline dann, die sich, endlich befreit, einer Komödiantentruppe anschloss. Weißenfels, Braunschweig, dann Leipzig waren die Stationen der turbulenten Gesellschaft gewesen. Sie vergnügten ihr Publikum und wurden gleichzeitig als fahrendes Volk verachtet. Caroline Neuber aber wollte Schauspieler zu gleichwertigen Bürgern machen und zog die Zügel an. Das Repertoire der Neuber'schen Truppe wurde immer anspruchsvoller, und als erste Theaterdirektorin überhaupt zahlte sie ihren Künstlern eine feste Gage aus. Premierminister Graf von Brühl in Dresden erfuhr von den Theaterreformen, er schätzte die Neuberin und verschaffte ihr in Leipzig eine eigene, beständige Spielstätte. Welch vorzügliches Mäzenatentum eines Mächtigen. Zu jener Zeit verbannten in einer gemeinsamen, freundschaftlichen Maßnahme die Neuberin, der junge Gottsched und sie selbst, Victorie, den Hanswurst von der Bühne. Wahrlich nicht aus Feindschaft gegenüber Spaß und Narreteien, aber das Theater sollte mehr sein als derbe Belustigung und unpoetisches Gejohle. Ein Schleier von Trauer lag über Friederike Caroline Neubers Gesicht. Nach Erfolgen und Misserfolgen an vielen Orten fristete die einstige Gefährtin, soweit bekannt war, ein armes und einsames Leben im besetzten Dresden. Der Blick der Tapferen schenkte der Gottschedin dennoch Mut. Sie wollte ihr Geld zukommen lassen.

Über das dritte Bildnis, das Trost und Halt spendete, gab es nichts weiter zu sagen …

«Der Tee.»

«Sie sollen bitte klopfen, Wilma.»

«Mal ist man zu laut, mal zu leise. In der Lausitz haben wir weniger Türen.»

«Wie das?»

Die Antwort blieb aus. Die Hausmagd war in ihre Filzlatschen geschlüpft. Sie entdeckte weder auf dem Sekretär noch dem Ablagetisch einen freien Fleck und stellte die Tasse auf einem Papierstapel ab. So dampfte der Kräutertee auf den Ergänzungen zu *Erste Gründe der gesamten Weltweisheit*, ein monumentales Werk des Professors und seiner angetrauten Helferin. Wer die *gesamte Weltweisheit* gelesen hatte, der wäre über den Sinn der Schöpfung und ihre Ausformungen, über den Zusammenhang von Wetter und Temperament, über den Wert der Tugenden und die Vorzüge der vernünftigen Mäßigung klug unterrichtet und in seinen Ansichten gefestigt. Denn Gottsched hatte die Erscheinungen des Lebens bestimmt und systematisiert. So ausgreifend dieses Unterfangen war, es mochte neuerlich die Mäkler auf den Plan rufen, die dem Rector magnificus und Großgeist schematisches Denken, ja das Abwürgen aller Fantasie vorwürfen. Eine Frechheit angesichts der gewissenhaften Fleißarbeit. Fest stand allemal: Johann Christoph Gottsched ermunterte das Denken. Die vordem allmächtige Kirche wirkte mit ihren Geboten und Strafen, den Drohungen mit einem qualvollen Jenseits nur noch wie eine zahnlose Gouvernante. Zumindest für die Menschen von Geist.

«Noch was?»

«Danke, Wilma.»

Die Magd schaute in den Bauer, wo Philo das Köpfchen drehte – «Zu Hause haben wir Finken. Die halten lange.» –, und ging. Von groben Worten durfte man nicht auf ein rohes Wesen schließen. Die Gottschedin griff nach der Tasse und sog den Duft des anregenden und beruhigenden Getränks ein. Schon der erste Schluck war ein Genuss. «Leisten Sie mir Gesellschaft, meine herzliebe Freundin», sprach sie leise zum dritten Bildnis zwischen der Neuberin und der Zieglerin hinauf. Ob die *Weltweisheit* heute fertig würde oder vielleicht nie, war im Moment gleichgültig. «Ach, du mein Ich. Nimm mich in die Arme, und auch ich will dich an mich drücken und liebkosen», wandte sie sich an den Scherenschnitt, den ihr Dorothee von Runckel, die Offiziersgattin aus Görlitz, bei einem Besuch geschenkt hatte. Dorothee war das wahre Gefäß ihrer Gefühle, und der fernen Freundin vertraute sie alles an; wie auch umgekehrt. *Was der Morgentau der schmachtenden Blume ist*, hatte sie kürzlich von der Pleiße an die Neiße bekannt, *das ist mir die Hoffnung deiner Gegenwart, o Freundin! Kann dieses Sie nicht bewegen, Ihre Reise zu beschleunigen?* – Sie würden sich umarmen und küssen. Alle Nöte konnte sie der Gleichgesinnten gestehen: *Und wie sehnlich wünsche ich, die Stunde meiner Auflösung schlagen zu hören! Fragen Sie nach der Ursache meiner Krankheit? Hier ist sie. Mehr als zwanzig Jahre ununterbrochene Arbeit, Gram im Verborgenen, manche Jahre unzählige Tränen ohne Zeugen, die Gott allein hat fließen sehen; und die mir durch meine eigene und hauptsächlich durch die allgemeinen und die erlittenen Kriegsdrangsale so vieler Unschuldiger ausgepresst worden sind.* – Ja, mit Dorothee, die nur als Bildnis in diesem Raum immer zugegen war, durfte sie das Äußerste besprechen: *Je mehr ich die Menschen kennen lerne, je mehr finde ich Unterschiede unter den Sterblichen. Wie sehr freue ich mich, meinen Lauf bald geendiget zu haben! Wären Sie nicht noch so nötig auf der Welt und hätten Sie nicht Kinder, die Ihren Beistand und Ihre Führung nicht entbehren können, und einen Gemahl, den Sie nicht zurücklassen müssen: so würde ich Sie bitten, meine Reisegefährtin in jene bessere Welt zu werden. Auch auf diesem Wege möchte ich nicht von Ihnen getrennt sein.*

Luise Adelgunde hustete, und die schmale Brust schmerzte.

Eigentlich hätten sie beide heiraten müssen, um schon in dieser Welt alle Wege gemeinsam zu gehen.

Die ersten Flocken vor dem Fenster hätten sich fast noch zählen lassen, nun hüllte starkes Schneetreiben den Alten Neumarkt ein.

Sie warf drei Küsse zu den Freundinnen hinauf.

An sich befand sie sich im Geborgenen, mit Philo, der warmen Tasse in den Händen, den Folianten in den Regalen, mit der Hügelkette aus Blättern und Papieren und den freundlichen Frauenherzen ihr zur Seite.

Sie wandte sich zum Schreibsekretär. Einen merkwürdigen Brief aus Frankfurt am Main hatte sie zu beantworten. Eine Dame aus der dortigen besseren Gesellschaft hatte das Gedicht eines Knaben geschickt, mit einem Neujahrsgruß an seine Großmutter*: … Der Höchste schütze Sie, wie er bisher getan. Er wolle Ihnen stets, was Sie sich wünschen, geben und lasse Sie noch oft ein neues Jahr erleben. Dies sind die Erstlinge, die Sie anheut empfangen, die Feder wird hinfort mehr Fertigkeit erlangen.* Frau Rat Göthe fragte nun an, wie das Haus Gottsched die Begabung des jungen Johann Wolfgang einschätze, ob er in seinen poetischen Neigungen bestärkt werden dürfe oder ob man ihn vor einem Irrweg bewahren müsse.

Luise notierte sich für die Antwort: *Seien Sie beruhigt, werte Frau Rat, von Natur aus wird er seine Fertigkeit erkennen. Beschwerlich sind alle Pfade.*

Sie nahm sich der Bitte eines Herrn Wedekind an. Er rang mit der Rechtschreibung und wünschte sich Erläuterung. Das war lobenswert. Sie tunkte die Feder ins Fass und beschied ihm: *Sie wollen* Lam *und nicht* Lamm *schreiben. Ich wäre es gern zufrieden, wenn die Mehrzahl auch* Lämer *und nicht* Lämmer *hieße. Da es aber in* augmento vocis *(wie wir* Grammitici *reden) Lammes und Lämmer gibt, so muss es auch notwendig im* Nominativo singulari *ein doppeltes* m *haben. Und ich höre in dem Worte* Lamm *was anders als* Lam, *zum Exempel ein* lahmes Lamm. *Desgleichen klingt auch die* Tonne *ganz anders als die* Tone. – Tagein, tagaus dergleichen, aber sie ließ trotz abnehmender Kräfte nicht vom Aufklären ab: *Die alten Handschriften zünden uns oft ein Licht an, dass man den Ursprung der Wörter einsieht, davon man oft gar keine Ableitung hat erforschen können*, erfuhr Herr Wedekind, *so findet man im 14. Jahrhundert das Wort* Becher *mit dem* ä *geschrieben. Es kommt vom* Bache, *daraus man ehedem mit einem* Bächer *geschöpft*.

Herr Wedekind mochte sich ihre Antwort einrahmen.

«Klopfen Sie», fuhr sie die Dienstmagd an. Wilma stand bereits hinter ihr und zuckte die Achsel. «Hat ein Bote gebracht.» Sie händigte ihr ein versiegeltes Billett aus. Sie verdrehte die Augen.

«Was haben Sie denn, Wilma?»

«Er sagte, er kommt von der Reichskönigin Brühl.»

«Was für ein Unsinn.»

Woher rührten zart die Töne zu Greensleeves my delight? Luise Adelgunde Victorie Gottsched, die gerne einfach Klara geheißen hätte, starrte zum Vogelbauer.

Unterwegs

Kein Mond, kein Stern mehr.

Und die Stadt verschwand.

Häuser, Höfe, Wallanlagen, Dächer der Vororte und das offene Land wurden vom Winter verschlungen. Das Schneetreiben wurde immer heftiger. Als letzten dunklen Umriss und fast auf Augenhöhe hatte der Türmer von Sankt Thomas die dunklen Schindeln der Nikolaikirche sehen können. Nun verwirbelte auch diese Schieferfläche. Gesicht und Bart des Wächters unter der Turmhaube waren nass. Er hielt sich am Geländer fest und drehte noch einmal eine Runde über dem Glockenstuhl. Windstöße fegten von Osten heran. Er sah nichts mehr. Die Leute unten gaben auf ihre Feuer acht. Ein größerer Brand, der einen Dachstuhl erfasste, aufs Nebenhaus überspringen konnte, würde auch vom Flockenmeer kaum eingedämmt werden. Die letzte Feuersbrunst lag lange zurück; das wiegte natürlich auch in Sicherheit. In einer Viertelstunde würde er die nächste Runde gehen. Der Mann klopfte sich Schnee vom Fellmantel und betrat seine Wachstube hoch über den Behausungen der anderen. Stuhl und Tisch; ein Krug Wasser und Becher mussten für den Durst reichen. Eine Bank, auf der er einschlafen könnte, war verboten. Das Bild des Reformators hing schief. Der Türmer biss in einen Kanten Brot und schlug die *Insel Felsenburg* mit den *wunderlichen Schicksalen einiger Seefahrer, absonderlich Alberti Julii, eines gebohrenen Sachsen*s auf. Neben dem fantastischen, aber unterhaltenden Roman lag griffbereit die Trompete. Wer aber sollte in solcher Januarnacht unten in den Gassen das Alarmsignal aus dieser Höhe überhaupt vernehmen können? Er schwebte über der Welt und zur Stunde getrennt von ihr.

«Wo sind Sie, Barnhelm?»

«Hier.»

«Geben Sie mir Ihre Hand.»

Beide sahen kaum ein paar Ellen weit. Die Umhänge blähten sich. Die Kapuzen waren wie Windfänge und rutschten vom Kopf. Die Flocken bedeckten im Nu Kleider und Haar. Die Reichsgräfin fasste nach hinten und suchte die Hand ihrer Kammerfrau. Die Finger fanden sich.

«Kehren wir um, Madame, zur Muhme.»

«Es ist genug mit der Muhme. Ich will auch nicht länger mit Kompottgläsern vor mir aufwachen und mich vor ihrem Neffen fürchten. Ich habe uns angemeldet. Und wie wollen Sie denn den Weg zurückfinden?»

«Wo sind wir, Madame?»

«Eben.»

Waren sie die Einzigen die sich noch durch Leipzig bewegten? Nicht ganz. Eine Gestalt torkelte durch das Gestöber, fiel hin und kroch zunächst auf allen vieren weiter. Gedämpfter Hufschlag aus der Ferne mochte eine preußische Patrouille ankündigen. Schneewehen begannen sich aufzuhäufen. Vor erleuchteten Fenstern und um die Straßenlaternen an den Häusern schienen die Flocken honigfarben zu sein.

Die Frauen retteten sich in eine Toreinfahrt, wischten und schüttelten den Schnee von sich ab. Beide erstarrten im selben Moment. Ihnen gegenüber hatte sich noch jemand in Sicherheit gebracht. Unter dem Umhang glitzerten die Stickereien und schimmerten die Perltropfen einer großen Robe, über die Volants und Brokatbordüren flossen. Ein Arrangement aus Federn und Blumen hing feucht an der Perücke. Die Dame schlug den Fächer auf. Ihre Augen wirkten durch die Schminke noch eindringlicher. Welche Fürstin hielt sich in diesen Zeiten in Leipzig auf, überdies à pied und ohne Begleitung? Sie nickte. Die Dresdnerinnen grüßten zurück. Um mindestens einen Kopf war die Unbekannte größer als sie. «Adieu, Mesdames», verabschiedete sie sich, «un petit rendez-vous. Da lässt man nicht auf sich warten.» Die Stimme war dunkel, klang aber angenehm. Fort war die Dame mit ausgreifendem Schritt.

«Ich glaube, das war keine Frau, Madame», raunte Luise von Barnhelm.

«Sancta simplicitas, natürlich nicht. Graf Erdmannsdorff kostümiert sich manchmal genauso.»

«Und seine Bediensteten?», der Baronesse fehlte es noch an Erfahrung bei Hofe oder wo immer man solche erlangte. Im Rauben von Küssen schien sie allerdings versiert zu sein.

«Die bedienen. Oder sie putzen sich gleichfalls heraus.»

«Ach so. Nun denn.»

«Kommen Sie, Barnhelm. Das Haus zum Goldenen Bären wird man nicht übersehen können. Da wird ein Bärenschild hängen.»

Beim Sprechen schmolzen manchmal Flocken im Mund. «Madame», Barnhelm griff eine Falte des Umhangs ihrer Herrin: «Ihr Plan ist viel zu gefährlich. Und laden Sie nicht selbst große Schuld auf sich? Lassen Sie es.»

«Jenseits dieses Winters, meine Liebe, und über den Tumulten der Zeit leuchtet ein Licht, das alles gerecht enthüllen wird.»

Hymnus

Die Christenheit muss friedlich leben,
Der Musen Sitz, der Weisheit Vaterland.
Wo Blutvergießen herrscht, da schwindet der Verstand,
Und dieser muss uns Frieden geben.

Johann Christoph Gottsched,
Karl, der Friedensstifter

Die Verwirrung war groß.

Unerwarteter Besuch. Und welcher? Die Gemahlin des vertriebenen Premierministers am frühen Winterabend. Sonst residierte sie in ihrem Palais auf der Prunkterrasse über der Dresdner Elbe, nahezu unerreichbar. Aber wie und warum hätte man je Verbindung mit ihr aufnehmen sollen? Vielleicht mit einer Bittschrift, die sie, falls sie sich wohlgesinnt zeigte, ihrem mächtigen Gemahl vorlegen würde, welcher dann das Ersuchen der Form halber auch noch dem Monarchen Friedrich August unterbreiten würde: *Sire, ich denke, wir sollten Gnade vor Recht walten lassen. – Sire, das können wir keinesfalls gestatten. – Mach er nur, Brühl.*

Luise Gottsched hatte rasch noch Brennholz besorgen lassen. Aus dem Goldenen Bären hatte Wilma Rheinwein und Muskateller geholt. Was wusste man, was die hohe Dame am liebsten genoss? Vom Weihnachtsgebäck waren noch Plätzchen und Kringel übrig geblieben und einigermaßen frisch; sie verteilte sie auf einer Etagère. Die Vorhänge waren akkurat gerafft. Die Spinnwebe in der Ecke über dem Spiegel war endlich entfernt. Frau Gottsched war ungewöhnlich nervös. Sie ließ den Blick prüfend durch ihren Salon wandern. Das Kaminfeuer loderte fast zu mächtig. Sie rückte den Bronzekopf des Sokrates zurecht. Nun betrachtete der Grieche nicht länger die Palme, sondern den Raum. Die Dienstmagd hatte sie nicht mehr durch eine tüchtige Zofe austauschen können – wie auch? –, jetzt musste Wilma die Tür öffnen. Gottsched hatte sie von der Universität rufen lassen. Er kleidete sich noch um.

Für weitere Vorkehrungen und Sorgen blieb keine Zeit. Stimmen und Schritte aus dem Vestibül kündigten das Nahen des unerwarteten Besuchs aus der Residenz an.

«Madame!»

«Madame la Comtesse», Luise Gottsched gelang der seltene Knicks.

«Quel plaisir de vous voir.»

«C'est beaucoup plus qu'un plaisir pour moi, Madame la Comtesse, c'est un évènement inouï, un moment historique.»

«Vraiement historique, Madame Gottsched.»

Reichsgräfin von Brühl trat auf die Gottschedin zu, ihr Blick unter dem Lockenhaar wirkte leutselig, gewinnend. Sie griff kaum spürbar nach den Armen der Leipzigerin und küsste sie ohne Berührung der Wangen à la française. So berühmt sie auch war, der Gelehrten wurde leicht schwindelig.

«Wie reizend, wie behaglich Sie es hier haben», besonders ein Wandschirm mit chinesischer Stickerei, eine Pagode, allerlei fernöstliche Gestalten an einem Fluss, beim Fischen und in Barken, schien ihr zu gefallen. Die Reichsgräfin trug ein dunkelrotes Gewand, mit dem Rubincollier hätte man ein Haus kaufen können. Recht gefährlich, dachte Barnhelm, doch sie will es so. Noch strahlte die Winterkälte von ihr ab.

«Und alles in der größten Verschwiegenheit, Frau Gottsched. Niemand weiß, dass ich Sie aufsuche. Und noch darf es niemand erfahren. Niemand, verstehen Sie. Die ganze Wirkung wäre dahin. Sie und Ihr Gemahl sind eine Zierde Sachsens, darauf baue ich. Und der Lohn wird beträchtlich sein.»

Die Hausherrin nickte. Etwas anderes war nicht denkbar.

«Wir sind uns vor Jahren im Dresdner Comödienhaus begegnet. Ich konnte Ihnen zu Ihrer Pietisterei im Fischbein-Rocke gratulieren. Ein so munteres und kluges Stück gegen religiöse Verlogenheit.»

«Ich erinnere mich, Madame la Comtesse.»

«Ach, einfach Madame, Madame», und die Reichsgräfin stellte ihre Begleitung Mademoiselle von Barnhelm vor.

«Außer bei diesem Gastspiel hat sich der Dresdner Hof leider wenig mit der deutschen Literatur beschäftigt, Madame», wagte Luise Gottsched vorzubringen.

«Das soll sich ändern, Frau Gottsched. Und das schon heute. In Zukunft sollen sich alle Musen an der Elbe vereinen. Dann möchte ich Sie und die Gelehrten Deutschlands zu Vorträgen in mein Palais einladen. Neben der Malerei, der Musik und der Baukunst soll uns auch das Wort zum Denken und zu Empfindungen anregen. Ein Musenhof.»

«Das ist schön, Madame.»

«Noch herrscht Krieg. Den wir aber heute Abend beenden können. Danach wird alles herrlich werden, prächtig und volkstümlich zugleich.» Frau von Brühl wirkte überhaupt nicht unklar oder missverständlich, während Luise im Gesicht der Baronesse Barnhelm zu lesen versuchte. Doch die junge Begleitung im cremefarbenen Watteau-Kleid stand verschlossen da und drehte ihren Fächer.

«Aber nehmen Sie doch Platz», Frau Gottsched wies auf die Sitzgelegenheiten um den runden, glänzend polierten Tisch. Zwei Sessel und mehrere gleichfalls mit Gobelin überzogene Schemel standen zur Verfügung, und damit tauchte ein Problem auf. Üblicherweise waren die Sessel den Gottscheds vorbehalten, und Gäste nahmen mit den schön geschwungenen Schemeln vorlieb. Nun galt aber in ganz Europa, dass der Adel ein Vorrecht auf Armstühle besaß. Sollten jetzt Gottsched und sie auf die Hocker rutschen, um jeden Fauxpas zu vermeiden? In den eigenen vier Wänden wäre diese Lösung jedoch auch ein wenig erniedrigend.

«Madame vielleicht hier», Luise Gottsched zog einen Sessel vor, «und die Baronesse ihr zur Seite auf dem Schemel?»

Die Dresdnerinnen lächelten, näherten sich jedoch erst einmal dem Kamin, um sich aufzuwärmen. So machte man es im Winter überall, in Häusern und Palästen.

«Wobei haben wir Sie womöglich gerade unterbrochen, Frau Gottsched?», fragte die Gräfin über die Schulter.

«Ich bin dankbar, dass Sie geruhen, Deutsch zu sprechen.»

«Aber gerne, auch mit meinem Gemahl und meinen Kindern tue ich es immer häufiger.»

«Mein Mann versucht, wie Sie vielleicht wissen, Deutsch auch zur Sprache der gehobenen Geselligkeit zu machen.»

«Das ist lobenswert, Frau Gottsched. Wenn es dadurch auch schwieriger wird, sich mit Ausländern zu verständigen, Schwaben, Tirolern, unseren Polen, den Franzosen.»

«Man darf mehrere Sprachen beherrschen, Madame la Comtesse.»

«Das ist wahr», lachte die Gräfin. «Nun, mit welchem neuen Werk wollen Sie uns entzücken?» Besorgter nahm sie nun die gelehrte Frau wahr. Sie war viel zu dünn, die Augen wirkten müde.

«Ich selbst übersetze derzeit aus dem Englischen.»

«Haben die denn Verlohnendes nach Shakespeare?»

«Ja, ja, durchaus. Und die *Ersten Gründe der gesamten Weltweisheit* meines Mannes werden nie fertig.»

«Das denk ich mir», hörte man von Mademoiselle.

«Gerade habe ich seinen Artikel *Von einem Dinge überhaupt* bearbeitet: *Ein Ding nennet man alles, was nur seyn kann, oder was möglich ist; es mag nun entweder wirklich vorhanden sein; oder nur in Gedanken. Ein Unding hingegen ist dasjenige, was gar nicht sein, oder gedacht werden kann: ein viereckiger Zirkel, ein lederner Mühlstein.*»

«Interessant», befand die Gräfin ins Ungefähre, «und rein sprachlich befördern Sie oder Ihr Gemahl aufs Schönste die Genauigkeit. Sie bereiten die Gegenstände zu, die spätere Generationen nützen und erfreuen werden.»

«Auch wir, Madame, wirtschaften mit den Schätzen unserer Ahnen.»

«Natürlich, die lange Kette der Befruchtung.»

«Mein Mann möchte die Welt ordnen», Frau Gottsched atmete vernehmlich, «das ist seine Berufung und seine Passion», die Dekolletéspitze verbarg nur unzulänglich den mageren Brustkorb. «Auch was und wie man dichten darf, hat er genau eingeteilt. Epigramme für witzige Bemerkungen, Tragödien für die Heldengeschichten, Oden für den Lobpreis, Komödien, weil man manchmal lachen muss, und ein Dichter soll tugendhaft sein, um sein Publikum nicht zu verderben.»

«Gewiss, ein Lump könnte Lumpen heranbilden. Ich mag Regeln, aber nicht immer», die Reichsgräfin hatte sich die Handschuhe abgezupft und rieb sich die Hände warm. Auch Frau Gottsched trat vor das Feuer. Zwei kleine Vasen auf dem Sims über dem flackenden Licht stammten aus Meißen.

«Pardon, Mesdames», Barnhelm sprach leise, «einen viereckigen Kreis kann ich mir tatsächlich nicht vorstellen. Also ist er ein Unding. Wenn Sie aber einen ledernen Mühlstein erwähnen, so sehe ich dieses Unding vor mir, und es ist zum Ding geworden.»

Gottsched, Johann Christoph.

Die Baronesse erspähte die imposante Gestalt mit kahlem Schädel. Sein Hausdiener reichte ihm die wallende Masse einer Allongeperücke. Der Rector magnificus stülpte sie sich über den Kopf und versetzte dem Helfer beinahe gleichzeitig eine Ohrfeige: «Da hast du.» «Aua.» Der Knecht rieb sich die Wange.

«Ihr übliches Ritual», seufzte Frau Gottsched, die sich ebenfalls umgewandt hatte, «aber mein Mann beruhigt sich, und Jupp fühlt sich ernst genommen. Oder was auch immer.»

Der Bedienstete schob die Tür ganz auf.

Der hochgewachsene Universalgelehrte stand im Rahmen. Seine altmodische Löwenmähne lockte sich über einem türkissamtenen Gewand mit Silbertressen und opulenten Ärmelköpfen. Gottscheds Miene lichtete sich. «Soll ich nun Prinz Paris spielen?» In Seidenstrümpfen und glänzenden Schnallenschuhen betrat er mit einer Verneigung den Salon. «Drei illustre Damen. Welche ist Hera, welche die Göttin Athena, doch womöglich ist es dreimal Venus. Welcher den Siegesapfel überreichen?»

Die Damen blieben die Antwort schuldig.

Gottsched verbeugte sich abermals: «Frau Reichsgräfin, welche unerhörte Ehre. Sie in der elenden Hütte eines Tagelöhners der Wissenschaften.» Die Gräfin bot ihre Hand zum Kuss dar, spürte die Lockenwellen auf ihrer Haut. «Enchanté, Monsieur le professeur. Verzeihen Sie, auf Deutsch, die Freude ist völlig meinerseits.» Barnhelm wurde begrüßt. Die Blicke Gottscheds und seiner Frau trafen sich und schienen mehr von Gewöhnung, Anstrengung und einer gewissen gereizten Enttäuschung zu zeugen als von zärtlicher Liebe. «Meine Teuerste.» – «Mon cher Christophe», sagte sie trotzig. Barnhelm nahm den winzigen Schlagabtausch durchaus zur Kenntnis.

«Wichtiges, Herr Professor Gottsched.» Maria Anna von Brühl ließ das Vorrecht des Adels auf einen Sessel beiseite und nahm auf der Ecke eines Schemels Platz. «Unsere Königin Josepha schickt mich in geheimer Mission.»

«Ja, ja», Luise von Barnhelm kannte den Auftakt schon.

Der Schmuck der Gräfin funkelte im Schein des Kaminfeuers. «Die Königin will Frieden. Und zwar sofort.»

Die Gottscheds stimmten zu.

«Sie, Herr Professor, haben doch bereits viele Herrscher besungen. Wortgewaltige Oden auf Kaiserin Maria Theresia, Trauergesänge auf August den Starken, gereimte Festreden auf wohl sämtliche thüringische Fürsten sind aus Ihrer Feder geflossen. Ich kenne ein Gedicht von Ihnen auf die Donau.»

«Er besingt jeden und alles, wenn der Anlass es gebietet und der Auftrag dazu kommt», bestätigte Frau Gottsched. Ihrem Mann gefiel diese Darstellung nicht.

«So denn. Nun», dirigierte die Gräfin von ihrem Sitzplatz aus das Gespräch. «Die Königin wünscht einen Hymnus auf Friedrich den Großen, wie er sich gerne nennen lässt. Einen Lobpreis dieses überwältigenden Mannes. Ein Genie und Liebling der Götter, zumindest des Gottes Mars.»

Die Gottscheds standen da wie die Salzsäulen. Es klirrte. Bei der Suche nach Halt am Kamin hatte Barnhelm eine der Vasen zu Fall gebracht. Erschrocken betrachtete sie die Scherben zu ihren Füßen.

«Sie bekommen von mir eine neue, kostbar, mannshoch», sagte die Reichsgräfin schnell, «oder einen Meissener Flamingo. – Die Königin jedenfalls beharrt auf einem Lobpreis des Eroberers. Ihre Königliche Majestät ist in sich gegangen, und sie hat erkannt, dass

Friedrich Sachsen und Europa aus einem süßen Schlummer geweckt hat. Sein Krieg ruft überall frische Kräfte wach, für oder gegen ihn. Träge Völker, faule Regierungen, müßige Seelen versetzt er in Bewegung. Seine preußischen Dichter feiern ihn mit blutigem Schwung. Wollen wir dahinter zurückstehen?»

Barnhelms Blick haftete entgeistert auf ihrer Herrin, die den Fächer aufschlug: «Muss ich hier vor klugen Menschen den Krieg und unsere Niederlage loben? Der Krieg lässt das alltägliche Klagen einer satten Bevölkerung verstummen. Im Krieg geht es nicht mehr darum, ob der Bierkrug übervoll oder nicht ganz voll eingeschenkt ist. Nun wird nicht mehr aus jedem Wetterwechsel und Schnupfen ein Drama gemacht. Jetzt stehen die übertriebenen Kleinigkeiten hintan, denn es geht um das Überleben.

Solche Reinigung verdanken wir Friedrich. Königin Josepha hat es erkannt. In der Not zählen wahre Freundschaft und Verlässlichkeit und nicht lächerliche Intrigen. Muss ich es erwähnen? Der Krieg ist der Vater aller guten Dinge. Der Egoismus kann nicht alles überwuchern, wenn es um das nackte Dasein geht. Die Menschen rücken zusammen. Sie wachen auf und werden kämpferisch. Und sie werden bescheidener! Endlich bescheidener in ihren Ansprüchen und demütiger. Friedrich zieht wie ein reinigendes Gewitter über Europa. Der ohnehin Kraftlose vergeht, der Starke kann sich beweisen. Und wie schön doch, wenn wir in Zukunft alle dem preußischen Adler folgen werden, der zum Symbol einer alles ordnenden Obrigkeit wird. Was bedeuten schon unser Dresdner Zwinger und alle Pracht dagegen? Der Zwinger ist nur ein Oval für Lustbarkeiten, für Grazie, Liebreiz und Amouren. Das brauchen wir nicht mehr, das ist undeutsch, wir wollen lieber kantig und schlicht bleiben. – Das, Herr Gottsched, ist der Stoff für Ihren Heldengesang auf Friedrich, den die Kurfürstin von Sachsen und Königin von Polen, den Josepha hiermit bei Ihnen in Auftrag gibt. Fridericus Rex Gloriosus et Aeternus. Das Blutvergießen wird man vergessen.»

Wilma schob das Tablett mit dem Kaffeegeschirr auf den Tisch und trug wieder die Holzpantinen. Das Poltern auf dem Parkett zählte jetzt nicht.

«Das, Frau Reichsgräfin …», der große Gottsched rang nach Worten, «… das kann ich nicht.»

«Comment?» Der Fächerschlag der Gattin des Premierministers wirkte bedrohlich, «Sie können etwas nicht in Worte fassen?»

«Friedrich mag ein Held sein, wie Sie sagen, das reinigende Gewitter. Aber wen treffen die Blitze denn? Die Menschen, uns. Die Studenten sind geflohen, zu den Messen werden keine Kaufleute kommen. Der Krieg. Friedrich ist auch –»

«Was, Herr Gottsched?»

«Ein Tyrann.»

«So?» Der Fächer war mit rötlichem Stein besetzt.

«Sein Tod wäre eher das reinigende Gewitter. Wie bei jeder Gewaltnatur, Nero, Caesar, blutrünstigen Sultanen und Zaren, Tilly, der Magdeburg einäscherte, Marschall Turenne, der die Pfalz verwüstete.»

«So?», wiederholte die Reichsgräfin. Aus Barnhelms Gesicht war beinahe abzulesen, und nicht ohne Bewunderung: großartig, raffiniert, Madame de Brühl.

«Tyrann, Christoph?», Luise Adelgunde berührte besänftigend den Arm ihres Mannes. Allem Eindruck nach schien der Riese seine zerbrechliche Gemahlin nahezu in sich aufgesaugt zu haben. «Friedrich hat dich bedichtet, besungen wie sonst keinen deutschen Poeten … *Du Schwan von Sachsen, Dir allein ist es geglückt …*»

Gottsched drückte die Hand seiner Ehefrau, die er – wie es stadtbekannt war – häufig hinterging. Gleichwohl schien sie sein Lebenselixir, sein guter Geist zu sein. Mit einem Wink bat die Gräfin die anderen, sich zu setzen, erhob sich allerdings selbst. «Ich würde jetzt gerne auch von Herrn Pütter und seinen Überlegungen zum Deutschen Reich berichten, aber das ist nun nachrangig», setzte sie an. «Hatten Sie bereits Audienz bei dem Tyrannen, Herr Gottsched?»

«Ja.»

«Das dachte ich mir. Und Sie sollen wiederkommen? Wie Herr Gellert.»

«Gellert wird mehrmals empfangen?» Ein Gottsched rangierte mit sonstiger Prominenz ungern auf derselben Stufe.

«Und womöglich haben auch Sie ein Protokoll angefertigt. Für die Nachwelt. *Rendezvous mit einem Tyrannen.*»

Gottsched holte seine Manuskripte. «Christoph», rief ihm seine Frau nach, aber sie wusste nicht genau, wovor sie ihn warnen sollte.

Wie kürzlich neben Gellerts Sänfte verlas Frau von Brühl nun die Aufzeichnungen des Rektors der Philosophischen Fakultät, zwischen den Scherben der Vase hin und her gehend.

«Ich werde gemeldet und hereingerufen. Der Herr steht vor einem Kamin, den Hut unter dem Arm und die Hände auf dem Rücken. Ich näherte mich ihm und küsste ihm den Rock.»

«So ist es wohl üblich», sagte Gottsched.

«Seine Worte waren: Ich wollte doch gerne etwas mehr mit Ihm bekannt werden. Sage Er mir, hat Seine Frau den Philosophen Pierre Bayle übersetzt?»

«Nein, Euer Majestät, das wäre wohl zu viel Arbeit für ein Frauenzimmer.»

Luise Gottsched schlug mit der Hand auf die Tischkante: «Ich habe es übersetzt. Zu großen Teilen.»

Die Gräfin ließ sich nicht unterbrechen: *«Er fing an, von der Schwierigkeit solcher Übersetzung zu reden und die deutsche Sprache für ungeschickt dazu zu erklären. Ich nahm mir die Freiheit, ihm das Gegenteil davon zu versichern. Hier wurden nun fast unzählige Schriftsteller erwähnt, die der König alle gelesen hatte und richtig beurteilte. Von den Poeten kam er auf die Geschichtsschreiber, Weltweisen, Mathematiker und so weiter. Descartes, Malebranche, Locke, Leibniz, Wolff, Thomasius waren ihm geläufig.* – Schläft Friedrich auch gelegentlich? – *Es wurden noch hunderterlei Reden geführt, die ein ganzes Buch erfordern würden, denn unser Gespräch währte von vier bis sieben Uhr in einem weg mit aller möglichen Geschwindigkeit und Hitze. Er erzählte mir allerlei lustige Sachen, von einem Prediger in Thüringen, wo er Quartier genommen hatte, von der …»*, die Gräfin hielt im Wandern und Vorlesen inne, *«… von der Brühlschen Bibliothek.»* Die hat er sich zur Hälfte unter den Nagel gerissen. Was ist daran lustig? *«… von Gellerts Fabeln. Des Klopstock* Messias *verwirft der König ganz und Miltons* Paradise lost *auch. Religiöse Gegenstände passten nicht für die Poesie, erklärte er. Darin dampfe nur Weihrauch. Weil er mir nun so viele Regeln der Poesie genannt hatte, die größtenteils vollkommen richtig waren, so sagte ich beim Abschiede: Ich werde mich künftig rühmen können, die Gesetze der Dichtkunst von dem Gesetzgeber aller Völker gelernt zu haben.»*

Im Salon über dem Goldenen Bären blieb nur das Prasseln des Feuers und das Ticken der Pendüle vernehmlich.

«Er verstand sehr wohl, was ich sagte», vernahm Gottsched aus dem Mund der Gräfin, was er selbst notiert hatte, *«und es schien ihm nicht zu missfallen, denn er sagte: Ich werde die Ehre haben, Sie wiederzusehen. Der König hält den Oberhofprediger Quandt in Königsberg für den einzigen deutschen Redner, der befähigt ist. Ich werde weiter daran arbeiten, den König zur deutschen Sprache zu bekehren.»*

«Dauernd war dieser nervöse Kammerdiener um uns herum. Lästig», warf der Gelehrte ein.

«Glasow?»

«Was weiß ich?»

«Nicht, Madame!», riefen die drei am Tisch und hatten den Eindruck, die Gattin des sächsisch-polnischen Premierministers wollte die Blätter ins Feuer schleudern.

«Da haben Sie sich ja gegenseitig reizende Vorlesungen gehalten, Herr Gottsched. Statt Ihrer Unterwürfigkeit hat Herr Gellert wenigstens die Courage gehabt, Frieden einzufordern.»

«Dazu kam ich noch nicht.»

«Dann können Sie es ja nachholen, bei der nächsten Audienz. Es geht nicht um Übersetzungen, mein Herr, sondern um unser aller Schicksal und um den Lauf der Welt.»

Johann Christoph Gottsched erhob sich und stand groß wie Samson in Türkis und Silber und mit Lockenpracht im Raum. «Einen Hymnus auf ihn kann und werde ich nicht schreiben», statuierte er stolz. «Er verheert unsere Heimat, Christoph», unterstützte ihn seine Frau. «Aber», erklärte er, «ich werde ihm meinen Wunsch nach Frieden bekunden.»

Die Reichsgräfin lächelte: «Bravo.» Sie neigte dankbar den Kopf und fügte dann an: «Wenn überhaupt noch einer hier in Leipzig den Mut hat. Sie nannten Friedrich einen Tyrannen.»

«Sie verführten mich mit Ihrem Lobpreis auf den Krieg dazu, Madame!»

«Einerlei. Denn Sie haben recht. Was geschieht mit solchen Übertätern? Mit Nero, Sultanen, Caesar, dem Sie eine Tragödie gewidmet haben?» Die Reichsgräfin fasste in ihre Rocktasche. In ihrer Hand schimmerte ein dunkles Fläschchen. «Brutus schenkte den Römern die Freiheit. Ein paar Tropfen aus diesem Flakon unter Ihrer üppigen Manschette hervor genügen. Bei Ihrer nächsten Audienz. In eine Tasse Schokolade, auf eine Praline, einen Keks. Sie können es hier üben. Wer zivil empfindet und Friedfertigkeit liebt, der baut auf Sie, Johann Christoph Gottsched. So wie Sie es schon immer wollten.»

«Jetzt gehen wir wohl?», fragte die Baronesse leise.

Man verabschiedete sich unzeremoniell.

«Noch eines.» Frau von Brühl wandte sich um. «Es ist ausgemacht. Ich war und bin nicht in Leipzig. Alles, alles fällt mir sehr viel schwerer, als Sie es vielleicht vermuten. Auch ich bin nur ein Mensch, eine Gemahlin und Mutter. Aber wenn das Unheil uns zertrümmern will, wenn das Land aus allen Wunden blutet, wenn unsere Freiheit verloren geht, muss ich handeln. Wir wollen keine Despoten. Ich will Sie keineswegs bedrohen, doch behalten Sie meinen Besuch für sich. Einige Agenten von Geheimrat Heineken, des Bevollmächtigten meines Gemahls, sind weiterhin tätig. Also schweigen, aber handeln Sie. Wir müssen wehrhaft sein und uns schützen.»

Die Umhänge waren schnell über die Schultern geworfen und die Kapuzen in die Stirn gezogen.

Das Schneetreiben hatte nicht nachgelassen.

«Ihre Hand, Barnhelm. Nach Dresden.»

Die Gottscheds schliefen längst in getrennten Kammern. In dieser Nacht schlossen sie kein Auge.

Im Osten

Unter Nebelschwaden strömte die Weichsel träge und eisig an Warschau vorbei nach Norden. Im Sächsischen Palais, nicht weit vom unwohnlichen Stadtschloss entfernt, schluckten Teppiche die Schritte. In dicken Pelz gehüllt empfing König und Kurfürst Friedrich August seinen Ersten Minister. Die Mappe unter dem Arm des Premiers war dünn.

«Arbeit, Brühl?»

«Nur wenige Unterschriften, Sire.»

Der Monarch wirkte erleichtert. «Hierzulande lässt sich kaum regieren. Sie wählen den auf ihren Thron, der am meisten zahlt, und verweigern sich dann jedem Gesetz.»

Bedauernd zuckte Brühl die Achseln. «Immerhin haben wir noch dies Königreich und eine Bleibe … Polen und Sachsen zusammen wären der größte Staat Europas, eine schöne Macht.»

Friedrich August winkte ab. «Dein alter Traum, Brühl. Auch dahin. – Die Gewalten wolltest du bändigen.»

Der Minister wirkte immer häufiger ratlos, ja, abwesend.

Die Sorgenfalten kehrten auf die Stirn seines Herrschers zurück. «Und, hast du Neues erfahren?»

«Bisher nur unbestätigt, Sire. Friedrich hat die Königin aufgefordert, Dresden zu verlassen. Er will in der Stadt Pulvermagazine und Geschützbatterien anlegen lassen. Ein Kampf um Dresden würde auch Ihre Majestät gefährden. Die Königin soll sich abermals geweigert haben, zu weichen.»

«Ist sie tapferer als ich, Brühl?»

Beide Männer in schwerer, kostbarer Winterkleidung blickten in den Weichseldunst. «Und deine Gattin bleibt bei ihr?»

«Ja, Sire. Aber es kommt kaum Post durch.»

«So sind wir fast wie Witwer vor der Zeit.»

Wie in früheren Zeiten versuchte Heinrich von Brühl, den König auf andere Gedanken zu bringen. «Wir könnten Canaletto kommen lassen, um Warschau zu malen.»

«Ah, das ist gut, das ist sehr gut, Brühl. Wir haben Warschau so sehr verschönert, dass er es verewigen sollte.»

Beider Atemhauch war sichtbar; die Nebelfeuchte schien fast in das Palais eindringen zu wollen.

«Habe ich denn noch Geld, Brühl?»

«Ich werde überlegen, Sire.»

Sie nickten in beinahe lebenslangem Einverständnis.

«Was haben wir falsch gemacht, Brühl?»

«Es hätte am Königstein nicht Tag und Nacht regnen dürfen. Vielleicht hätten wir standgehalten. Bis unsere Verbündeten uns geholfen hätten.»

Epilog

Die Wiener Zeitung vermeldete am 21. Januar 1757 aus Dresden:

Mit dem König von Preußen ist sein Bruder Prinz Heinrich hier angekommen. Die Kälte hier ist ungemein scharf. Dem ungeachtet ist der Elbstrom ober- und unterhalb der Brücke nicht gänzlich mit Eis bedeckt, indem täglich über 50 Mann den Strom allda aufeisen müssen, wodurch zugleich die Desertion verhindert wird. Den 10. wurden abermals einige 60 Mann von denen Recruten, welche die hiesige Stadt stellen muss, von hier über Meißen fortgeschaffet. Man hat Nachricht, dass bei einem Recruten-Transport 50 Mann Gelegenheit zum Ausreissen gefunden, weswegen nunmehro der Rat daselbst eine große Geldbuße zahlen soll.

Neben den Aufenthalten in Dresden begab sich Friedrich II. von Preußen häufig in sein nahe gelegenes Quartier Schloss Lockwitz.

Die Auskünfte über die möglichen Geschehnisse am Morgen des 25. März 1757 in Lockwitz sind spärlich. Friedrich selbst erwähnte sie nie. Vielleicht hätte jedes Wort darüber eine weitreichende Krise heraufbeschworen. Graf von Lehndorff, Kammerherr der Königin von Preußen, hielt in seinem Tagebuch jedoch fest: «Man spricht nur von der Glasowschen Angelegenheit. Dieser Bursche, der Sohn eines Soldaten der Brieger Garnison, wurde vor einigen Jahren als Heiduck beim König angestellt. Dieser hat ihn immer mit Güte überhäuft und zuletzt zum Kammerdiener gemacht, sodass er beim König nach Belieben ein und aus ging. Der Schurke hat nun die

Güte seines Herrn missbraucht, indem er nichts weiter tat als rauben und stehlen, und damit nicht genug, hat er die Geheimnisse des Königs verraten, indem er Abschriften von allen Schriftstücken nahm, die er fand. Man sagt sogar, er habe den König vergiften wollen. Man hat viel Geld und kostbare Schmucksachen bei ihm gefunden; außerdem behauptet man, dass er Spion der Gräfin Brühl gewesen sei.»

Unmittelbar nach diesem legendären Attentat mit vergifteter Schokolade, von der zuerst ein Hund Friedrichs gekostet haben soll, wurde Christian Friedrich Glasow verhaftet und zu lebenslanger Haft in die Zitadelle Spandau überführt. Gleichzeitig wurde Maria Anna Franziska von Brühl des Landes verwiesen. Unter strenger Bewachung wurde sie an die polnische Grenze gebracht. In der Folge ließ Friedrich die Brühlschen Besitztümer systematisch plündern und zerstören.

Königin Josepha starb 1757 in Dresden an, wie es hieß, Melancholie und gebrochenem Herzen über die Schrecknisse des Kriegs.

In Warschau fiel die Reichsgräfin von Brühl 1762 einer nicht näher bezeichneten Epidemie zum Opfer.

Im Jahr darauf endete der Siebenjährige Krieg durch den Friedensschluss von Hubertusburg. Die erschöpften Gegner einigten sich auf die Beibehaltung der Grenzen der Zeit vor den Kämpfen. Das bereits 1740 von Friedrich eroberte, vordem österreichische Schlesien – Hauptanlass der Auseinandersetzung –, blieb preußisch. Friedrichs Gegner bestanden auf Friedensverhandlungen im Schloss Hubertusburg, um seinen Unterhändlern die Zerstörungswut ihres Königs vor Augen zu führen.

Kurz vor dem Abkommen kehrte Friedrich August von Sachsen und Polen nach Dresden zurück, das durch die preußische Belagerung von 1760 in weiten Teilen in Trümmern lag. Bald nach seiner Rückkehr in die Ruinenstadt starb er. Sein Erster Minister Heinrich von Brühl folgte ihm nur drei Wochen später. Wegen des Verdachts von Unterschlagung und unrechtmäßiger Aneignung staatlicher Ressourcen wurde das Vermögen Brühls beschlagnahmt. Doch auch durch langwierige Untersuchungen konnte der Machtmissbrauch nicht nachgewiesen werden. Ein Großteil des Brühlschen Besitztums schien durch Schenkungen Friedrich Augusts II. an seinen Favoriten zustande gekommen zu sein. Gleichwohl blieb Brühls Ruf, nicht zuletzt durch die preußische Propaganda, beschädigt. Aufgrund der Verheerungen im Siebenjährigen Krieg verlor Sachsen weitgehend seine machtpolitische Bedeutung und seine frühere Strahlkraft.

Johann Christoph Gottsched trug seine Frau Luise Adelgunde Victorie 1762 zu Grabe und lebte danach noch für vier Jahre. Mit dem Tod Christian Fürchtegott Gellerts 1769 endete ein Zeitalter bedeutender geistiger Regsamkeit in Leipzig.

Georg Wilhelm von der Marwitz, genannt der «schöne Marwitz», erlag 1759 in Landeshut einem Fieber; Prinz Heinrich ehrte den geliebten Offizier mit einer Gedenktafel auf dem Obelisken von Schloss Rheinsberg: *Vielleicht wären sein Wert und seine Verdienste vergessen, wenn dieses Denkmal sein Andenken nicht aufbewahrte.*

Über das Schicksal Luise von Barnhelms ist nichts bekannt. Das Leben, ob nun in Deutschland, Polen oder andernorts, möge es gut mit ihr gemeint haben.

Nachbemerkung

Wenige Auskünfte lassen viele Spekulationen zu.

Die Hinweise auf den Giftanschlag auf Friedrich II., den Großen, stammen vornehmlich aus dem geheimen Tagebuch des Grafen Lehndorff. Weiterhin sind Stiche überliefert, die das Geschehen bildlich festzuhalten versuchten. Zur Filmszene machte das Attentat Veit Harlan in seinem NS-Propagandawerk *Der große König* von 1942. Hier habe das als *undeutsch* dargestellte Haus Habsburg, das seit Jahrhunderten die deutschen Kaiser stellte, einen französischen Koch und den Kammerdiener Glasow zum Attentat angestiftet. Den Sachverhalt hat am neutralsten Norbert Leithold in seinem Buch *Friedrich II. von Preußen* benannt. Auch Leithold beruft sich auf Lehndorffs Einschätzung, dass am ehesten die Gräfin Brühl Initiatorin des Komplotts gewesen war.

Die Konkurrenz, ja Feindschaft zwischen Friedrich dem Großen und dem Grafen Brühl ist bekannt. Wobei sich Friedrich über die Machtfülle und das kulturelle Prestige des Grafen und Premierministers offenbar mehr empörte als umgekehrt. Auch die späte und aufwendigste Fernsehserie der DDR *Sachsens Glanz und Preußens Gloria* spielt mit diesem Motiv. Meist schreiben die Sieger die Geschichte. So wurde es gang und gäbe, Brühl als hinterhältig und korrupt und Friedrich als deutsche Lichtgestalt zu präsentieren.

Der Roman versucht, den Konflikt facettenreicher zu schildern. Und es ist wohl kaum übertrieben, dass sich 1756 durch die Kapitulation der sächsischen Armee am Königstein im Elbsandsteingebirge der Weg Deutschlands in ein preußisch geprägtes Reich abzuzeichnen begann, mit allem Für und Wider solcher Dominanz.

Maria Anna Franziska von Brühl war, neben und anders als die Königin, die Grande Dame des Dresdner Hofs. Sie war weltläufig, galt als liebenswürdig und, im Hintergrund, als bestimmend. In seinen *Memoiren des letzten Königs von Polen* schreibt Stanisław August Poniatowski: «Wer immer diese Frau gekannt hat, muss zugeben, ein erster Minister, ein Günstling, hätte keine finden können, die befähigter gewesen wäre, ihm Freunde zu schaffen und zum Mindesten den Neid und die Eifersucht zu verscheuchen, die ein Mann in ähnlicher Stellung und vor allem ein Graf Brühl fürchten musste.»

Das Entsetzen der Gräfin über den plötzlichen Zusammenbruch ihrer Lebenswelt durch den preußischen Überfall, ja ihre Abscheu vor Friedrich II. sind nur allzu verständlich und glaubhaft, somit auch der Versuch eines Befreiungsschlags. Der Roman schildert in seiner Weise die möglichen und verbürgten Geschehnisse.

Ohne dem Sinn und der Wirkung der Ereignisse zu widersprechen, sind einige wenige, etwa der Zeitpunkt der Plünderung von Schloss Hubertusburg – mit der Freiheit, die ein Roman besitzt – leicht umdatiert. Zeitgenössische Texte wurden in der Rechtschreibung bisweilen behutsam modernisiert.

Für Anregungen und hilfreiche Begleitung danke ich vielen. Hier seien nur, lange nach dessen Tod, der Romancier Józef Ignacy Kraszewski, der polnische Alexandre Dumas, genannt, der mich bereits in der Kindheit mit seiner Sachsentrilogie *Gräfin Cosel*, *Brühl* und *Aus dem Siebenjährigen Krieg* in den Bann zog. Ein Gegenbild zu manchen Klischees über den sächsischen Premierminister lieferte der ungarische Historiker Aladar von Boroviczeny in seinem umfassenden Werk *Graf von Brühl. Der Medici, Richelieu und Rothschild seiner Zeit*. Walter Fellmann veröffentlichte 1989 seine fundierte

Biographie *Heinrich Graf von Brühl. Ein Lebens- und Zeitbild.* Die unlängst erschienene Familiengeschichte *Schwäne in Weiß und Gold* von Christine von Brühl führt tiefer ins Innenleben ihrer Ahnen. Inka Kordings Edition von Briefen der Luise Gottsched *mit der Feder in der Hand* beleuchtet eindrucksvoll den Leipziger geistigen Kosmos der Zeit. Unterstützung in historischen Belangen erfuhr ich von Wolfgang Burgdorf, Historiker der Frühen Neuzeit in München. Christine Wunnicke bestärkte wie immer seelisch bestens. Mit Fachwissen zu Kleidung und Mode half Johannes Pietsch vom Bayerischen Nationalmuseums in München weiter. Nicht zuletzt in Fragen des Verkehrswesens wartete André Kaiser von der *Forschungsgruppe Kursächsische Postmeilensäulen e. V.* mit viel überraschendem Wissen auf.

Dies und manches mehr wurde zu den Ingredienzen des *Flakons*.

Hans Pleschinski, im Frühjahr 2023

Nordsee
Helgoland
Kiel
Holstein
Cuxhaven
Lübeck
Wismar
Fsm. Ostfries-land
Jever
Stade
Hamburg
Schwe
REPUBLIK DER VEREINIGTEN NIEDERLANDE
Hzm. Oldenburg
Oldenburg
Bremen
Kurfsm. Hannover
Ems
Weser
Aller
Bentheim
Hannover
Osnabrück
Minden
Braunschwei
Magdebu
Münster
Detmold
Halberstadt
Kleve
Hst. Münster
Quedlinburg
Hzm. Kleve
Paderborn
Maas
Dortmund
Göttingen
Werden
Gft. Mark
Hzm. West-falen
Kassel
Düsseldorf
Hzm. Berg
Hzm. Jülich
Landgft. Hessen-Kassel
Köln
Erfurt
Aachen
Eisenach
Weim
Bonn
Fsm. Nassau
Marburg
Rhein
Fulda
Sächs. Herzogtümer
Kurfsm. Trier
Hst. Würzburg
Coburg
Frankfurt
Mainz
Kurfsm. Mainz
Hst. Bamberg
Mosel
Main
Trier
Darmstadt
Würzburg
Bamberg
Worms
Kurpfalz
Nürnberg
Speyer

Rügen
Stralsund
Ostsee
Kolberg
Bütow
Vorpommern
ock
Westpreußen
(bis 1772 poln.)
Hzm.
klenburg-
hwerin
Stettin
Stargard
Neustrelitz
Netze
Oder
Kurfsm. Brandenburg
Gnesen
Berlin
Posen
Frankfurt
Schwiebus
N
sm.
Wittenberg
Dessau
alt
Cottbus
Glogau
Torgau
Oder
le
Kurfsm. Sachsen
Görlitz
Breslau
ipzig
Meißen
Schlesien
Dresden
Schweidnitz
Gera
Mulde
Neiße
Neiße
Leitmeritz
Elbe
lauen
Glatz
Österr.-
Schlesien
Eger
Königgrätz
Eger
Prag
KGR. BÖHMEN
Pilsen
Olmütz
50
100 km
Moldau
Mgft. Mähren
Brünn

Bildnachweis

- Vorderer Vorsatz: Bernardo Bellotto, genannt Canaletto: Ansicht von Dresden vom rechten Elbufer aus © bpk/Alfredo Dagli Orti
- Hinterer Vorsatz: Bernardo Bellotto, genannt Canaletto: Die Trümmer der ehemaligen Kreuzkirche zu Dresden; nach der Belagerung und Beschießung der Stadt durch die preußische Armee 1760 © bpk/Staatliche Kunstsammlungen Dresden/Elke Estel/Hans-Peter Klut
- Gräfin von Brühl, S. 6: © Staatliche Kunstsammlungen Dresden/Bridgeman Images
- Bild Palais Belvedere, S. 314: Darstellung einzelner Trümmer des Zweiten Belvedere auf der Jungfernbastei der Brühlschen Terrasse, mit Text über Bau und Zerstörung © bpk/Staatliche Kunstsammlungen Dresden/Andreas Diesend
- Bild Attentat, S. 350: Friedrich II./Kupferstich P. Haas um 1800 © akg-images
- Landkarte S. 356–357: Karte von Deutschland 1786 © Peter Palm, Berlin

Inhalt